Worte der Lust

Bonnie Gabriel

Worte der Lust

Die Kunst des erotischen Sprechens

Aus dem Amerikanischen von Ilja Braun

Schwarzkopf & Schwarzkopf

Inhalt

EINLEITUNG

In meinem zehnten Lebensjahr wurde ich radiosüchtig. Jeden Abend verkroch ich mich gemütlich in meinem Schlafzimmer, während der Rest der Familie gebannt auf die Mattscheibe starrte, und drehte so lange an dem Senderrädchen, bis ich eine sinnliche Männerstimme gefunden hatte, die mir ein leidenschaftliches oder verspieltes Liebeslied ins Ohr sang. Ich gab mich ganz dem Klang hin, bis mich ein leichtes Zittern überkam und sich eine Wärme in mir ausbreitete, die zugleich beruhigend und aufregend war. Manchmal schlief ich dabei ein und träumte von Wogen, die durch meinen Körper liefen, ohne den Traum deuten zu können.

Meine Liebesaffären mit den sinnlichen Stimmen aus dem Radio setzten sich fort, bis ich ans College kam und dort meine ersten sexuellen Erfahrungen mit einem wirklichen Partner machte. Damals war es mir nicht bewusst, aber heute glaube ich, dass ich mir schließlich nur deshalb meine Jungfräulichkeit von ihm rauben ließ, weil er mir eine ebenso poetische wie sinnliche Umschreibung davon gab, wie gut es sich anfühlen würde, wenn ich mich gehen ließe.

Kurze Zeit später lernte ich einen Schauspieler, Dichter und Songwriter mit einer traumhaften Baritonstimme kennen, und schon bald heirateten wir. Er eröffnete mir eine ganz neue Welt verbaler sexueller Spiele, indem er mir wilde erotische Geschichten ins Ohr flüsterte. Auch sein Talent für die Schauspielerei bereicherte unser Sexleben, da er jeden Abend in Gestalt einer anderen historischen oder literarischen Figur zu mir ins Bett schlüpfte. Im Vorhinein wusste ich nie, ob ich die Nacht mit einem Seeräuber, einem sensiblen französischen Filmregisseur, einem zünftigen Cowboy oder einem Mönch verbringen würde, der noch nie eine Frau gehabt hatte! Mit der Zeit wurde ich so empfänglich für seine Stimme, dass er am Telefon bloß »Hallo« zu sagen brauchte, und schon verspürte ich ein erotisches Kribbeln im Bauch. Die Ehe hat zwar nicht gehalten, aber die Erinnerung daran, welche Wirkung seine Worte auf meine Libido hatten, ist bis heute frisch geblieben!

War diese Begeisterung für verbalen Sex mein ganz persönlicher Spleen, oder gab es auch andere Paare, die daran Spaß hatten oder es zumindest gern einmal ausprobieren wollten? Die Antwort fand ich 1991, als ich für das National Sexuality Symposium arbeitete. Ich sollte das Programm des Jahrestreffens daraufhin überprüfen, ob alle Aspekte des Sexualverhaltens abgedeckt wurden, und ich stellte fest, dass es nichts zu Verbalerotik gab. Als ich das gegenüber der Direktorin erwähnte, entgegnete sie: »Wie wäre es denn, wenn Sie selbst dazu einen Workshop anbieten würden?« Ich war einverstanden und rechnete damit, dass vielleicht 20 oder 30 der insgesamt 200 Konferenzteilnehmer sich dafür interessieren würden – schließlich liefen parallel dazu noch fünf andere Workshops. Zu meiner Überraschung füllten jedoch schließlich etwa 90 Personen den kleinen Raum. Angeregt tauschten sie sich darüber aus, wie lustvolle Worte das Sexleben bereichern können.

Inzwischen habe ich vor über 5000 Leuten Vorträge über den Gebrauch lustvoller Sprache gehalten, und mit meinen Auftritten in Radiotalkshows habe ich noch viele Hunderttausende mehr erreicht. Immer wieder erzählten mir Männer und Frauen, wie sehr der verbale Aspekt des Liebesspiels ihr Liebesleben bereichert hat. Auf meinem Fragebogen zu dem Thema, den 200 Personen ausgefüllt haben, gaben 80 Prozent der Männer und 90 Prozent der Frauen an, lustvolles Sprechen und ein entsprechender Tonfall spiele für ihre Erregung eine bedeutende Rolle.

Vielleicht haben auch Sie schon einmal daran gedacht, dass eine lustvolle Sprache die Qualität Ihres Liebeslebens steigern könnte. Vielleicht wollten Sie selbst schon einmal Ihre Worte lustvoll aufladen oder von Ihrem Partner Erotisches zugeflüstert bekommen, sind jedoch bisher noch nicht in der richtigen Weise dazu ermutigt worden. Wie viele Teilnehmerinnen und Teilnehmer meiner Workshops haben Sie vielleicht eine ganze Reihe von Sexratgebern daraufhin durchforstet, ob sie in dieser Hinsicht weiterhelfen, und festgestellt, dass diese Veröffentlichungen sich meist nur auf die körperlichen Aspekte des Liebesspiels konzentrieren. Jene Aspekte des Liebesspiels, die sich im Kopf abspielen, in der Phantasie, werden oft übersehen. Dabei spielt sich Sex in erster Linie genau dort ab: im Kopf.

Kein Wunder, gibt es doch sehr viel mehr Arten des verbalen erotischen Austauschs, die vor dem Liebesakt oder währenddessen stattfinden können, als es körperliche Stellungen gibt. (Wenn Sie nicht gerade ein Schlangenmensch sind, ist das, was Sie mit Ihrem Körper anstellen können, begrenzt, aber Ihrer Phantasie und Vorstellungskraft sind keine Grenzen gesetzt.) In diesem Buch werde ich viele dieser erotischen Ausdrucksmöglichkeiten beschreiben und Ihnen dabei helfen, diejenigen zu finden, die für Sie und Ihren Liebhaber oder Ihre Liebhaberin am besten funktionieren. Manche dieser Sätze sind gefühlvoll und romantisch, andere eher derb und direkt. Sie werden mit diesem Buch aber auch lernen, die ungeschminkteren Arten des lustvollen Sprechens so einzusetzen, wie es den Bedürfnissen und Empfindlichkeiten beider Partner entspricht.

Oder würden Sie Ihre sinnlichen Gefühle schon längst gern in Worte kleiden, fühlen sich aber zu schüchtern und kommen sich dabei unbeholfen vor? Damit stehen Sie nicht allein. Dass Menschen sich unsicher fühlen, wenn sie die eigenen Gefühle in Worte zu fassen versuchen, ist in unserer Kultur weit verbreitet – erst recht, wenn es um Sexualität geht. (An späterer Stelle werde ich auf die Gründe dafür eingehen.) Trösten Sie sich einstweilen damit, dass dieses Buch Ihnen effektiv dabei helfen wird, solche Unsicherheit zu überwinden, so dass die erotische Sprache Ihnen mühelos und leicht von der Zunge gehen wird. Und wenn Sie in der Kunst, sexuellen Empfindungen Ausdruck zu verleihen, bereits bewandert sind, werden Sie Möglichkeiten kennen lernen, Ihre natürlichen Talente auf diesem Gebiet weiterzuentwickeln.

Sie werden sehen, dass dieses Buch in vier Abschnitte eingeteilt ist. Teil eins, »Anfänge«, bietet einen Überblick darüber, wie Sie Ihren Partner mit Worten erregen können und mit welchen Techniken Sie eine sinnliche Stimme herausbilden können. Teil zwei, »Verführungen«, zeigt die vielen subtilen Spielarten auf, mit denen Sie einen neuen Partner umwerben oder einen Menschen, der Ihnen bereits ein wenig vertrauter ist, an die Kunst des erotischen Sprechens heranführen können. Sie werden hier auch mehrere erprobte Methoden kennen lernen, Schüchternheit zu überwinden und dem Partner positives oder negatives Feedback in Bezug auf die eigenen sexuellen Bedürfnisse zu geben – ohne dass dabei die sinnliche Stimmung verloren geht. In diesem Abschnitt finden Sie auch ein Kapitel, in dem es darum geht, wie man über Safer Sex sprechen bzw. ihn auf eine solche Weise praktizieren kann, dass die Erotik dabei sogar noch gesteigert wird.

Teil drei, »Die hohe Kunst«, besteht aus einer Reihe von Übungen und Spielen, anhand derer Sie die Kunst der lustvollen Worte einüben können, um dann in der Praxis locker und spontan damit umgehen zu können. Zwei dieser Übungen sind auch dazu gedacht, unterschiedliche sexuelle Bedürfnisse in einer Art und Weise zu überwinden, die der Lust keinen Abbruch tut. Teil vier, »Steigerungen«, widmet sich fortgeschritteneren Formen verbaler Erotik: »Dirty Talking« (so genannte schmutzige Wörter), erotische Phantasien und Machtspiele. Außerdem wird hier beschrieben, wie liebevolle Worte der Zuneigung dazu beitragen können, die Leidenschaft zu steigern und erotische Bindungen zu vertiefen. Am Ende dieses Kapitels geht es darum, wie man die erotische Begegnung »ausklingen« lassen kann, wodurch Sie nicht nur Ihre eigene Befriedigung ausdehnen, sondern auch Ihren Partner dahin bringen können, dass er schon bald wieder begierig Ihr nächstes Rendezvous erwartet.

Wenn Sie dieses Buch mit Ihrem Partner zusammen lesen möchten, würde ich vorschlagen, dass Sie die folgenden Grundregeln beherzigen, bevor Sie zu den sprachlichen Übungen übergehen:

- Entwickeln Sie Vertrauen und gegenseitige Akzeptanz, bevor Sie anfangen. (Ich werde Ihnen dafür verschiedene Methoden vorschlagen.)

- Gehen Sie an diese Übungen mit Neugier heran, verhalten Sie sich vorurteilsfrei gegenüber den verbalen Reaktionen, die möglicherweise in Ihnen ausgelöst werden.
- Nötigen oder überreden Sie Ihren Partner nicht, auch nicht spielerisch. Bringen Sie den anderen nicht in die Verlegenheit, eine Übung zu machen, die er oder sie möglicherweise unangenehm findet.
- Seien Sie sensibel dafür, wie Sie beide sexuell und emotional auf die jeweilige Übung reagieren. Vergessen Sie nicht: Wenn Sie und Ihr Partner sexuell erregt sind, befinden Sie sich in einem außergewöhnlichen Bewusstseinszustand, der einer hypnotischen Trance nicht unähnlich ist. In diesem Zustand sind Sie beide sehr verletzlich, und Sie haben leichten Zugang zum Unbewussten des anderen – Ihre Worte werden alles andere als spurlos an Ihrem Partner vorübergehen. Seien Sie also behutsam, helfen Sie Ihrem Partner, und geben Sie ihm Sicherheit.

Obwohl dieses Buch viele Tipps und Vorschläge enthält, wie Sex mehr Spaß machen kann, ging es mir nicht darum, einen weiteren Do-it-yourself-Ratgeber voll technischer Anleitungen auf den Markt zu werfen. Vielmehr hoffe ich, dass Sie mit Hilfe dieses Buches den Mut finden, Ihre eigenen erotischen Gefühle in Worte zu kleiden. Loten Sie die Tiefe Ihrer Gefühle aus, entdecken Sie den Reichtum, die feinen Nuancen und die Vielfalt Ihres erotischen Erlebens. Dann werden sich Ihnen und Ihrem Partner viele neue Wege erschließen, die zu dem Wunder der sinnlichen Liebe hinführen.

Teil eins:

Anfänge

1. Worte der Lust: Die Magie, mit Worten Liebe zu machen

»... auf dass die Harmonie mich durch
mein Ohr auflöse in Entzückung ...«
(John Milton, »Il Penseroso«)

Worte sind wundervolle Aphrodisiaka! Mit Worten können Sie die Lustzentren im Gehirn Ihres Partners stimulieren, so dass sinnliche Schauer seinen ganzen Körper durchströmen. Mit Worten können Sie Ihrem Partner helfen, sich zu entspannen und für Ihre Berührungen empfänglicher zu werden. Mit Worten können Sie die erotische Phantasie Ihres Partners anstacheln und ungezügelte Leidenschaft wecken. Die Grenzen, die Sie normalerweise voneinander trennen, werden überwunden, und gemeinsam erleben Sie die tiefe Freude der sexuellen Vereinigung mit dem Menschen, den Sie lieben.

Bis vor kurzem haben die meisten »Experten« in Sachen Liebesspiel die Bedeutung, die Worte und verbale Kommunikation für ein erfülltes Liebesleben haben, ignoriert, heruntergespielt oder unterschätzt. Im Überfluss gibt es Bücher über körperliche Techniken, den anderen zu erregen, über Stellungen, die die Leidenschaft steigern sollen, und Methoden, den Orgasmus in die Länge zu ziehen. Andere Werke wollen Ihnen dabei helfen, mit Ihrem Partner über die Schwierigkeiten und Enttäuschungen zu sprechen, die Ihre Beziehung beeinträchtigen. Aber wo sind die Ratgeber, die Ihnen sagen, wie Sie Ihren Partner mit Worten erregen und so Ihrer beider Sexleben bereichern können? Warum wird dem physischen Liebesakt so viel mehr Aufmerksamkeit zuteil als dem verbalen?

Ganz einfach: weil die Autoren von Sexhandbüchern sich lieber mit der Verbesserung der sexuellen Leistungsfähigkeit befassen als damit, wie man erotische Gefühle verbalisiert – aus demselben

Grund, weshalb viele Menschen den Liebesakt lieber stumm vollziehen, als ihre sinnlichen Erfahrungen in Worte zu kleiden. Es fällt ihnen leichter. Sexuelle Bindungen, ob man sie nun selbst eingeht oder nur darüber schreibt, sind wie ein Beweis dafür, dass wir in höchstem Maße aufeinander angewiesen und entsprechend verletzlich sind. Und Worte, so fürchten wir, bringen den stummen Schmerz unserer Körper und die Sehnsucht unserer Herzen ans Licht.

Wenn Sie Ihrem Partner sagen: »Ich brauche es, dass du mich berührst« oder »Ich verlange so sehr nach dir«, dann geben Sie sich selbst eine emotionale Blöße und somit Ihrem Partner die Möglichkeit, Sie zu verletzen. Genau davor haben wir alle Angst, doch zugleich entsteht so erst die Grundlage für echte Intimität, für eine tiefere Beziehung zu einem anderen Menschen. Worte können zu einer Brücke für die Liebesenergie werden, die zwischen Ihren Körpern, Herzen und Seelen hin und her fließt. Ihre Worte und der Klang Ihrer Stimme können den Rhythmus abgeben, der den Sex begleitet, aber auch dabei helfen, eine Leidenschaft in voller Blüte zu erhalten, während Sie räumlich voneinander getrennt sind. Mit der Sprache der Liebe können Sie Ihrem Partner die vielen herrlichen Reichtümer der körperlichen, mentalen, emotionalen und spirituellen Liebe enthüllen, die Sie ihm schenken möchten.

Was ist lustvolles Sprechen?

Viele Leute glauben, erotisches Sprechen sei dasselbe wie »Dirty Talking«, nämlich gegenseitiges Aufgeilen. Und natürlich kann gut getimte, explizit sexuelle Konversation bei einer guten Intimbeziehung das Tüpfelchen auf dem i sein. Sie kann die Liebe um ein bodenständiges, lustvolles Element bereichern und eignet sich auch dazu, sich gegenseitig die Intensität der körperlichen Leidenschaft zu verdeutlichen. Dirty talking ist durchaus ein wichtiger Aspekt dessen, was ich die »hohe Kunst« erotischen Sprechens genannt habe. Aber erotisches Sprechen bietet sich auch an, wenn das Begehren eher subtil, verspielt oder zärtlich ist, oder wenn Sie Ihrem

Partner gerade besonders dankbar dafür sind, was er oder sie in Ihrem Leben bedeutet. Es kann ein Medium der Vorstellungskraft sein, das es Ihnen ermöglicht, einander sexuelle Phantasien mitzuteilen, oder den Dialog für ein Nachspielen solcher Phantasien liefern. Schließlich können Sie mit erotischem Sprechen auch die eigene Achtung vor der emotionalen oder geistigen Vertrautheit mit dem Partner zum Ausdruck bringen.

Wenn Sie in sich selbst hineinhorchen und auf die vielen subtilen Stimmungen im Wechselspiel mit Ihrem körperlichen Verlangen achten, werden Sie bald merken, dass sich solche Gefühle nicht durch bloße Beschreibungen in Worte fassen lassen. Sie werden schon bald zu der Einsicht gelangen, dass erotisches Sprechen nicht einfach auf »Dirty Talking« reduziert werden kann. Und wenn Ihr Partner seine Leidenschaft für Sie in Worte fasst, werden Sie daran ebenfalls sehr viel mehr erregend finden als bloß das explizit Sexuelle. Wenn Ihr Partner Ihnen lediglich zu verstehen gibt, wie attraktiv er Sie findet oder dass Sie etwas ganz Besonderes für ihn sind, bewirkt das vielleicht einen Schub sinnlicher Energie bei Ihnen, den Sie nie gespürt hätten, wenn er in expliziten Worten eine sexuelle Handlung geschildert hätte. Vielleicht laufen Ihnen auch wohlige Schauer über den Rücken, wenn Ihr Partner Ihnen beim Tanzen leise ein Liebeslied ins Ohr singt.

Da wir nun schon bei diesem Thema sind, machen Sie doch einmal das folgende kleine Experiment: Schließen Sie einen Moment lang die Augen und vergegenwärtigen Sie sich, wie Ihr Partner oder jemand, den Sie sehr anziehend finden, Sie beim Namen ruft. Stellen Sie sich dazu einen Unterton vor, der signalisiert: »Du bedeutest mir sehr viel.« Wie fühlt es sich an, wenn Ihr Name in einem solchen Kontext ausgesprochen wird? Vielleicht wird Ihnen warm ums Herz.

Oder Sie spüren vor Aufregung ein leichtes Kribbeln im Nacken. Stellen Sie sich nun vor, dass der Unterton beim Aussprechen Ihres Namens die Botschaft enthält: »Ich begehre dich.« Welche Gefühle löst das in Ihrem Körper aus? Wird Ihnen plötzlich heiß unter der Gürtellinie, oder läuft ein angenehmer Schauer durch Ihren

Körper? Was auch immer es auslöst – nehmen Sie sich Zeit und genießen Sie diese Empfindungen!

Stellen Sie sich nun vor, Sie sind auf einer Party, und neben Ihnen steht eine Person, zu der Sie sich sehr hingezogen fühlen. Plötzlich sagt diese Person zu Ihnen: »Weißt du, ich mag es sehr, wie du mich gerade ansiehst.« Oder Sie sind auf der Tanzfläche und bewegen sich zu Ihrer Lieblingsmusik, da flüstert Ihr Partner Ihnen ins Ohr: »Schatz, du fühlst dich so gut an in meinen Armen.« Oder Sie küssen sich nach einer ersten Verabredung zum Abschied auf den Mund, und Ihr Partner sagt: »Mmmm, deine Lippen sind so süß!« Was für ein Körpergefühl löst das wiederum aus? Achten Sie darauf, und genießen Sie es!

All die genannten Beispiele sind Spielarten des erotischen Sprechens, womit in diesem Buch jeder verbale Ausdruck oder stimmliche Laut gemeint ist, der Leidenschaft weckt oder intensiviert. Erotisches Sprechen kann bei der ersten Begegnung mit einem potenziellen Partner eine romantische Stimmung und zwischen Frischverliebten Vertrautheit schaffen, oder es kann dazu beitragen, die sinnliche Bindung langfristig liierter Paare zu festigen.

Im Rahmen erotischer Konversation können Sie aber auch herausfinden, was Ihren Partner am meisten erregt bzw. umgekehrt ihm mitteilen, wie Sie selbst es am liebsten mögen. Erotisches Sprechen ermöglicht Ihnen auch den Spaß an Safer Sex, weil Sie so die Augenblicke der Verlegenheit, die die lästigen Vorbereitungen des Safer Sex normalerweise mit sich bringen, in angenehme und aufregende Momente verwandeln können. Und natürlich ist erotisches Sprechen auch an sich schon ein Liebesakt. Wenn Sie für längere Zeit von Ihrem Partner getrennt sind, können sexy Gespräche am Telefon, per E-Mail und sogar per Brief den romantischen Funken die weitesten Entfernungen überspringen lassen.

Wenn wir Liebe machen, vereinigen wir uns nicht nur in körperlicher, sondern auch in geistiger Hinsicht. Für die körperliche Erregung genügen vielleicht körperliche Berührungen, aber um unsere emotionalen und geistigen Bedürfnisse zu befriedigen, brauchen wir auch *verbale Berührungen*. Indem wir einen Partner mit Worten, die von Liebe und Begehren sprechen, im Herzen und in der Seele anrühren, schaffen wir ein festes Band der Leidenschaft, das ein Leben lang halten kann.

Lustvolle Worte als ein fester Bestandteil des täglichen Lebens

Sie brauchen nicht erst mit Ihrem Partner im Bett zu liegen, um sich in erotischem Sprechen zu üben. Sie können damit auch Ihr tägliches Leben um eine romantische und sinnliche Dimension bereichern. So halten es zum Beispiel Jed und Darlene[1], die als Paar an meinen Seminaren zum erotischen Sprechen teilgenommen und von Anfang an immer viel geübt haben.

»Jeden Morgen sagen wir einander, wie gern wir in der vergangenen Nacht miteinander oder beieinander geschlafen haben«, berichtet Jed. »Ich sage zum Beispiel zu Darlene: ›Ich liebe deinen Geruch‹ oder ›Du fühlst dich so gut an in meinen Armen‹. Und sie sagt beispielsweise zu mir: ›Ich spüre noch immer diese Glut in mir, seit wir gestern Liebe gemacht haben‹ oder auch nur ›Danke, dass du mir gestern so ein gutes Gefühl gegeben hast‹.«

Darlene fügt hinzu: »Seit Jed morgens vor mir aus dem Haus geht, gebe ich ihm auch immer gerne eine von Bonnies ›Phantasien zum Mitnehmen‹ mit auf den Weg zur Arbeit. Ich sage etwa zu ihm: ›Wenn du heute deine Kaffeepause machst, Schatz, lehn dich dann einfach an deinem Schreibtisch zurück, entspann dich und stell dir vor, dass ich hinter dir stehe und dir sanft den Nacken massiere. Dann fahre ich langsam mit den Fingern durch dein Haar, während ich dich ein paar Mal zart hinters Ohr küsse. Meine Hand kommt von hinten, und meine Finger öffnen langsam dein Hemd, Knopf für Knopf. Du kannst dir die Fortsetzung der Szene so weit ausmalen, wie dir Zeit dafür bleibt, und vergiss dabei nicht, dass

1 *Aus Rücksicht auf die Privatsphäre der erwähnten Personen wurden alle Namen geändert.*

du sie heute Abend, wenn du nach Hause kommst, in echt mit mir wiederholen kannst.‹«

Jed lacht. »Ich freue mich immer schon auf meine Kaffeepausen! Früher hat sie mir immer Phantasien mit auf den Weg gegeben, bei denen es um Sexspiele ging: Ich sollte mir vorstellen, wie sie sich bei einer meiner Sitzungen unter dem Tisch versteckt und mich erregt. Aber ich stellte fest, dass solche Gedanken meine Konzentrationsfähigkeit zu sehr beeinträchtigen, und wenn ich nach einem Meeting vom Tisch aufstand, war ich richtiggehend verlegen! Deshalb gibt sie mir jetzt nur noch Phantasien mit, denen ich mich hingeben kann, wenn ich alleine bin.

Umgekehrt rufe ich Darlene manchmal in der Mittagspause an. Wenn sie gerade Zeit hat, wende ich einen anderen Trick an, den wir auch bei Bonnie gelernt haben: Ich gebe ihr eine ›Vorschau kommender Sensationen‹, sprich, ich beschreibe ihr, was ich abends im Bett alles mit ihr machen werde. Wenn sie keine Zeit hat, den Anruf entgegenzunehmen oder meinen erotischen Einfällen Gehör zu schenken, sage ich: ›Ich schicke dir per E-Mail eine Vorschau kommender Sensationen, du kannst ja zwischendurch mal in deine Mails schauen.‹ Wir haben beide persönliche E-Mail-Adressen, die niemand anders abrufen kann.«

Darlene und Jed geben einander auch »erotisches Feedback«, um ihre sexuellen Vorlieben optimal aufeinander abzustimmen. Sie teilen einander mit, welche Art von Berührungen und welche sexuellen Stellungen sie besonders gern mögen, was sie sich wünschen und was sie brauchen, um ihre Erregung noch mehr zu steigern. Sie achten darauf, dass sie solche Informationen sinnlich kommunizieren, statt dem anderen das Gefühl zu geben, er würde kritisiert. Wenn Darlene etwa beschreiben möchte, was sie sich in einem bestimmten Moment von Jed wünscht, sagt sie: »Weißt du, Schatz, was ich jetzt gerade am meisten brauche, ist …« Oder Jed sagt: »Süße, was du jetzt gerade machst, ist perfekt. Hör nicht auf damit!«

Am liebsten mag Darlene eine Technik, die darauf beruht, den anderen gleichsam erotisch »mitzuziehen«. So helfen die beiden einander, sich nach einem stressigen Tag zu entspannen und langsam in eine sinnlichere Stimmung hinüberzugleiten. Wenn Darlene beispielsweise gerade in einer erotisch aufgeladenen Stimmung ist, Jed aber irgendwelche anderen Dinge im Kopf hat, dann gesteht sie ihm diese Blockade zunächst zu und hört sich in aller Ruhe an, was ihm auf dem Herzen liegt.

Wenn sie ihm auf diese Weise gezeigt hat, dass sie ihn versteht und durchaus wissen möchte, wie es ihm geht, fängt sie an, ihn mit bestimmten Worten und einem dafür geeigneten Tonfall zu beruhigen und nach und nach in eine erotische Stimmung zu versetzen. (Welche einzelnen Schritte diese Technik beinhaltet, wird im vierten und sechsten Kapitel beschrieben).

Vielleicht ruft sie ihm eine schöne Zeit in Erinnerung, die sie gemeinsam verbracht haben, und schlägt vor, dasselbe noch einmal zu tun: »Schatz, erinnerst du dich noch an das kleine französische Restaurant am Strand, wo wir im letzten Mai essen waren? Das Essen war hervorragend, aber am lebhaftesten ist mir doch in Erinnerung geblieben, wie wir hinterher am Strand spazieren gegangen sind und uns auf der Promenade geliebt haben wie zwei Teenager. Vielleicht könnten wir da am Wochenende noch mal hinfahren – und noch mal dort essen ... oder ... andere Dinge noch mal tun.« Und vielleicht antwortet er darauf: »Mmmm, das hört sich nicht schlecht an. Aber wir können ja auch erst mal hochgehen und so tun, als lägen wir nicht in unserem Bett, sondern wie damals im warmen Sand.«

Am besten gefällt Jed eine andere Technik, die er auch in dem Kurs gelernt hat, nämlich die »Induktion erotischer Träume«. Jed und Darlene tauschen nämlich nicht nur sinnliche Morgenbotschaften miteinander aus, sondern sie versuchen auch, einander abends atemberaubende Träume mit in den Schlaf zu geben. »Ich sage zum Beispiel zu Darlene: ›Wenn du gleich einschläfst, stell dir dann vor, du badest in einer tropischen Lagune auf Haiti. Ich bin bei dir und stütze dich sanft im Wasser, so dass du dich gehen lassen kannst. Du spürst, wie gut dir das Wasser tut, das dich ganz umgibt, genau wie meine Liebe. Du kannst jetzt ruhig einschlafen, denn du weißt, dass du aus tiefstem Herzen geliebt wirst und kannst dich ganz eins mit dem Universum fühlen.‹«

Vielleicht halten Sie sich selbst nicht für besonders phantasievoll und meinen, dass es Ihnen schwer fallen würde, selbst Ideen für solche Phantasien zu bekommen. Oder vielleicht sind Sie auch ein wenig schüchtern, wenn es darum geht, erotische Phantasien, wie sie auch immer aussehen mögen, in Worte zu fassen. Keine Angst, erotisches Sprechen kann man lernen. Ob Sie von Natur aus ein sprachbegabter und phantasievoller Mensch sind oder nicht – auf den nächsten Seiten werden Sie auf jeden Fall lernen, wie sinnliches Sprechen mühelos und leicht vonstatten gehen kann.

Sie werden aber auch im erotischen Zuhören geschult werden, damit Sie die erotische Stimme Ihres Partners genauso genießen können wie den Anblick seines oder ihres Körpers. Und ob Sie selbst nun eine von Natur aus erotische Stimme haben oder nicht – Sie werden lernen, das erotische Potenzial Ihrer Stimme optimal zu nutzen. Darum geht es nun als Nächstes: was Sie tun können, um mit Ihrer Stimme, dem eigentlichen Instrument des erotischen Sprechens, die maximale anziehende und verführerische Wirkung zu erzielen.

2. Sinnliches Sprechen

Sie sollten nie die Wirkung Ihrer Stimme unterschätzen! Sie ist ein mächtiges Instrument zur Entfesselung sexueller Leidenschaft. Beim erotischen Sprechen ist das Wie sogar noch wichtiger als das Was. Die Erfahrungen, die ich mit Teilnehmerinnen und Teilnehmern meiner Workshops gemacht habe oder auch mit Menschen, die ich für dieses Buch befragt habe, scheinen das zu bestätigen. Miles zum Beispiel, ein Mann in einem meiner Kurse, machte sich große Sorgen darüber, ob er überhaupt in der Lage wäre, seine Partnerin mit Worten anzumachen. Er meinte, ihm fehlten »verbales Flair und poetische Phantasie«. Als er das erzählte, fiel mir auf, dass seine Stimmmelodie sehr schön war und dass er in einem warmen, ausdrucksstarken Tonfall sprach. Seine Stimme hatte zugleich etwas Beruhigendes und Erregendes. Ich sagte ihm, wie seine Stimme auf mich wirkte, und fragte die weiblichen Geschöpfe unter den Anwesenden, wie es ihnen ginge. Die meisten reagierten ähnlich wie ich. Eine Frau in den hinteren Reihen stand sogar auf und sagte: »Bei der Stimme würde es mich schon antörnen, wenn du nur das Alphabet aufsagen würdest!«

Umgekehrt berichtete Arthur, ein weiterer Mann aus dem Kurs, eine frühere Freundin hätte ihn immer mit ihrer hohen, dünnen, weinerlichen Stimme abgestoßen, die auch dann nicht sanfter wurde, wenn die beiden intim über Sex sprachen. Es war ihm richtiggehend schwer gefallen, von ihr erregt zu werden. Ich selbst bin auch eine Zeit lang mit einem Mann ausgegangen, der eigentlich perfekt zu mir passte, aber dessen Stimme so gequetscht und nasal klang, dass jede sexuelle Regung meinerseits davon im Keim erstickt wurde. Mein Fragenbogen zum erotischen Sprechen zeigt, dass solche Erfahrungen nicht rein individuell sind. 70 % der Frauen und 60 % der Männer sagten aus, der Klang der Stimme ihres jeweiligen Partners sei für sie wichtiger als das, was gesagt wird. Sie können also die Phantasie, den Geist und das poetische Flair eines

Cyrano de Bergerac haben – wenn Sie Ihre Botschaft nicht mit einer Stimme vermitteln können, die Leidenschaft erweckt, wird Ihnen vielleicht Bewunderung zuteil, nicht aber Begehren.

Doch zum Glück gibt es eine ganze Reihe wirkungsvoller Übungen, die Schauspiel- und Gesangslehrer, aber auch Sprechtherapeuten einsetzen, um Menschen zu einer reicheren, wohlklingenderen Stimme mit größerer Klangfülle zu verhelfen. Und ein Physiologe aus Berkeley hat sogar einige ausgesprochen wirkungsvolle Methoden dafür entwickelt, die Stimme auf eine natürliche Art und Weise sexy klingen zu lassen. Sie werden später noch Gelegenheit haben, diese Methoden auszuprobieren. Hier soll es nun erst einmal um die Grundvoraussetzungen einer angenehmen Stimme gehen, um Atmung, Entspannung, Volumen, Tonhöhe, Klangfülle, Rhythmus und stimmlichen Ausdruck.

Atmung

Normalerweise, im Alltag, atmen wir die Luft »thorakal« ein, man spricht hier von Brustatmung. Für eine sonore, volle und sinnliche Stimme ist aber eine so genannte »Atemstütze« notwendig, eine Technik, die durch die so genannte Zwerchfell-Atmung erlernt werden kann. Diese Atemtechnik verleiht der Stimme aber nicht nur mehr Klangfülle, sondern besitzt noch weitere Vorteile. Sie hat eine beruhigende Wirkung auf das Nervensystem, verhilft zu einer größeren stimmlichen Bandbreite und ermöglicht es Ihnen, mehr Intensität in Ihre Stimme zu legen.

Joe, ein Teilnehmer einer meiner Kurse, kennt die erotischen Nebeneffekte der Zwerchfell-Atmung aus erster Hand. Er hat jahrelang nur über die Brustmuskulatur geatmet, bis er Gesangsunterricht nahm und dort die Zwerchfellatmung lernte. »Es ist erstaunlich, wie sehr die Zwerchfellatmung auch meine Sprechstimme verändert hat«, berichtete Joe den anderen Kursteilnehmern. »Meine Stimme klang immer leicht gehetzt und gepresst, was meine Freundin ziemlich gestört hat. Ich musste dauernd Luft holen, weil mir sonst immer der Atem ausging, bevor ich zu Ende gesprochen hatte. Sogar wenn ich versuchte, verbal eine erotische Stimmung herzustellen, redete ich zu schnell und konnte die Nervosität in meiner Stimme nicht richtig kontrollieren.

Manchmal rief ich sie von der Arbeit aus an und sagte irgendetwas wie: ›Hallo, Schatz, du fehlst mir, ich kann es kaum erwarten, dich heute Abend in die Arme zu schließen.‹ Und sie entgegnete: ›Ist alles in Ordnung? Du klingst so angespannt. Stimmt etwas nicht bei der Arbeit?‹ Sie reagierte damit weniger auf das, was ich gesagt hatte, als vielmehr auf die Art und Weise, wie ich es gesagt hatte.

Doch nachdem ich einige Monate lang Gesangsübungen gemacht habe, habe ich jetzt viel mehr Kontrolle über meine Stimme und deren Klang. Ich kann jetzt bewusst die Tonhöhe absenken oder langsamer und mit mehr Ausdruck in der Stimme sprechen. Zoe, meine Freundin, sagt jetzt immer, dass es sie total anmacht, wenn ich romantisch oder sexy zu ihr spreche. Das, was ich sage, und die Art, wie ich es sage, passen jetzt nämlich zusammen.«

Drei Übungen: Natürliche Zwerchfellatmung

Anhand der folgenden Übungen können Sie herausfinden, wie sich natürliche Zwerchfellatmung anfühlt.

Übung 1: Das Buch auf dem Bauch

Legen Sie sich rücklings auf den Boden, auf eine Matte oder eine harte Matratze. Spüren Sie, wie der Untergrund Ihren Körper trägt. Achten Sie darauf, wie Ihr Körper sich anfühlt, und achten Sie auch auf Ihre Atmung, ohne jedoch irgendetwas an dieser zu verändern. Legen Sie nun ein nicht zu schweres Buch auf Ihren Bauch. Wenn Sie aus dem Zwerchfell heraus atmen, wird das Buch sich bewegen. Merken Sie sich, wie es sich anfühlt, stehen Sie auf, und versuchen Sie, genauso weiterzuatmen wie vorher, mit demselben Gefühl und im selben Rhythmus.

Übung 2: Die sich ausdehnende Taille

Beugen Sie sich aus dem Stand heraus langsam vor, bis Ihr Kopf sich unterhalb der Taille befindet (Sie dürfen die Knie leicht beugen). Lassen Sie die Arme locker herabhängen, die Hände etwa 15 bis 20 cm über dem Boden. Atmen Sie langsam, ohne sich jedoch wieder aufzurichten. Achten Sie darauf, wie Ihre Bauchdecke sich im Rhythmus Ihres Atems wölbt und wieder senkt, so dass sich Ihre Taille am Rücken und an den Seiten im selben Rhythmus ausdehnt. Stellen Sie sich vor, Sie trügen einen Gürtel um die Taille und pressten dagegen an. Versuchen Sie wiederum, sich dieses Gefühl zu merken, wenn Sie sich nun wieder aufrichten und dieselbe Art von Atmung im Stehen wiederholen. Stellen Sie sich die Ausdehnung Ihrer Taille so vor, als drückten Sie damit gegen eine imaginäre Wand.

Übung 3: Der imaginäre Schlag in den Bauch

Stellen Sie sich diesmal aufrecht hin und spannen Sie die Muskulatur Ihres Zwerchfells an, so als wollten Sie einem Schlag in den Bauch standhalten. Lassen Sie dann locker. Atmen Sie so tief ein, wie Sie können, und halten Sie die Spannung einen Moment. Lassen Sie dann die Luft entweichen, während Sie langsam bis fünf zählen. Legen Sie die Zunge dabei hinter die oberen Schneidezähne, so dass ein Zischlaut entsteht. Wiederholen Sie die Übung, und zählen Sie diesmal bis zehn.

Erhöhen Sie den Einsatz immer weiter, indem Sie jeweils fünf Sekunden hinzufügen, bis Sie bei 50 angekommen sind. Wundern Sie sich nicht, wenn es nicht gleich beim ersten Mal klappt. Sie müssen unter Umständen einige Wochen lang täglich üben, bis Sie die 50 erreicht haben. Ihre Zwerchfellmuskulatur braucht Zeit, um sich so weit zu entwickeln, dass sie das langsamere Ausatmen entsprechend stützen kann. Wenn Sie bei den ersten Versuchen bis 20 oder 25 kommen, ist das bereits ein Erfolg.

Entspannung

Gleich wird es um verschiedene Übungen zur Entspannung der Muskeln gehen, die bei der Atmung eine Rolle spielen. Vorher ist es jedoch nützlich, den Körper insgesamt zu entspannen. Setzen Sie sich einen Moment lang in einen Stuhl und schließen Sie die Augen. Spüren Sie, wo Ihre Füße den Boden berühren, und wie die Sitzfläche des Stuhls Ihren Körper trägt. Verlassen Sie sich voll und ganz auf diese Stütze. Achten Sie darauf, ob Sie irgendwelche Verspannungen spüren, ob Sie sich irgendwo verkrampft fühlen. Versuchen Sie nicht, daran bewusst etwas zu verändern, sondern richten Sie lediglich Ihre Aufmerksamkeit auf jede einzelne dieser Zonen. Körperliche Spannungen lösen sich oft von selbst, wenn Sie nur Ihre Aufmerksamkeit auf die entsprechenden Bereiche richten. Nachdem Sie sich allen betreffenden Stellen einen Moment lang gewidmet haben, konzentrieren Sie sich noch einmal auf Ihren Stuhl und darauf, wie er Sie trägt. Achten Sie auch auf etwaige Geräusche um Sie herum, wenn Sie nun die Augen langsam wieder öffnen. Neue Sprechgewohnheiten lassen sich viel leichter erlernen, wenn Ihr ganzer Körper dabei entspannt und ausgeruht ist.

Wenn Sie sich jeden Tag zehn bis fünfzehn Minuten Zeit für die folgenden Übungen nehmen (manche davon können Sie auch beim Autofahren oder im Gehen machen), werden Sie schnell eine entspanntere und sinnlichere Stimme entwickeln.

Übung: Der Kiefer, die Zunge und die Lippen

Haben Sie schon mal versucht, einen Menschen zu küssen, der die Lippen zusammenpresste, dessen Mund wie versiegelt war? Wenn ja, dann war das sicher keine sehr angenehme Erfahrung. Jegliche erotische Energie, die Sie womöglich auf den anderen übertragen wollten, musste an dieser physischen Barriere abprallen. Andererseits kann es eine herrliche Erfahrung sein, jemanden mit weichen, geschmeidigen Lippen zu küssen, mit einem Mund und einer Zunge, die sich im Wechselspiel mit Ihrer eigenen bewegt – eine Erfahrung, bei der alle sinnlichen Gefühle frei zwischen Ihnen und Ihrem Partner hin und her fließen.

Ganz ähnlich ist es, wenn Sie Klang durch eine Öffnung hindurchschicken, die eng und begrenzt ist: Die Qualität des Klangs wird darunter leiden. Wenn der Klang jedoch entspannt und flexibel entweichen kann, kann sich seine Schönheit frei entfalten.

Schritt 1: Der Kiefer

Stellen Sie sich aufrecht hin und lassen Sie Ihren Unterkiefer herunterklappen, so dass zwischen den oberen und unteren Schneidezähnen eine Lücke von zwei bis drei Zentimetern entsteht. Öffnen und schließen Sie nun den Mund zwanzigmal, wobei zwar Ihre Lippen, nicht aber Ihre Zähne aufeinander treffen sollen. Das wird sich zunächst komisch anfühlen und auch nicht sehr elegant aussehen, aber es ist eine gute Vorbereitung für eine optimale Öffnung des Kieferraums.

Schritt 2: Die Zunge

Öffnen Sie den Mund möglichst weit und berühren Sie mit der Zungenspitze die unteren Schneidezähne. Lassen Sie dann die Zunge nach oben schnellen, so dass sie hinter den oberen Schneidezähnen den harten Gaumen berührt. Lassen Sie danach die Zungenspitze wieder hinter die unteren Schneidezähne zurückfallen. Wiederholen Sie diese Übung zwanzigmal.

Schritt 3: Die Lippen

Berühren Sie mit der Zungenspitze die unteren Schneidezähne, und machen Sie den Mund weit auf. Stellen Sie sich vor, jemand würde Ihnen einen Bleistift in den Mund stecken wollen. Runden Sie die Lippen, so dass er gerade hindurchpassen würde. Schieben Sie die gerundeten Lippen leicht vor und flüstern Sie »Huuh!« Achten Sie darauf, wie es sich anfühlt, wenn Ihre Lippen diesen Laut formen und Sie den Klang durch Ihren Mund nach außen treten lassen. Atmen Sie einmal durch und wiederholen Sie die Übung. Beim ersten Mal genügen zehn Wiederholungen, zukünftig sollten es 20 sein.

Lautstärke

Sprechen Sie leise! Das hört sich ziemlich selbstverständlich an, wird aber oft nicht beherzigt. Kelly, eine Frau, die ich für dieses Buch interviewt habe, hatte einmal einen Freund, der professioneller Radiosprecher war und eine kräftige, sonore Stimme hatte, mit der er auch ohne Mikrophon mühelos einen großen Raum füllen konnte. Sie hörte ihn wirklich gerne sprechen – außer, wenn sie miteinander im Bett waren! Im Eifer des Gefechts kam es vor, dass er ihr ins Ohr sagte, wie leidenschaftlich er sie begehre, und ihr platzte fast das Trommelfell! Zum Glück war sie in der Lage, ihn dazu zu bringen, leiser zu sprechen, ohne dass er sich angegriffen fühlte. Sie sagte zu ihm: »Du hast eine wundervolle Stimme, aber ich glaube, ich fände es sehr sexy, wenn du mal ganz leise und sanft sprechen würdest.«

Ted, ein Mann aus einem meiner Workshops, dessen Freundin Gedichte schreibt, die auch veröffentlicht sind, erzählte, dass er es immer sehr erregend findet, wenn sie ihm leise erotische Verse ins Ohr flüstert. »Wenn sie mir die Gedichte mit ihrer normalen Stimme vorliest, erregt es mich auch ein bisschen, aber wenn sie sie mir ins Ohr *flüstert*, dann macht es mich total wild!«

Übung: Sexuelles Interesse in der richtigen Lautstärke bekunden

Mitten in einer nichtsexuellen Konversation können Sie ein erotisches Signal geben, indem Sie von normaler Lautstärke in gedämpften Ton verfallen.

Fragen Sie Ihren Partner (oder einen guten Freund, dem Sie vertrauen und von dem Sie ein ehrliches Feedback zu erwarten haben): »Wenn wir beide noch nichts vorhaben, was machen wir denn dann noch aus dem Abend?« Stellen Sie die Frage zunächst in ganz normaler Gesprächslautstärke. Dann wiederholen Sie sie, und probieren Sie beim zweiten Teil, »was machen wir denn dann noch aus dem Abend?«, die Lautstärke zu dämpfen. Versuchen Sie schließlich, die gesamte Frage in gedämpftem Ton zu stellen.

Wenn Sie keinen Partner haben und keinen Freund oder keine Freundin, die für diesen Test geeignet wäre, nehmen Sie sich selbst auf Kassette auf. Dann können Sie sich das Ergebnis hinterher anhören. Welche der drei Versionen klingt in Ihren Ohren am meisten nach einer erotischen Verführung?

Tonhöhe

Die tiefen Register der menschlichen Stimme werden meist für sinnlicher gehalten als die hohen. Anspannung wirkt sich auch auf die Stimmbänder aus, die dann einen höheren Klang hervorbringen als im entspannten Zustand. Deshalb wird eine hohe Stimme auch oft mit Angst oder Unsicherheit in Verbindung gebracht. Bei Menschen, die von Natur aus tiefe Stimmen haben, fällt Anspannung stimmlich normalerweise nicht sonderlich auf. Aber auch wenn Sie von Natur aus keine Bass- oder Bariton-Sprechstimme haben, können Sie viel für die Erweiterung der Bandbreite ihres Stimmregisters tun.

Das war auch die Erfahrung Celias, die in einem Callcenter arbeitet. Acht Stunden täglich muss sie telefonieren. Bei so viel stimmlicher Belastung verwundert es nicht, dass sie zwar morgens um sieben mit einer angenehm tiefen Stimme aufwacht, aber abends um sechs mit einer hohen und angespannten Stimme nach Hause kommt. Einmal rief ihr Freund sie abends an und erkannte ihre Stimme nicht wieder. Als sie ihm versichert hatte, dass sie tatsächlich selbst am Apparat war, sagte er: »Okay, könnte ich dann bitte die Celia mit der wundervollen *Morgen*stimme sprechen?« Dieses Mal konnte Celica ihm nicht weiterhelfen, doch dann fand sie heraus, dass die Übungen zur Entspannung und zum Tiefer-

Sprechen, die ich unten wiedergebe, ihr eine große Hilfe waren. Seit sie zweimal täglich diese Übungen macht, kann sie ihre *Morgen*stimme über den ganzen Tag hinweg retten.

Übung 1: Tiefer sprechen

Um die Tonhöhe Ihrer Stimme auf natürliche Weise zu senken, summen Sie bitte zunächst eine absteigende Tonfolge. Achten Sie darauf, dass der Klang Resonanz hat. Dies ist der Fall, wenn im Bereich der Lippen und unterhalb der Nase ein leichtes Kitzeln von der Vibration spürbar ist. (Eine gute Resonanz ist für eine optimale Stimmqualität unerlässlich.)

Summen Sie nun erneut eine absteigende Tonfolge, doch konzentrieren Sie sich diesmal auf Ihren Körper. Je tiefer Sie kommen, desto mehr wird sich die Vibration vom Kopf in den Brustkorb verlagern. Finden Sie heraus, wo dieser Übergang liegt, und fangen Sie an, in genau dieser Tonhöhe zu sprechen, mit maximaler Resonanz, so als würden Sie ein Lied singen, das aus einer einzigen, immer wiederholten Note besteht. Merken Sie sich diesen Referenzton und probieren Sie, ob Sie nun auch mit der ganzen Bandbreite normalen sprachlichen Ausdrucks sprechen können, ohne mit der Stimme wieder nach oben zu gehen.

Machen Sie diese Übung zum ersten Mal, dann kann es hilfreich sein, wenn Ihr Partner oder ein guter Freund seine Hand leicht auf Ihren Rücken legt. Wenn er die Vibration Ihrer Stimme in Ihrem Rücken spürt, während der Klang von Ihrem Kopf in den Brustkorb wandert, dann machen Sie die Übung richtig. Außerdem gibt es Ihnen wahrscheinlich ein gutes Gefühl, eine vertraute Stütze in Ihrem Rücken zu spüren, wodurch Sie Ihre Stimmbänder leichter entspannt halten werden.

Übung 2: Den Rachenraum weiten

Eine andere Methode zur Senkung der Tonhöhe besteht im Öffnen und Entspannen des Rachenraums. Öffnen Sie Mund und Kiefer so, als wollten Sie gähnen. Halten Sie die Zunge flach unten. Legen Sie sich zum Fühlen die Hand an den Hals.

Suchen Sie sich im Bereich mittlerer Tonhöhe einen Anfangspunkt aus, und summen Sie auf den Laut »ah« eine Tonfolge abwärts, bis Sie an Ihrem tiefsten Punkt angekommen sind. Halten Sie den Rachenraum locker und entspannt. Fühlen Sie die Vibrationen Ihrer Stimmbänder an der Hand? Genießen Sie das Gefühl. Wiederholen Sie dann die Übung, doch sagen Sie nun nicht mehr »ah«, sondern nehmen Sie Zahlen von eins bis zehn.

Resonanz

Melissa, Marketing-Beraterin und Autorin, führte einmal eine zehn Monate währende Beziehung übers Telefon, weil sie sich in die wunderbare, sonore Stimme des Betreffenden verliebt hatte. Er hatte sie ursprünglich angerufen, um sich von ihr ein Buch schicken zu lassen, das sie über Marketing geschrieben hatte, aber sie war so verzaubert von seiner Stimme, dass sie schließlich anderthalb Stunden lang mit ihm sprach! Obwohl sie sich nie persönlich kennen lernten, sprachen sie innerhalb der nächsten zehn Monate einmal in der Woche abends etwa zwei Stunden lang miteinander. Ob es nun alltägliche, philosophische oder romantische Gespräche waren – Melissa fühlte sich jedes Mal wieder ruhiger und sicherer, nachdem sie sich eine Weile lang ganz seiner warmen, vollen Stimme hingegeben hatte.

Was genau ist Klangfülle? Eine Stimme, deren Klang Resonanz hat, die satt und voll klingt, ist reich an Obertönen. Es ist jener runde Klang, wie man ihn von den Stimmen der Radiosprecher kennt. Die Vibrationen einer obertongesättigten Stimme können tatsächlich eine beruhigende, entspannende Wirkung auf den Zuhörer haben, so wie es auch bei Melissa der Fall war, als sie mit ihrem Geliebten in der Ferne telefonierte. In Kombination mit der richtigen Tonhöhe und dem richtigen Ausdruck kann so eine Stimme sehr leicht sinnliche Gefühle aufkommen lassen. Die magische Zutat eines vollen Klangs ist die so genannte Kopfresonanz. Auch im Kopf kann man nämlich stimmliche Vibrationen spüren. Vor allem in der »Maske« (Gesichtsbereich vorne), in der Nase, auch in den Wangenknochen und der »Glocke« (Schädeldach), im Kiefer etc. Die Kunst besteht darin, so zu sprechen, dass der Klang der Stimme in diesen Bereichen verstärkt wird.

Übung 1: Summen

Eine gute Übung zur besseren Ausnutzung der Kopfresonanz ist das Summen – etwas, das viele von uns unbewusst mehrmals am Tag tun. Wenn Sie also wieder einmal Lust bekommen zu singen, tun Sie's nicht. Summen Sie stattdessen! Und wieder sollten Sie dabei Ihren Stimmapparat und Ihren ganzen Körper entspannen und die Vibrationen genießen.

Übung 2: Vibrierende Laute

Noch eine sehr effektive Möglichkeit, die Kopfresonanz zu steigern und die Voraussetzungen für eine vollere Stimme zu schaffen, besteht darin, den Satz »Milch macht müde Männer munter« in auf- und absteigender Tonhöhe zu singen. Betonen Sie dabei die »m«-Laute und halten sie die Vokale kurz. Wenn Sie es richtig machen, sollte es an den Lippen kitzeln.

Wenn Sie nicht gern singen oder Probleme damit haben, den Ton zu halten, können Sie auch einzelne Wörter aus diesem Satz für sich nehmen und in verschiedener Tonhöhe aussprechen. Betonen Sie auch dann die »m«-Laute. Fangen Sie in einem tiefen Register an, probieren Sie dann eine mittlere Tonhöhe aus, und wechseln Sie auch einmal in höhere Bereiche Ihres stimmlichen Spektrums. (Aber versuchen Sie nicht, Lagen zu erreichen, die Ihnen nicht liegen.)

Übung 3: Die Zunge entspannen

Bei einer weiteren Übung zur Senkung der Stimmhöhe und zur Verbesserung der stimmlichen Resonanz geht es um die Entspannung der Zunge, vor allem des Zungenrückens, wie die Zungenoberseite genannt wird. Am einfachsten geht das, in dem Sie Ihre Aufmerksamkeit auf diesen Bereich richten. Ohne bewusst etwas verändern zu wollen, sollten Sie einfach darauf achten, wie sich der Zungenrücken anfühlt, ob dort irgendwelche Verspannungen spürbar sind.

Verspannungen überhaupt erst einmal wahrzunehmen, kann schon viel zur Entspannung jeglicher Körpermuskulatur beitragen. Ich habe die Erfahrung gemacht, dass die Entspannung sich von der Zunge in den Rachen bis hin zu jedwedem anderen Körperbereich fortsetzen kann! Das geschieht vielleicht nicht gleich beim ersten Mal, aber selbst kleine Entspannungserfolge können positive Auswirkungen auf die Qualität Ihrer Stimme und auf Ihr Wohlempfinden haben. Und Übung macht den Meister.

Wenn Sie während dieser Übung sinnlich oder sexuell empfinden, stellen Sie sich dann vor, diese Empfindungen wanderten über die Zunge bis zu Ihren Lippen. Diese Übung wird es mit der Zeit leichter für Sie machen, Ihre Sinnlichkeit durch Ihre Stimme auszudrücken, wenn Sie Ihren Partner mit erotischem Sprechen erregen möchten.

Rhythmus

Rhythmus ist natürlich ein wesentliches Element beim Geschlechtsakt. Erotisches Sprechen können Sie wie ein Echo der rhythmischen Bewegungen Ihrer Körper einsetzen, indem Sie Worte und Sätze rhythmisch wiederholen, wie zum Beispiel »Komm, Schatz«, »Ja, Liebling«, oder indem Sie einfach den Namen Ihres Partners immer wieder aussprechen. Eine der Frauen in meinem Kurs sagte mir, beim Sex errege es sie am meisten, wenn ihr Partner wieder und wieder ausrufe: »Kathy, ich will dich!«

Schritthalten und Führen: einander in Liebesstimmung bringen

Der Sprechrhythmus kann entscheidend für die Entspannung Ihres Partners sein und dazu beitragen, ihn oder sie in die richtige Stimmung für die Liebe zu versetzen. Genau das haben ja schon Jed und Darlene beschrieben, das Paar, das uns im ersten Kapitel von seinen erotischen Sprach-Abenteuern erzählte. Der Prozess wird manchmal als »Spiegeln« oder »Entrainment« (wörtlich etwa: »den anderen mitziehen«) beschrieben und basiert auf Techniken, die in der *Hypnotherapie* nach Erickson und in der *Neurolinguistischen Prozessarbeit* verwendet werden, zwei hocheffektiven Methoden der Verhaltenstherapie.

Die Hypnotherapie basiert auf den späten Arbeiten Milton H. Ericksons, der als einer der avanciertesten Hypnotherapeuten unserer Zeit gilt. Sein erstaunlicher Erfolg bei der Verwendung naturalistischer und indirekter Suggestionstechniken ist legendär. Vielen Patienten hat er dabei geholfen, die Verhaltensänderungen, die sie sich für ihr Leben wünschten, in die Tat umzusetzen. John Grinder und Richard Bandler übernahmen Ericksons Methoden, systematisierten sie und entwickelten daraus die Neurolinguistische Prozessarbeit (NLP), ein System, das Menschen auf einfache und effektive Weise dabei hilft, Neues zu lernen, sich zu verändern und besser zu kommunizieren. Zentral steht in dieser Methode das Konzept des Führens und Schritthaltens.

Darlene hat diese Methode eingesetzt, um die Spannungen zu lösen, die ein langer Arbeitstag bei Jed hinterlassen hatte, um seine Gedanken von der Arbeit abzulenken und ihn für seine eigenen sexuellen Bedürfnissen empfänglich zu machen. Vielleicht erinnern Sie sich noch, dass sie sich dafür zunächst selbst *in die emotionale Stimmung versetzen musste, in der auch Jed sich befand*, als er nach Hause kam. So stellen Sie sicher, dass Sie mit Ihrem Partner harmonieren. Ist diese Harmonie bzw. dieser emotionale Kontakt zueinander einmal hergestellt, ist es viel leichter, den anderen in eine bestimmte Stimmung zu versetzen. Sie halten erst einmal mit ihm Schritt, in seinem Tempo, bevor Sie langsam die Führung übernehmen. Am einfachsten geht das, wenn Sie sich unauffällig auf den Takt einpendeln, in dem Ihr Partner atmet, sich bewegt, spricht, seine Gestik einsetzt etc. Dies gilt auch in Bezug auf das sprachliche Verhalten. Wenn der andere also in einem schnellen Rhythmus spricht, mit wenig Volumen und in einem hohen Register, dann versuchen Sie, sich diesem Stil anzupassen.

Wenn es Ihnen gelingt, mit Ihrem Partner Schritt zu halten, gehen Sie in die nächste Phase über, die des Führens. In dieser Phase verändern Sie nach und nach Ihren eigenen Atem- und Sprechrhythmus, Ihre Lautstärke und Ihre Tonhöhe, bis Sie die Konstellation erreicht haben, die Sie sich für Ihren Partner wünschen. Während der andere also schnell atmet und spricht, mit einer angespannten, lauten, hohen Stimme, fangen Sie langsam an, gemächlicher zu atmen und zu sprechen, die Tonhöhe und die Lautstärke Ihrer Stimme zu verringern. Während Sie das tun, wird Ihr Partner langsam mit Ihnen mitgehen.

Angenommen, Ihr Partner kommt in einer extrem gestressten und reizbaren Stimmung von der Arbeit nach Hause:

A: (platzt offensichtlich verärgert und aufgebracht zur Tür herein) »*Mein Gott, was für ein Tag! Heute Morgen stand ich im Stau, so dass ich zu spät zu der Sitzung kam. Mein Chef war auf 180. Dann bekam ich einen Anruf von der Schulleitung wegen Timmy. Er war gestern in eine Rauferei verwickelt – du musst unbedingt mal mit ihm reden. Und auf dem Weg nach Hause hab ich dann auch noch den Wagen abgewürgt, und er sprang nicht mehr an, so dass ich mir im strömenden Regen von jemandem Starthilfe leisten lassen musste. Ich war so genervt, dass ich auch noch vergessen habe, Katzenfutter mitzunehmen. Jetzt hat Tabby nichts zu fressen.*«

B: (Mit einer verführerischen Stimme.) »*Hey, nimm's nicht so schwer! Entspann dich, ist doch alles nicht so schlimm! Komm, ich helf dir aus den nassen Klamotten heraus, und dann kommst du mit mir nach oben, damit ich mich über deinen sexy Körper hermachen kann.*«

A: *»Jetzt? Bist du verrückt? Um diese Zeit? Ich hab dir gerade erzählt, dass mein Chef mich möglicherweise bald rausschmeißt, und mit dem Wagen stimmt was nicht und ... weißt du was? Fast hätte ich auch noch diesen miesen kleinen Kläffer von nebenan überfahren, als ich in die Einfahrt eingebogen bin.«*

B: *»Okay, okay, vergiss es! Ich seh schon, du bist in schlechter Stimmung. Ich werf dann mal was zu essen in die Pfanne. Vielleicht bist du besser drauf, wenn du was im Magen hast.«*

Jetzt stellen Sie sich dieselbe Situation noch einmal vor, aber diesmal setzt B ihr Wissen über Schritthalten und Führen ein, um A aus seiner gestressten Stimmung herauszuholen:

A: (erschöpft und genervt) *»Mein Gott, was für ein Tag! Ich hatte einen Megastreit mit meinem Chef, das verdammte Auto ist liegen geblieben ...«*

B hört zu, ohne A zu unterbrechen, so dass er erst einmal Dampf ablassen kann. Indem sie Tempo, Tonhöhe und Atemrhythmus des Partners übernimmt, sagt B:

B: *»Wow, du hattest wirklich einen Scheißtag! Ziemlich viel auf einmal. Ich kann ja mal mit dem Nachbarn reden, dass er seinen Hund aus der Einfahrt heraushält. Willst du mir gleich erzählen, was da mit deinem Chef los war, oder soll ich erst mal was zu essen machen?«*

B reagiert hier zunächst in genau dem schnellen, erregten Tonfall, der auch As Rede charakterisiert. Das ist unter Schritthalten zu verstehen. Dann wird Bs Entgegnung allmählich langsamer und ruhiger – sie übernimmt die Führung. Je besser sich B auf A einstellen kann und je glatter sie vom Schritthalten ins Führen übergehen kann, desto leichter wird A sich beruhigen, sich entspannen und unbewusst anfangen, Bs verbales und nonverbales Verhalten zu spiegeln. B kann ihm dabei helfen, indem sie sich auch auf As Körperhaltung und Gestik einstellt, um auf diesem nonverbalen Gebiet ebenfalls erst Schritt zu halten und dann die Führung zu übernehmen.

Wenn A anfängt sich zu entspannen und sich ernst genommen fühlt, kann B langsam zu sinnlicheren Themen übergehen. Zum Beispiel so:

B: »*Du hattest so einen stressigen Tag. Soll ich dir vor dem Essen vielleicht Kopf und Schultern massieren?*« Während A sich weiter entspannt, kann B nun die sexuellen Gefühle zum Ausdruck bringen, die sie gern in die Tat umsetzen möchte: »*Weißt du, Liebling, ich habe schon den ganzen Tag von dir geträumt, und jetzt machst du mich so geil, dass ich am ganzen Körper zittere.*«

Wenn A darauf entgegnet: »*Aber ich bin hundemüde*«, dann kann B sagen: »*Ich weiß. Deshalb sollst du dich auch einfach nur hinlegen und dich entspannen. Den Rest kannst du mir überlassen. Leg dich einfach hin und genieß es!*«

Übung: Der richtige Rhythmus – Schritthalten und Führen

Wenn Sie üben möchten, mit Ihrem Partner Schritt zu halten, stellen Sie einfach das Radio an und imitieren Sie den Rhythmus, die stimmliche Intensität, die Modulation und die Lautstärke der Ansager, DJs, Moderatoren oder Kommentatoren, die Sie hören. Achten Sie darauf, wie lang die Atempausen der jeweiligen Sprecher sind, und versuchen Sie, Ihre eigene Atmung entsprechend anzupassen. Sie können sich dabei selbst kontrollieren, indem Sie jeweils nach einigen Sätzen oder Halbsätzen des Radiosprechers die Lautstärke herunterdrehen und ihm das Gesagte nachsprechen. Dann drehen Sie die Lautstärke wieder auf, hören wieder ein paar Sätze oder Halbsätze lang zu, nehmen die Lautstärke wieder zurück und versuchen erneut, mit dem Sprecher Schritt zu halten. Nach einer Weile sollten Sie eine Art Fluss spüren und das Gefühl bekommen, mit dem Sprecher »auf einer Wellenlänge« zu sein.

Um das Führen zu üben, brauchen Sie allerdings einen Partner. Setzen Sie sich einfach einem Freund oder einer guten Freundin gegenüber und führen Sie ein ganz normales Gespräch. Achten

Sie auf den Atemrhythmus des anderen, auf sein Energielevel und darauf, wie er sitzt. Versuchen Sie, ob Sie sich mit all dem in Einklang bringen können, während Sie selbst sprechen. Wenn die andere Person also langsam atmet, leise spricht und ihre Hände im Schoß faltet, tun auch Sie das. Wenn Sie das Gefühl haben, miteinander synchron zu sein, fangen Sie behutsam an, bei sich selbst etwas zu verändern.

Sie könnten beispielsweise zunächst ein bisschen lauter sprechen, ein bisschen schneller atmen oder die Hände ein wenig bewegen. Wenn Ihr Partner anfängt, Ihr Verhalten zu spiegeln, erhalten Sie die Situation ein paar Minuten lang aufrecht, bevor Sie fortfahren, indem Sie mit etwas mehr Intensität sprechen und mit den Händen etwas deutlicher Ihre Worte unterstreichen.

Wenn Sie mit jemandem sprechen, der verärgert oder entnervt ist, können Sie dieselbe Methode umgekehrt einsetzen, um ihn zu beruhigen. Entsprechen Sie erst dem Intensitätslevel Ihres Gegenübers, um dann nach und nach Ihre Stimme zu dämpfen, langsamer zu sprechen sowie ruhiger und gleichmäßiger zu atmen.

Je bewanderter Sie im Schritthalten und Führen werden, desto deutlicher müssten Sie erkennen, was für phantastische Kommunikationsinstrumente Sie mit diesen beiden Fähigkeiten an der Hand haben und wie effektiv Sie damit Harmonie zwischen sich und Ihrem Partner herstellen können.

Sinnlicher Ausdruck

Damit lustvolle Sprache authentisch wirkt, sollte in Ihrer Stimme Ihre Liebe, Ihre Leidenschaft und Ihre Freude für den Partner mitklingen. Selbst wenn Sie nicht daran gewöhnt sind, Gefühle in Worten auszudrücken, können Sie lernen, sich auf das Lustempfinden Ihres Körpers einzustellen und dieses Empfinden auf Ihre Stimme zu übertragen. Die folgende Übung wird Ihnen dabei helfen.

Übung: Die Stimme versinnlichen

Streichen Sie mit einer Haarbürste oder einem Kamm leicht über die Innenfläche Ihrer Hand. Schließen Sie einen Moment lang die Augen, und konzentrieren Sie sich auf das Gefühl. Fahren Sie dann fort und rezitieren Sie dazu die folgenden Worte des Dichters David Steinberg:

»Ich werde dich öffnen,
Blüte für Blüte,
ohne jede Hast.
Ich werde langsam ein Feuer mit dir entfachen,
zusammen, Scheit für Scheit,
und die Farbe deines Sonnenaufgangs betrachten.
Ich werde mit deinem Wind herumtollen,
deinen Körper mit Lächeln und Spielen bedecken,
Versprechen und Phantasien, die spurlos
wieder verschwinden.
Ich werde an deinen geheimen Kern rühren,
Hexengebräu aus Tränken und Beschwörungen,
und spüren, wie du köchelst, brodelst,
in meiner Hand treibst.
Ich werde dich langsam füllen,
jede Furche und Kurve,
ansehen, fühlen, hören, riechen, schmecken,
wie du zur Fülle ersprießt.«[2]

Wenn Ihr Kamm oder Ihre Bürste Sie kitzelt, versuchen Sie dann, diese Empfindung beim Lesen auf Ihre Stimme zu übertragen. Wenn es ein besänftigendes und angenehmes Gefühl ist, lassen Sie Ihr Wohlempfinden in Ihrer Stimme zum Ausdruck kommen.

Nehmen Sie nun etwas Parfum, ein Aftershave, ein paar Blumen oder etwas anderes zur Hand, dessen Geruch Ihnen gefällt. Atmen

2 *Aus dem Gedicht »To Whom it May Concern«, in: Steinberg, David (Hrsg.): Erotic by Nature.*

Sie den Duft ein, während Sie das Gedicht noch einmal laut lesen. Erlauben Sie es sich, Sinnlichkeit in Ihre Stimme zu legen.

Wenn Sie Schokolade, etwas Honig oder irgendeine andere Süßigkeit zur Hand haben, legen Sie sich einen Hauch davon auf die Zunge. Schließen Sie die Augen, und genießen Sie den Geschmack. Lesen Sie nun erneut das Gedicht, und legen Sie in Ihre Worte jene Süße hinein, die Ihre Geschmacksknospen gerade gekostet haben.

Je näher Sie beim Sprechen Ihren körperlichen Empfindungen sind, desto echter und sinnlicher wird sich Ihre Stimme anhören. Entsprechend wird die erotisierende Wirkung Ihrer Worte umso intensiver sein, je mehr Sie aus der ganzen Fülle Ihres körperlichen und emotionalen Seins heraus sprechen.

All diese Übungen sind dazu gedacht, Ihnen bei der Entwicklung einer angenehmen, entspannten, sinnlichen Stimmgebung zu helfen – eine Eigenschaft, die im Schlafzimmer, aber auch außerhalb davon nützlich sein kann. Die Übungen sind aber auch dazu geeignet, Ihre Stimme gesund zu erhalten und der Abnutzung durch starke stimmliche Belastung entgegenzuwirken. Der veratmete, körnige Klang, der klassischerweise als »sexy« gilt, ist im täglichen Sprechen eher schädlich für die Stimmbänder. Wenn Sie davon allerdings umsichtig und nur bei besonderen Gelegenheiten Gebrauch machen, wird es nicht schaden.

Eine sexy Stimme bekommen

Bei der Beschreibung »sexy« denken wir, wenn sie sich auf die Stimme bezieht, meist an einen rauen, heiseren, verhauchten Klang. Dr. Frank Wildman, einer der weltweit renommiertesten Feldenkrais-Therapeuten (die Feldenkrais-Methode ist ein hochkompliziertes System zur Korrektur sensomotorischer Funktionsstörungen), ist der Ansicht, dass die raue, veratmete Stimme, die wir »sexy« finden, mit der menschlichen Biologie selbst zusammenhängt: »Verhaucht und rau klingt die menschliche Stimme natürlicherweise nach einem Orgasmus. Der Fachbegriff dafür lautet »die post-koitale Stimme«, und in England spricht man sogar explizit von der ›wedding-night voice‹, der Stimme nach der Hochzeitsnacht.« Wildman hat die folgenden Übungen entwickelt, anhand derer man lernen kann, diese Stimme so hervorzubringen, dass die Stimmbänder dabei nicht angegriffen werden.

Schritt 1 – Die Taschenfalten entspannen

Die Taschenfalten sind die Muskeln, die die Stimmbänder umgeben. Wenn diese angespannt sind, treffen die vibrierenden Stimmbänder auf eine Muskelwand. Die beste Möglichkeit, diese Muskeln zu entspannen, besteht darin, den Mund und den Rachen weit zu öffnen, wie beim Gähnen. Versuchen Sie einmal, mit derart weit geöffnetem Mund zu sprechen. Wenn Sie es richtig machen, klingt Ihre Stimme jetzt traurig, so als müssten Sie weinen.

Eine andere Möglichkeit, die Taschenfalten zu entspannen, besteht darin, einen »Hihi«-Laut von sich zu geben, so als würden Sie gerade anfangen zu lachen. Aber lassen Sie den Klang nicht ausbrechen, lassen Sie möglichst keine Luft entweichen. Lenken Sie lediglich Ihre Aufmerksamkeit auf das entsprechende körperliche Empfinden.

Schritt 2 – Stimmliche Kontrolle erlangen

Da Sie nun wissen, wie Sie Ihre Stimme auf Wunsch entspannen können, möchten Sie wahrscheinlich auch lernen, wie man sie nach Belieben anspannt, um jene verhauchte, raue Qualität zu erreichen, die wir als »sexy« empfinden. Um den Unterschied zwischen einer entspannten, offenen Stimme und einer veratmeten, sexy Stimme zu spüren, öffnen Sie bitte zunächst weit den Mund, so als müssten Sie gähnen. Zählen Sie nun laut: »81, 82, 83, 84, 85« etc., bis Sie bei 89 sind.

Zählen Sie nun noch einmal von 81 bis 89, doch akzentuieren Sie diesmal jede Zahl mit einem Ausatmen. Wechseln Sie nun jedes Mal zwischen dem offenen und dem verhauchten Klang: »83« offen, »84« verhaucht etc. Am Anfang wird das nicht leicht sein, doch mit der Zeit werden sich Ihre Muskeln an die Übung gewöhnen.

Ein Tipp: Wenn Sie die Ausatmungstechnik verwenden, um sich »sexy« anzuhören, dann sollten Sie auch öfter einatmen, als Sie es normalerweise tun. Dieses schwere Atmen kann zusätzlich zu der erotischen Atmosphäre beitragen, aber darum geht es noch gar nicht einmal. Eine erotische Stimme ist einfach nicht sehr effektiv, was die Atmung angeht, so dass Sie zusätzlichen Sauerstoff benötigen.

Eine andere Übung zur besseren Kontrolle Ihrer Stimme ist das »stumme Lachen«. Hierzu müssen Sie gähnen und den Rachenraum entsprechend weiten, allerdings die Lippen geschlossen halten. Wenn Sie ausatmen, lächeln Sie und pressen die Luft durch die Lippen, als würden Sie stumm lachen. Tun Sie dies drei oder vier Mal, und fangen Sie dann an, leise zu sprechen. Bemerken Sie die leicht heisere, sexy Qualität, die Ihre Stimme ganz von selbst bekommen hat? Um zu Ihrer normalen Tongebung zurückzufinden, brauchen Sie nur Ihren Mund und ihren Rachen zu öffnen, als müssten Sie gähnen. Machen Sie dann den Mund zu, und fangen Sie ganz normal an zu sprechen. Das Verhauchte sollte nun aus Ihrer Stimme verschwunden sein. Nun wissen Sie, wie Sie nach Belieben eine auf natürliche Art sexy klingende Stimme bekommen können.

Laut Frank Wildman besteht das Geheimnis zum Bruch mit alten Gewohnheiten und zum Erlernen neuer, erfolgreicherer Verhaltensweisen darin, die neuen Techniken in so vielen verschiedenen Körperhaltungen wie möglich einzuüben. Es ist sehr viel leichter, Ihr Gehirn neu zu programmieren, wenn Sie etwas an dem Verhältnis ändern, das Sie normalerweise zur Schwerkraft haben. Nehmen Sie deshalb am besten eine ganze Reihe verschiedener Körperhaltungen ein, während Sie diese Übungen machen.

Wenn Sie zum Beispiel die Übung mit dem Summen ausprobieren, brauchen Sie dabei nicht unbedingt aufrecht zu stehen. Versuchen Sie es doch mal im Liegen, auf dem Bauch und auf dem Rücken, oder auch im Knien. Berühren Sie dann mit der Stirn den Boden, und rollen Sie den Kopf leicht hin und her, während Sie weiter summen. Dass Sie die hier vorgestellten Übungen in unterschiedlichen Körperhaltungen machen, ist besonders relevant für das erotische Sprechen, da Sie auf diese Weise lernen, Ihre Stimme auch in nicht-alltäglichen körperlichen Situationen bewusst zu kontrollieren.

Viel Spaß mit diesen Übungen! Und vergessen Sie nicht: Sie müssen keine davon perfekt beherrschen. Es geht lediglich darum, dass Sie Ihre Stimme entspannen und flexibel machen, so dass Sie sie zu einem maximalen sinnlichen Effekt einsetzen können. Während Sie üben, sollten Sie deshalb auch immer ein Bild vor Augen haben: das jener glücklichen Person, einer realen oder einer nur in Ihrer Phantasie existenten, die vor Verlangen vergeht, wenn sie den verführerischen Klang Ihrer Stimme hört.

Teil Zwei:

Verführung

3. Die sanfte Art der Verführung

Sinnliche Kommunikation kann bereits beim ersten Treffen mit einem potenziellen Partner eine Rolle spielen. Es gibt viele subtile, diskrete und kreative Möglichkeiten, das sexuelle Interesse einer Person zu erwecken, zu der Sie sich hingezogen fühlen – ein erster Schritt auf dem Weg zu einer leidenschaftlichen Verbindung.

Die erste Begegnung

Stellen Sie sich vor, Sie befinden sich an einem Ort, wo Menschen zusammenkommen, und unterhalten sich mit jemandem, den Sie attraktiv finden. Wie bringen Sie dieses Interesse so zum Ausdruck, dass der andere auf Sie eingeht? Überlegen Sie zunächst, was genau Sie an der anderen Person besonders ansprechend finden. Ist es ihr warmes Lächeln, der intelligente Blick in ihren Augen, die Zuversicht, die sie ausstrahlt, ihre elegante Haltung, die Sie magnetisch anzuziehen scheint? Oder haben Sie den anderen reden gehört und waren von seiner ausdrucksvollen Stimme oder seinem verschrobenen Humor beeindruckt? Vielleicht war auch irgendetwas von dem, was er inhaltlich gesagt hat, für Sie besonders interessant?

Auch wenn es das feine Gesicht oder die gut gebaute Figur ist, was Sie anzieht, ist es normalerweise günstiger, *wenn Sie dem anderen im Gespräch nicht das Gefühl geben, lediglich sein Äußeres sei für Sie anziehend.* Das zeigt auch der Bericht Mirandas: »Vor ein paar Jahren war ich auf einer Party, wo mich ein Mann ein paar Mal von Kopf bis Fuß musterte, bevor er mich schließlich zum Tanz aufforderte. Im Laufe des Abends tanzten wir noch mehrmals miteinander, und nachdem wir uns etwa zehn Minuten lang unterhalten hatten, fragte er nach meiner Telefonnummer. Er sah mich noch einmal von oben bis unten an und sagte: ›Du bist total süß. ... Du gefällst mir.‹ Ich wurde sofort sarkastisch: ›Ach ja, und wenn ich nicht so süß wäre, würde ich dir dann auch noch gefallen?‹ Ich ließ ihn mit offenem Mund stehen.

Etwas später tanzte ich mit einem anderen Mann. Wir unterhielten uns ein wenig, und plötzlich sagte er zu mir: ›Hör mal, ich muss dir etwas sagen. … Ich finde es echt toll, wie du mich ansiehst, wenn wir so reden. … Ich habe das Gefühl, du hörst mir auch wirklich zu, und gleichzeitig fragst du dich: Was ist das für ein Typ? Was verbirgt sich wirklich hinter all dem geistreichen Gerede?‹ Ich wollte unbedingt mehr über diesen Mann herausfinden, weil ich das Gefühl hatte, dass er wirklich an mir und nicht nur an meiner äußeren Hülle interessiert war. Dass er die Energie, die ich auf ihn abstrahlte, derart gespürt und in Worte gefasst hat, das hat meinen Puls beschleunigt und mich auch ein bisschen erregt.«

Entwickeln Sie ein Sensorium dafür, was Sie an der Person, zu der Sie sich hingezogen fühlen, besonders fasziniert, und lassen Sie es den anderen wissen. *Wenn Sie über körperliche Eigenschaften des anderen sprechen, die Sie anziehen, drücken Sie sich dann möglichst subjektiv und persönlich aus.* Menschen, die physisch außergewöhnlich attraktiv sind, reagieren manchmal gelangweilt oder frustriert auf das Aufhebens, das dauernd um ihre Erscheinung gemacht wird. »Als Teenager«, erzählt Lisa, »habe ich die männliche Aufmerksamkeit, die mir schon zuteil wurde, wenn ich nur einen Raum betrat, noch richtig genossen. Aber als ich älter wurde, änderte sich das. Wenn jemand zu mir sagte: ›Wie hübsch du bist‹, dachte ich immer gleich: ›Na toll, und gibt's sonst was Neues?‹ Oder: ›Ist das alles, was dir an mir auffällt?‹ Oder wenn ich einen schlechten Tag hatte und mein Selbstwertgefühl im Keller war, schoss mir durch den Kopf: ›Der Typ hat offenbar keinen Geschmack.‹ Aber wenn jemand sagte: ›*Ich finde* dich sehr hübsch‹, dann war dieser selbstkritische Zynismus komischerweise wie weggeblasen. Über Geschmack lässt sich schließlich nicht streiten, oder? Von verschiedenen anderen gut aussehenden Frauen habe ich gehört, dass sie genauso reagieren.«

Brad, ein sehr stattlicher Mann, gesteht: »Wenn irgendjemand, ob Mann oder Frau, zu mir sagt: ›Du siehst wirklich sehr gut aus‹, dann breche ich normalerweise in Gelächter aus, weil ich denke, das kann nur als Witz gemeint sein. Es fällt mir nicht leicht, so ein Kompliment anzunehmen, weil ich als Teenager spindeldürr, ungeschickt und menschenscheu war. Die Mädchen gingen mir aus dem Weg, und bei den Jungs war ich auch nicht sehr beliebt. Obwohl ich jetzt über dreißig bin und inzwischen besser aussehe, habe ich immer noch dieses Bild von mir selbst als unscheinbarer Jugendlicher vor Augen. Deshalb tue ich die meisten positiven Bemerkungen über mein Äußeres eher ab. Obwohl ich gemerkt habe: Wenn eine Frau sagt: ›*Ich finde*, du siehst gut oder attraktiv aus‹, dann fällt es mir leichter, das Kompliment anzunehmen und mich darüber zu freuen.«

Also nicht sagen »Das ist ein hübsches Kleid««, sondern es lieber mal so probieren: »Ich mag deinen Kleidungsstil sehr.« Statt »Du hast wundervolle Augen« lieber »Ich finde deine Augen absolut wundervoll«. Und statt »Du hast einen tollen Hüftschwung« lieber »Ich bin ganz fasziniert von deiner Art zu gehen.«

Flirten – provokative Fragen stellen

Natürlich kann man all diese Annäherungen als Flirtformen betrachten. Flirten ist schließlich nichts anderes als die Kunst, dem anderen mitzuteilen, dass man ihn attraktiv findet, ohne dabei aufdringlich zu werden. Obwohl man hauptsächlich mit den Augen und mittels Körpersprache flirtet, können Worte und ihr gezielter Einsatz viel zum Erfolg auf diesem Gebiet beitragen. Eine der effektivsten Flirttechniken besteht darin, provokative Fragen zu stellen, die eine verborgene oder implizite Botschaft enthalten.

Liz beherrscht diesen Flirtstil ziemlich gut. De facto hat sie das Interesse des Mannes, den sie später heiratete, zuallererst dadurch geweckt, dass sie ihm schon bald nach dem Kennenlernen eine implizit sexuelle, provokative Frage stellte. »Max hatte mir einen seiner typischen Arbeitstage als Arzt im Praktikum beschrieben; er arbeitete im städtischen Krankenhaus. Als er ausgeredet hatte, sah ich ihn an und sagte: ›Du kümmerst dich gut um deine Patienten. Aber wer kümmert sich um dich?‹«

Oder nehmen Sie Peg, die kürzlich einen Mann wiedergetroffen hat, zu dem sie sich bei einem Geschäftstreffen hingezogen fühlte. Nachdem er ihr erzählt hatte, dass er Kommunikationstraining für Personalleiter anbot, fragte sie ihn in spielerischem Tonfall: »Oh, gibst du auch Privatunterricht?« Er lächelte, reichte ihr seine Karte und entgegnete: »Normalerweise nicht, aber für dich würde ich eine Ausnahme machen.«

Pegs implizite Botschaft hatte natürlich gelautet: »Ich würde gerne mehr Zeit mit dir verbringen und dich besser kennen lernen«, aber sie wollte ihn nicht in Verlegenheit bringen, falls er schon vergeben oder uninteressiert wäre. Diese Art und Weise zu flirten ermöglichte es ihr, ihm ihre Wünsche mitzuteilen und ihm zugleich einen einfachen Ausweg offen zu lassen. (Wenn er nicht interessiert gewesen wäre, hätte er etwas sagen können wie: »Leider nicht, ich arbeite nur für Unternehmen.«

Dann hätte sie gewusst, dass es keinen Zweck hat, weiter auf ein persönliches Verhältnis hinzuarbeiten, und sich eventuelle Peinlichkeiten erspart.)

Hier ein paar Faustregeln für provokative Fragen:

1. *Vermeiden Sie Klischees.* Fragen wie »Bist du öfter hier?« oder »Was ist dein Sternzeichen?« sind inzwischen die klassischen Gesprächseröffnungen der Loser-Singles in Comedy-Shows. Wer Sie in den Mund nimmt, riskiert, entsprechend eingeordnet zu werden.
2. *Fühlen sie sich von einer Person angezogen, fragen Sie nach einer Eigenschaft, die Sie wirklich fasziniert, indem Sie eine suggestive oder humoristische Wendung anbringen.* Zum Beispiel: »Bist du immer so gut drauf, oder hat das etwas mit mir zu tun?« – »Leuchten deine Augen immer so, oder ist es mein unwiderstehlicher Charme, der sie zum Funkeln bringt?« – »Sprichst du immer in diesem leisen Flüsterton, der so sexy ist? Auch nachts?«

Der »erotische Subtext«: ein geheimes Instrument der Verführung

Rebecca, die Artikel schreibt, hatte sich einmal mit Ron zum Lunch verabredet, einem Fotografen, der ihr etwas von seiner Arbeit zeigen wollte, damit sie ihn potenziellen Kunden empfehlen konnte. Obwohl sie ausschließlich über berufliche Dinge sprachen, hatte sie das Gefühl, dass er sich zu ihr hingezogen fühlte. Offensichtliche Anzeichen dafür gab es keine. Weder hatte er ihre Hand berührt, noch hatte er versucht, durch Blicke mit ihr zu flirten. Doch dann wurde ihr klar: So professionell und unverfänglich ihre Konversation an der Oberfläche auch gewesen war – etwas in seinem Tonfall schien ständig sexuelles Interesse zu signalisieren. Und als er nach dem Essen sagte: »Ich würde mich freuen, wenn du bald mal bei mir vorbeikämst, um dir meine anderen Arbeiten anzusehen«, klang es für sie, als hätte er sie gefragt: »Willst du mal meine Briefmarkensammlung sehen?« Da er ein talentierter und attraktiver Mann war, war sie gar nicht uninteressiert, fürchtete aber, dass sie ihn womöglich nur zur Projektionsfläche ihres eigenen Begehrens machte. Doch als er sie einige Tage später zum Essen zu sich einlud, wusste sie, dass ihr erster Eindruck richtig gewesen war.

Ohne etwas Bestimmtes zu sagen oder offensichtlichen Gebrauch von Körpersprache zu machen, war es Ron gelungen, Rebecca mitzuteilen, wie sehr er sich von ihr angezogen fühlte – einzig und allein durch den Tonfall seiner Stimme. Gute Flirter tun dies oft sogar unbewusst. Mit anderen Worten, sie beherrschen die Kunst, einen »erotischen Subtext« in ihre Worte zu legen. »Subtext« ist ein Wort aus der Welt des Theaters. Damit sind die verborgenen Beweggründe oder Gefühle einer Figur in einem Stück gemeint. Wenn die Figur beispielsweise ihr Missfallen über etwas zum Ausdruck bringt, indem sie sagt: »Das solltest du nicht tun, das ist nicht nett!«, sich insgeheim aber über das Handeln des anderen freut, dann muss ein Schauspieler diese Freude auch zum Publikum hin deutlich machen. Er kann dies durch Körpersprache tun, einen Gesichtsausdruck, den Tonfall seiner Stimme oder durch eine Kombination von alledem. Genauso können auch Sie all diese Ausdrucksformen nutzen, um Ihr Interesse an Ihrem Gegenüber indirekt zum Ausdruck zu bringen. Von den drei genannten ist jedoch der Tonfall zweifellos die subtilste und deshalb auch die am wenigsten riskante Art und Weise, dies zu tun.

Das Angenehme an dieser Herangehensweise ist zudem, vor allem in den frühen Phasen einer Beziehung, dass Sie sich immer noch elegant zurückziehen können, wenn Ihr Interesse nicht erwidert wird. Vielleicht ist Ihrem Partner die Sinnlichkeit, mit der Sie auf ihn reagieren, aber auch noch gar nicht bewusst geworden, und erst die subtile Intimität in Ihrer Stimme weckt sein Interesse. Vor allem aber bleibt bei dieser indirekten Vorgehensweise vieles der Phantasie überlassen – Ihrer eigenen wie der Ihres potenziellen Partners. Und was der Phantasie überlassen bleibt, ist oft viel erregender als das, was offen zu Tage tritt.

Wenn Sie es ein bisschen üben, Tonfall, Stimmmodulation und Artikulation gezielt einzusetzen, können Sie erotischen Subtext in sehr geschickter Weise einsetzen. Versuchen Sie beispielsweise, den folgenden Satz in drei verschiedene Kontexte zu stellen: »Dieser Schokoladenkuchen ist so lecker, möchtest du mal beißen?« Stellen Sie sich vor, Sie sagen das erst zu einem kleinen Kind, dann zu einer guten Freundin und schließlich zu einem potenziellen Partner, auf den Sie ganz wild sind. Achten Sie darauf, wie sich Ihr stimmlicher Ausdruck verändert, je nachdem, welchen Zuhörer Sie sich vorstellen.

Denken Sie als Nächstes noch einmal an den potenziellen Partner, aber stellen Sie sich nun vor, dass Sie langsam seinen Körper liebkosen, während Sie den Satz zu ihm sagen. Wiederholen Sie dann die Worte und stellen Sie sich dabei vor, die andere Person würde Sie von Kopf bis Fuß mit Küssen bedecken, während Sie sprechen. Steigern Sie diese erregende Stimmung noch weiter, indem Sie sich noch intimeren Kontakt mit Ihrem Phantasie-Partner vorstellen, während Sie den Satz aussprechen.

Sie können diese Übung auch auf Kassette aufnehmen, so dass Sie sich selbst anhören können, wie Sie klingen. Wenn Ihre Stimme sich gekünstelt oder affektiert anhört, dann versuchen Sie wahrscheinlich zu verbissen, sexy zu klingen. Lassen Sie stattdessen Ihre echten sinnlichen Gefühle in Ihren Worten widerklingen. Denken Sie an wundervollen Sex, um sich in die richtige Stimmung zu versetzen. Sie können auch tanzen oder sich erotische Musik anhören. Alles ist erlaubt, was Sie in Situationen zurückversetzt, in denen Sie sich möglichst sexuell lebendig und zuversichtlich gefühlt haben. Dann wird es Ihnen auch leicht fallen, diese Gefühle zusammen mit dem Klang Ihrer Stimme ausströmen zu lassen. Bevor Sie nun Ihre Wirkung auf einen potenziellen Partner erproben, können Sie auch einen guten Freund ins Vertrauen ziehen und ihn bitten, Ihnen zu sagen, was noch zu verbessern wäre. Wenn Sie bereits einen festen Partner haben, kann der erotische Subtext auch ein spielerisches Mittel sein, den anderen wissen zu lassen, dass Sie Lust auf Sex haben.

Ihre ersten Verabredungen

Worte und Stimmfall können Sie auch einsetzen, um eine erotische Bindung zu jemandem aufzubauen, mit dem Sie zwar bereits ausgehen, aber noch nicht richtig zusammen sind. Zu zeigen, was Sie am anderen attraktiv finden, wie viel seine Zuneigung Ihnen bedeutet, wie seine pure Gegenwart Sie elektrisiert, kann genauso erregend sein wie eine körperliche Berührung. *Wenn Sie dies auf eine sinnliche Art und Weise zum Ausdruck bringen, also Worte benutzen, die körperliche oder emotionale Assoziationen bei Ihrem Partner wecken, dann werden diese Worte ihre Wirkung nicht verfehlen.* Denken Sie immer daran, mit all Ihren Sinnen zu arbeiten. Wenn Sie zum Beispiel tanzen gehen, gibt Ihnen das die Gelegenheit, Ihr Gespür für Bewegung und Berührung zu beweisen. Sie können Ihrem Partner beispielsweise ein ehrliches Kompliment machen (ein persönlich zugeschnittenes natürlich): »Ich finde es toll, wie du tanzt.« Aber Sie können auch dazu beitragen, die Stimmung romantischer oder erotischer zu gestalten, indem Sie zum

Beispiel sagen: »Du fühlst dich so gut an in meinen Armen« oder »Ich finde es toll, wie du dich bewegst«. Wenn Sie die Hand Ihres Partners halten, können Sie auch sagen: »Es fühlt sich gut an, deine Hand zu halten« oder »Es gibt mir ein ganz tolles und warmes Gefühl, wenn du meine Hand hältst«.

Bei zärtlichen Berührungen bieten sich Ihnen unzählige Möglichkeiten, Ihr Empfinden in Worte zu kleiden, mit Sätzen wie »Es gefällt mir, wenn du mich so berührst«, »Das fühlt sich gut an«, »Deine Haut ist so sanft und weich« und »Mmmm, deine Hände sind so schön warm«.

Sie können Ihrem Partner auch ein Kompliment über den Klang seiner Stimme machen, indem Sie zum Beispiel sagen: »Ich finde deine Stimme sehr sexy« oder »Deine Stimme macht mich ganz kribbelig«, »Sprich weiter«, »Ich will deinen Atem an meinem Ohr spüren« und »Ich mag es sehr, wie du leise stöhnst, wenn ich dich berühre«. Auch auf das Visuelle können Sie Bezug nehmen: »Ich schaue dich so gern an«, »Wenn du es trägst, sieht dieses Kleid einfach wundervoll aus« oder »Ich kann nicht von deinen Lippen lassen, wenn du so lächelst«.

Wenn Sie sich in dieser frühen Phase des Einander-Umwerbens auch von dem Geruch Ihres Partners angezogen fühlen, versäumen Sie nicht, ihn das wissen zu lassen. Sie könnten z.B. sagen: »Ich liebe dein Parfum« oder »Dein Gesichtswasser ist sehr raffiniert«, obwohl es auch sinnlicher geht: »Du riechst so gut.« Oder Sie versuchen es mit einem Satz wie »Mmmm, dein Haar riecht so gut« oder »Den Duft deiner Haut würde ich am liebsten den ganzen Abend lang tief einatmen«.

Beziehen Sie auch Ihren Geschmackssinn ein. Wie fühlt es sich an, wenn Sie Ihre Partnerin küssen oder die Haut Ihres Partners mit den Lippen berühren? Halten Sie nicht damit hinter dem Berg, wie sehr Sie diesen Kontakt genießen: »Deine Haut hat einen wundervollen Geschmack« oder »Lass mich an deinem Ohr knabbern, der Geschmack ist so sexy!«

Sie können auch Intimität zwischen sich und Ihrer Verabredung aufbauen, indem Sie zum Ausdruck bringen, dass Sie die Zuneigung Ihres Partners spüren und zu schätzen wissen. Sie könnten sagen: »Ich mag es, wie du meine Hand hältst, wenn wir zu Fuß gehen« oder »Wie du mein Haar gestreichelt hast, als wir im Kino waren, das hat sich total gut angefühlt!« So zeigen Sie der anderen Person nicht nur Ihre Zuneigung, sondern verbessern auch die Chancen dafür, dass sie genau das, was Ihnen so gefallen hat, noch einmal tut.

Eine andere wundervolle Möglichkeit, die Neugier Ihres Partners zu wecken, ist, *sich von sympathischen kleinen Eigenheiten angetan zu zeigen.* Natalie hat beispielsweise diese Erfahrung gemacht: »Als Keith und ich zum dritten Mal zusammen ausgingen, saßen wir in einem Restaurant, und ich spielte gedankenverloren mit meinem Haar. Als ich die Hand irgendwann sinken ließ, sagte er in leisem, aber eindringlichem Ton zu mir: ›Bitte mach weiter! Ich finde das unglaublich feminin und sinnlich; es törnt mich total an.‹ Natürlich tat ich ihm den Gefallen, was ihn dann auf die Idee brachte zu sagen: ›Wenn ich dir dabei zusehe, würde ich am liebsten selbst mit den Fingern durch dein wundervolles Haar streichen und es wie Seide überall auf meinem Körper spüren.‹ Ich glaube, in dem Moment wusste ich, dass wir an diesem Abend zum ersten Mal miteinander schlafen würden.«

Extrem deutliche Auswirkungen hat, vor allem in der Kennenlernphase, jene Art der sinnlichen Kommunikation, bei der die beiden Partner eine sexuelle Phantasie miteinander teilen. Möglicherweise verwandelt sich eine platonische Freundschaft dabei sogar unvorhergesehen in eine sexuelle Beziehung. So war es auch bei Holly und Don.

Sie kannten sich noch aus der Schule, und sie hatte ihre Beziehung immer für rein platonisch gehalten und lediglich schwesterlich für ihn empfunden. Eines Abends jedoch, als sie mit Don zusammen in einem nahe gelegenen Restaurant essen ging – um kurz vom Schreibtisch wegzukommen, wo sie beide fürs Studium lernen mussten –, bemerkte sie, dass ein Paar am Nebentisch Streit hatte, in den es sich emotional wie auch von der Lautstärke her immer mehr hineinsteigerte.

»Ich habe angefangen, laut darüber nachzudenken, wie es wohl um die Beziehung der beiden bestellt war«, erzählt Holly. »Plötzlich fragte Don mich: ›Was glaubst du, wie die beiden zusammen im Bett sind?‹ Das war wie ein Zündfunken für meine Phantasie, und ich antwortete, indem ich ihm die Vorstellung beschrieb, die ich vom Sexleben des Paars hatte. Zum Spaß würzte ich die Szene mit ein paar perversen Details. Dons Augen wurden immer größer. Schließlich griff er nach meiner Hand und sagte in einem total intimen, sexy Tonfall: ›Deine verruchte Phantasie ist großartig! Sie ist bestimmt auch sehr lebhaft!‹ Ich wurde rot, antwortete jedoch: ›Ja, ich hatte schon immer eine lebhafte Phantasie.‹ Worauf er entgegnete: ›Ich auch; wollen wir uns darüber austauschen?‹«

Wie kam es dazu, dass die beiden sich im Laufe dieses Gesprächs plötzlich als potenzielle Partner und nicht mehr nur als gute Freunde wahrnahmen? Der intime Ton in Dons Stimme hat sicher dazu beigetragen. Was Hollys erotisches Interesse aber noch mehr stimulierte, war, dass er sich so begeistert von ihren sinnlichen Phantasien zeigte, ähnliche Gedanken eingestand und sie dazu einlud, geheime sexuelle Phantasien mit ihm zu teilen. So kam es, dass die Platoniker sich in leidenschaftlich Liebende verwandelten, was wieder einmal beweist (zumindest für diesen Fall), dass Sex sich vor allem im Kopf abspielt.

Wenn Sie noch nicht so weit sind

Auch wenn Sie Ihren zukünftigen Partner immer besser kennen lernen, haben Sie vielleicht das Gefühl, dass noch nicht der richtige Zeitpunkt für allzu intime Körperlichkeit gekommen ist, dass Vertrauen und ein Gefühl des Aufgehobenseins sich erst noch entwickeln müssen. Vielleicht möchten Sie erst noch miteinander über Safer Sex sprechen. Gleichzeitig aber möchten Sie Ihren Partner in sexueller Hinsicht nicht enttäuschen. Wie lässt sich eine Atmosphäre der sehnsüchtigen Erwartung aufrecht erhalten und zugleich Zeit gewinnen, um den anderen noch besser kennen zu lernen? Eine der besten Möglichkeiten, sexuelle Intimität hinauszuzögern und gleichzeitig weder in emotionaler noch in körperlicher Hinsicht den Kontakt zueinander zu verlieren, besteht in nicht-sexuellen Körpermassagen oder Kuschel-Abenden. Gönnen Sie einander die wundervolle, entspannende Gelegenheit, den Körper des anderen kennen zu lernen, ohne in jene Art von Verlegenheit zu geraten, wie sie sich oft in der ersten Liebesnacht einstellt.

Ihre erste sexuelle Erfahrung mit einem neuen Partner

Sowohl Sie selbst als auch Ihr Partner haben das Gefühl, dass die Zeit reif ist für körperliche Lust, und ein Gespräch über Safer Sex haben Sie auch bereits geführt? (Letzteres ist so wichtig, dass ich dem Thema ein eigenes Kapitel gewidmet habe.) Vielleicht begehren Sie einander dann so leidenschaftlich, dass Worte Sie nur von der Erfahrung ablenken würden. Das ist in Ordnung. Aber wenn Sie ein bisschen schüchtern oder verlegen sind (wie das beim ersten Mal oft der Fall ist – ganz im Gegensatz zu den Liebesromanen und Filmen, wo das erste Mal immer ekstatisch daherkommt), dann können Sie mit Worten eine romantische Stimmung kreieren, die Ihnen den Weg in intime Gefilde hinein ein wenig ebnet.

Erotische Befragung und erotisches Feedback

Ein ausgesprochen sanfter und ganz einfacher Weg, erotische Sprache in Ihr Liebesspiel einzubauen, ist die »erotische Befragung«. Bevor Sie damit anfangen, möchten Sie vielleicht Ihren Partner küssen oder ihn fest im Arm halten, um einen natürlichen Fluss erotischer Energie zwischen Ihnen beiden zu initiieren. Beginnen Sie dann damit, den Körper Ihres Partners zu liebkosen, und zwar nacheinander an zwei verschiedenen Stellen oder zweimal auf unterschiedliche Art und Weise. Sie könnten zum Beispiel erst den Nacken und dann das linke Ohr Ihrer Partnerin streicheln, oder Sie lassen Ihren Finger auf und ab über den Brustkorb Ihres Partners gleiten, erst ganz leicht, dann mit mehr Druck. Konzentrieren Sie sich dabei auch auf Ihre eigenen sinnlichen Gefühle und Wahrnehmungen, so dass diese in Ihrer Stimme mitschwingen, wenn Sie nun fragen: »Was fühlt sich besser an, dies hier ... oder das?« Warten Sie auf die Antwort Ihres Partners. Wiederholen Sie das Ganze dann noch einmal mit zwei anderen Arten der Berührung oder in zwei anderen Körperzonen.

Konzentrieren Sie sich auf Ihren Partner, aber verlieren Sie auch nicht den Draht zu Ihren eigenen sexuellen Empfindungen. Achten Sie darauf, welche Körperteile Ihres Partners Sie besonders gern streicheln, und berühren Sie diese Bereiche in einer Art und Weise, die Ihnen selbst gefällt. Wenn Sie selbst erregt werden, wird Ihr Partner das bemerken, was wiederum seine eigene Erregung steigern wird.

Wenn Sie möchten, können Sie Ihre Erkundung der sexuellen Reaktionen Ihres Partners verbal einleiten, indem Sie zum Beispiel sagen: »Ich möchte jeden Zentimeter deines Körpers kennen lernen ... wo du besonders leicht zu erregen bist, wie sanft oder heftig du gerne berührt werden möchtest, wie langsam oder schnell du gestreichelt werden magst, ob du es aufregender findest, wenn ich meine Hand oder meine Zunge benutze. Deshalb möchte ich gerne etwas ausprobieren. Was fühlt sich besser an, dies ... oder das?«

Die erotische Befragung bringt viele Vorteile mit sich. Erstens bricht sie bei Menschen, die Hemmungen haben, ihre sexuelle Erregung zu zeigen, das Eis der Schüchternheit. Zweitens verschafft sie Ihnen ein nützliches Feedback über die sexuellen Bedürfnisse und Vorlieben Ihres Partners. Drittens zeigen Sie damit, dass Sie Ihrem Partner etwas Gutes tun wollen. Viertens ermutigen Sie auf diese Weise Ihren Partner dazu, seine sinnlichen Gefühle ebenfalls in Worte zu fassen. Fünftens können Sie sehr einfallsreich sein, was das Wo und Wie Ihrer Berührungen angeht, und damit Ihren Partner und sich selbst in eine Stimmung köstlichster Erwartung versetzen. Und schließlich überwinden Sie jede eventuelle Schüchternheit, während Sie ganz eintauchen in die Entdeckung all der subtilen Möglichkeiten, Ihren Partner zu erregen.

Eine andere Art und Weise, lustvolle Worte in Ihr Liebesspiel zu integrieren, besteht darin, dass Sie Ihrem Partner mitteilen, wie es sich für Sie anfühlt, wenn er Sie berührt. Ich nenne das »erotisches Feedback«. Wenn Sie lediglich zeigen möchten, dass es Ihnen gefällt, können Sie zum Beispiel sagen: »Mmmm, das fühlt sich so gut an«, oder »Ich liebe es, wenn du mich da berührst«, oder »Bitte, Schatz, mach das noch mal!«. Oder, wenn Sie sehr stark erregt sind, können Sie Ihrem Partner das mitteilen, indem Sie etwas sagen wie »Das fühlt sich unglaublich an« oder »Oh, bitte nicht aufhören!« Sie können Ihr Feedback auch persönlicher gestalten, indem Sie Ihren Satz mit »Du …« oder »Ich …« anfangen. Sie könnten zum Beispiel sagen: »Du machst mich soooo heiß« oder »Du weißt genau, was ich mag« oder »Ich genieße es total, wenn du das machst« oder »Ich bin total hin und weg von dem, was du gerade machst«.

Sie und Ihr Partner werden am meisten von diesen Übungen profitieren, wenn Sie sich in einen Zeugen oder einen neutralen Beobachter hineinversetzen, der weder ein besonderes Ziel verfolgt, noch ein spezifisches Interesse am Ergebnis hat. Es geht lediglich darum zu lernen, wie Ihr Partner auf Ihren sinnlichen Input reagiert – und darum, dass Ihr Partner lernt, was Ihnen am meisten gefällt.

Stellen Sie sich vor, Sie wissen überhaupt nicht, was Sie gerade tun – wie ein Kind, das gerade ein neues Spiel entdeckt –, sind jedoch voll Vorfreude und Entdeckungslust. In der Zen-Meditation gibt es dafür den Ausdruck »Anfängergeist«. Achten Sie darauf, wie Sie selbst auf den Anblick Ihres Partners reagieren, auf die Laute, die er von sich gibt, auf seine Berührungen und seinen Geruch. Lassen Sie Ihre Worte aus der Fülle Ihres sexuellen Erlebens heraus entstehen. Dann werden in Ihrer Stimme und in Ihren Worten auch Ihre Lust und Ihre Erregung zu spüren sein.

Wenn Sie schüchtern sind

Wenn Sie sich zum ersten Mal an erotischer Sprache versuchen, werden Sie sich womöglich zunächst nicht besonders wohl dabei fühlen. Mir ging es am Anfang genauso. Obwohl ich schon sehr früh entdeckte, dass ich gerne erregende Worte zugeflüstert bekam, dauerte es sehr lange, bis mir wohl dabei war, diese Gefühle auch in Worten auszudrücken. Auf die Idee der erotischen Befragung und des erotischen Feedbacks bin ich überhaupt erst gekommen, als ich mir selbst und meinem Partner gegenüber zugeben konnte, dass ich in Bezug auf erotische Sprache etwas verlegen und ängstlich war. Meine Angst einzugestehen, hat mir geholfen, die Spannung zu lösen. Es hat mich aufgelockert, so dass mir einige Einfälle gekommen sind. Hoffentlich helfen diese kreativen Lösungen auch Ihnen, denn erotische Sprache kann eine herrliche und sehr sinnliche Art und Weise sein, sich einem Partner ganz zu öffnen.

Nachdem Sie nun gelernt haben, wie ein sprachlicher erotischer Austausch auf einfache und natürliche Weise in Gang gebracht werden kann, können Sie zu ganz neuen Ufern aufbrechen: Entdecken Sie die vielen herrlichen Wege, Ihren Partner anzuleiten, so dass Sie das von ihm bekommen, was Sie in sexueller Hinsicht am meisten begehren und brauchen. Natürlich wird es im Folgenden auch darum gehen, wie sie gemeinsam eine Atmosphäre schaffen können, in der Sie sich beide wohl und sicher genug fühlen, um Ihrem Begehren sprachlichen Ausdruck zu verleihen. Und Sie werden lernen, wie erotisches Sprechen über sexuelle Disharmonie hinweghilft, und zwar in einer produktiven, schmerzlosen Weise.

Doch auch jetzt können Sie sich schon darin üben, Ihre Zuneigung auf persönliche und sinnliche Weise auszudrücken, indem Sie Ihrem Partner sagen, wie gut er aussieht, riecht, schmeckt. Sagen Sie Ihrer Partnerin, wie sehr Sie ihre Stimme mögen und wie gut Ihnen all das tut, was sie Ihnen gibt. So können Sie (wenn Sie das möchten) ein Paar werden, ohne dass dabei die Sinnlichkeit zwischen Ihnen verloren geht.

4. Verbale Ermutigungen: Wie man das richtige Klima dafür schafft, sexuelle Bedürfnisse in Worte zu kleiden

Es ist völlig normal, wenn Sie und Ihr Partner sich anfangs schüchtern und verletzlich dabei fühlen, Ihre sexuellen Wünsche und Bedürfnisse in Worte zu fassen. Sie können diesen Prozess allerdings um einiges einfacher und zugleich sinnlicher machen, wenn sie einander mit aufrichtigen Worten der Ermutigung und Wertschätzung Sicherheit geben, wenn Sie einander Respekt und Achtung bezeugen. Manche Menschen können sexuelle Leidenschaft überhaupt erst dann entwickeln, wenn sie wissen, dass man ihnen Achtung und aufrichtiges Interesse entgegenbringt. Doch auch wer das Glück hat, seit längerer Zeit in einer stabilen Partnerschaftsbeziehung zu leben, braucht gelegentlich eine verbale Rückversicherung von seinem Partner, um nicht das Gefühl zu bekommen, vom anderen gar nicht mehr richtig wahrgenommen zu werden. Im Eifer des Gefechts leidenschaftlicher Hingabe ermutigen wir unseren Partner natürlich auch oft unwillkürlich, indem wir spontan stöhnen, seufzen oder Worte ausstoßen wie »Oh Gott«, »hör nicht auf« etc. Diese Art von positivem Feedback kann dem Ego ebenso gut tun wie der Libido. Aber auch ganz am Anfang des Liebesakts können wir den Partner bereits bewusst verbal ermutigen, in einer Art und Weise, die nicht nur seine Neugier weckt, sondern ihm auch Sicherheit gibt – ideale Voraussetzungen dafür, sexuelle Wünsche und Bedürfnisse zu artikulieren.

Mit Worten ein erotisches Sicherheitsnetz knüpfen

Victor und Patricia schaffen stets eine von Sicherheit und Vertrauen geprägte Atmosphäre, indem sie die in Kapitel 3 beschriebene

Technik des erotischen Feedbacks variieren: »Wir beginnen unser Liebesspiel manchmal damit, dass einer den anderen fragt: ›Was wünschst du dir jetzt gerade am meisten von mir?‹«, erklärt Victor. »Patricia sagt dann zum Beispiel: ›Ich fände es jetzt ganz toll, wenn du mir in die Augen schauen und ganz sanft mein Gesicht streicheln würdest.‹«

»Dann schließe ich die Augen und konzentriere mich ganz auf das Gefühl«, erklärt Patricia. »Wenn es sich richtig gut anfühlt, dann sage ich etwas wie: ›Mmmm, es ist so schön, wie du mich streichelst, Liebling.‹ Wenn es mir nicht auf Anhieb gefällt, wie er mich streichelt, dann teile ich ihm auch das mit, indem ich etwa sage: ›Was ich jetzt total schön fände, wäre, wenn du mich ein bisschen sanfter berühren könntest und ein bisschen langsamer streicheln.‹ Vielleicht demonstriere ich ihm auch, was ich genau meine, indem ich meinerseits sein Gesicht streichle. Wenn er mich in einer Weise berührt, die mir optimal gefällt, dann halte ich mit meiner Begeisterung nicht hinter dem Berg und sage zum Beispiel: ›So wie jetzt, das macht mich total an‹ oder ›So ist es perfekt!‹. Manchmal tut oder sagt er auch etwas, was so derart aufregend und mitreißend ist, dass ich ihm unbedingt mitteilen will, wie tief es mich berührt. Dann sage ich zum Beispiel: ›Oh Liebling, ich habe mich noch nie bei jemandem so gut gefühlt wie jetzt bei dir! Danke!‹«

»Wenn ich mich so von Patricia anleiten lasse, versuche ich gleichzeitig darauf zu achten, was genau mir an ihr besonders gefällt«, ergänzt Victor. »Manchmal verspüre ich beispielsweise das Bedürfnis, zu ihr zu sagen: ›Ich finde es toll, wie du leise seufzt, wenn ich dich so berühre wie eben‹ oder ›Es wühlt mich innerlich total auf, wenn ich deine warme, seidenweiche Haut spüre‹. Aber manchmal sage ich ihr auch einfach nur, was für eine tolle Frau sie ist und wie froh ich bin, sie an meiner Seite zu haben.«

Wie viel Ihr Partner Ihnen bedeutet, können Sie also auch zum Ausdruck bringen, indem Sie ihm sagen, was Sie an ihm einzigartig finden und welche besondere Rolle er in Ihrem Leben spielt. Gleichwohl erscheinen Ihnen vielleicht gerade solche Eingeständnisse äußerst prekär. Vielleicht fühlen Sie sich damit allzu verletzlich, weil Sie indirekt auf den Verlust hingewiesen werden, den Sie erleiden müssten, wenn der Partner nicht mehr Teil Ihres Lebens wäre. Doch gerade, indem Sie zum Ausdruck bringen, wie viel Ihnen der andere bedeutet, wie besonders, einzigartig und unersetzlich er für Sie ist, schaffen Sie das nötige Vertrauen für ein tieferes und emotional befriedigenderes sexuelles Erleben.

Möglicherweise ist es aber auch umgekehrt, und Sie gehören zu einer anderen Gruppe von Menschen. Vielen von uns fällt es nämlich sogar leichter, anderen zu sagen, wie viel sie uns bedeuten, als anerkennende Worte und Komplimente aus dem Munde anderer anzunehmen. Statt solche Worte richtig zu uns durchdringen zu lassen und zuzulassen, dass sie uns wärmen und uns gut tun, tun wir sie ab, mit einem nachlässigen »Danke« oder »Nicht der Rede wert«, wenn wir nicht gar misstrauisch werden und uns fragen: »Warum ist er so nett zu mir?« oder »Welche Gegenleistung erwartet sie von mir?«. Oder wir haben das Gefühl, das Kompliment nicht verdient zu haben und fühlen uns deshalb in Verlegenheit gebracht.

So war es auch bei Christina, einer frisch verheirateten 18-Jährigen, die in meinen Kurs kam, weil sie ihren Mangel an sexuellen Erfahrungen wettmachen wollte. Sie hatte Angst, ihr erfahrenerer Ehemann könnte von ihrer sexuellen Unbedarftheit enttäuscht sein. Immer wenn er sie lobte oder ihr für ihre Liebeskünste ein Kompliment machte, dachte sie, er gebe sich lediglich Mühe, nett zu ihr zu sein. Sie konnte nicht glauben, dass er wirklich meinte, was er sagte, und sich folglich auch nicht einfach über die Komplimente freuen. Ich gab ihr den Ratschlag, ihn einmal zu fragen, was genau er im Bett an ihr mochte, und sich dann vorzustellen, seine Worte seien zärtliche verbale Streicheleinheiten. Er antwortete ihr, er finde ihre Berührungen sehr sinnlich und feinfühlig, und sie küsse ihn mit mehr Leidenschaft als irgendeine andere Frau vor ihr. Als sie sich davon überzeugt hatte, dass er wirklich meinte, was er sagte, lernte sie schließlich, sich zu entspannen und sich über seine Komplimente zu freuen.

Manchmal fällt es Ihnen vielleicht schwer, Ihrem Partner zu sagen, wie viel er Ihnen bedeutet, weil Sie Angst haben, von den

Gefühlen überwältigt zu werden, die ein solches Eingeständnis möglicherweise freisetzt. Möglicherweise spielt eine noch aus Ihrer Kindheit stammende Angst vor dem Verlassenwerden dabei eine Rolle, oder Ihr Instinkt sagt Ihnen, dass Ihr Partner möglicherweise nicht damit umgehen kann. Vielleicht haben Sie Angst davor, dass er Ihre Hingabe für selbstverständlich halten wird, wenn er erfährt, welche immense Bedeutung er für Sie hat – oder dass er im Gegenteil verschreckt reagieren und das Weite suchen wird.

Möglicherweise haben Sie aber auch Angst, falsche Erwartungen zu wecken, Erwartungen, die Sie möglicherweise nicht erfüllen können oder wollen. Wenn Sie Ihrer Partnerin beispielsweise sagen, wie enorm sexuell anziehend Sie sie finden, denkt sie womöglich, dass Sie sie heiraten möchten oder sich zumindest auf eine langfristige Beziehung einstellen.

Wenn eines der erwähnten Hindernisse Ihnen in den meisten Ihrer Beziehungen im Wege steht, dann sollten Sie vielleicht einmal darüber nachdenken, professionelle Hilfe in Anspruch zu nehmen, um Ihre Bindungsängste bzw. Ängste vor dem Verlassenwerden in den Griff zu bekommen. Wenn Sie diese Gefühle lediglich bei Ihrem derzeitigen Partner haben, müssen Sie vielleicht erst noch denjenigen finden, zu dem Sie eine wirklich vertrauensvolle Beziehung aufbauen können. Aber wenn Sie nur deshalb Probleme damit haben, Ihrem Partner zu sagen, wie viel er Ihnen bedeutet, weil sie sich dabei ungeschickt oder verlegen vorkommen, dann wird der folgende Abschnitt für Sie besonders hilfreich sein. Die dort beschriebene Technik wird von Liebenden, die in der hohen Kunst des erotischen Sprechens bereits weit fortgeschritten sind, oft instinktiv eingesetzt.

Mit Worten eine erotische Rückkoppelungsschleife initiieren

Eine wundervolle Möglichkeit, dem Partner zu zeigen, dass man mit allen Sinnen bei ihm ist, und ihn zugleich zu erregen, bietet die erotische Rückkoppelungsschleife. Die Idee dahinter ist diese: Während Ihr Partner Sie streichelt, entgeht ihm nicht die kleinste Regung, die Sie als Reaktion auf seine Zärtlichkeiten zeigen, und er reagiert darauf seinerseits mit Sätzen wie: »Oh, ich glaube, das hier fühlt sich richtig gut an« oder »Mmmm, hier bist du ganz besonders empfindlich« oder »Oooh, an dieser Stelle kannst du noch viel mehr vertragen, stimmt's?«.

Was idealerweise in einem solchen Szenarium passiert, ist Folgendes: Die Berührung Ihres Partners erregt Sie. Sie hören, wie Ihr Partner Ihre Erregung mit Worten beschreibt. Dadurch steigert sich Ihre Erregung wieder. So entsteht eine Schleife erotischer Energie, die sich bis in einen Zustand höchster Glückseligkeit ausweiten kann. Wenn umgekehrt Sie bei Ihrem Partner körperliche Anzeichen dafür wahrnehmen, dass er etwas Bestimmtes besonders genießt, können Sie diese Wahrnehmung ebenfalls in Worte übersetzen: »Es macht mich ganz wild, wie deine Brustknospen sich aufrichten, wenn ich sie streichle« oder »Es regt mich total auf, wie du stöhnst, wenn ich dich lecke« oder »Ich mag es total, wie hart du wirst, wenn ich dich lutsche«.

Sie können auch verbale Ausdrücke, die Ihr Partner gerade benutzt hat, erneut in die erotische Rückkoppelungsschleife einfließen lassen. Wenn er zum Beispiel sagt »Oh, das fühlt sich so gut an«, können Sie entgegnen, »Ja, es fühlt sich gut an«, oder »Ja, ich spüre, wie dich das erregt«. Oder Sie paraphrasieren das Gehörte. Wenn Ihr Partner zum Beispiel stöhnt: »Oh, das fühlt sich unglaublich an«, können Sie sagen: »Ja, es fühlt sich phantastisch an.«

Das Schöne an der erotischen Rückkoppelungsschleife ist, dass sie mit gesprächigen Partnern genauso gut funktioniert wie mit stillen. Wenn Ihr Partner stöhnt oder seufzt oder mit Worten zum Ausdruck bringt, wie sehr ihn der Sex erregt, dann können Sie diese stimmlichen oder verbalen Ausdrücke wiederholen und variieren. Wenn er hingegen stumm bleibt, aber deutliche körperliche Signale auf seine Erregung hinweisen, dann können Sie stattdessen diese Anzeichen seiner Leidenschaft kommentieren. Vergessen Sie nur nicht, dass dabei Ihre eigene Lust an der Erregung Ihres Partners in Ihrer Stimme mitklingen muss.

Noch ein Tipp: Wenn Ihr Partner nur auf vage, zurückhaltende Weise verbal reagiert, indem er etwa sagt: »Das fühlt sich gut an«, während seine Atmung, seine Erektion und die Bewegungen seines Körpers deutlich darauf hinweisen, dass er äußerst erregt ist, nennen Sie dann diese körperliche Erregung beim Namen. Antworten Sie also nicht einfach: »Ja, es fühlt sich gut an«, sondern »Das hier, das fühlt sich so unglaublich gut an« oder »Wenn ich dich so streichle, wirst du unglaublich hart!«. Achten Sie auch auf die sinnliche Botschaft, die in den Worten Ihres Partners verborgen liegt, und fassen Sie diese möglichst in Worte. Wenn Ihr Partner also sagt: »Oh, das fühlt sich so gut an, hör nicht auf damit«, dann könnten Sie antworten mit: »Das tu ich bestimmt nicht« oder »Niemals höre ich auf!«.

Um die erotische Rückkoppelungsschleife zu üben, ist die Anwesenheit Ihres Partners nicht zwingend erforderlich, denn sie kann auch auf nichtsexuelle Situationen angewendet werden. Es handelt sich schließlich um eine *verbale* Rückkoppelungsschleife, also können Sie sie genauso gut mit einem platonischen Freund oder einer platonischen Freundin üben. Chris und Laura zum Beispiel wenden diese Technik immer an, wenn sie sich gegenseitig den Nacken und den Rücken massieren. Er fragte sie dann etwa, an welchen Stellen sie die Massage besonders angenehm findet und an welchen sie schmerzhaft ist. Wenn sie beispielsweise sagt: »Oh, da, diese Stelle, da fühlt es sich sehr gut an«, dann entgegnet er: »Hier im Nacken, da tut es gut«. Oder wenn sie sagt: »Meine Schultern sind ganz verspannt, weil ich den ganzen Tag vor dem Computer gesessen habe«, entgegnet er: »Dann müssen wir uns um deine Schultern wohl ganz besonders kümmern.« Manchmal variieren sie die Übung auch dahingehend, dass derjenige, der die Massage bekommt, sich mit Feedback zurückhalten soll. Auf diese Weise lernt der Massierende, sich auf die physischen Anzeichen für Verspannung und Auflockerung einzustellen. Wenn Chris zum Beispiel Laura massiert und einen verspannten Muskel in ihrer Schulter oder ihrem Nacken wahrnimmt, dann kommentiert er vielleicht: »Mmmm, hier ist eine ganz verspannte Stelle, daran müssen wir unbedingt etwas tun.«

In gewisser Weise kann man die erotische Rückkoppelungsschleife als eine Variation der Technik des erotischen Feedbacks begreifen, die in Kapitel 3, »Die sanfte Art der Verführung«, vorgestellt wurde. Dort sollten Sie Ihrem Partner ein Feedback dazu geben, welche seiner Berührungen Sie als besonders angenehm oder lustvoll empfanden. Sie waren also in der Position des Empfangenden. Bei der erotischen Rückkoppelungsschleife sind Sie nun in der Position des Gebenden: Sie lassen Ihren Partner wissen, wie Sie seine Reaktion auf Ihre Berührungen wahrnehmen. Im Folgenden lernen Sie noch eine Variation des erotischen Feedbacks kennen, bei der Sie Ihrem Partner mitteilen, was *Sie selbst* in der Rolle des Gebenden empfinden.

Erotisches Feedback: den Partner mit Worten liebkosen

Schon beim Vorspiel können Sie anfangen, einen verbalen Wirbel erotischer Energie in Gang zu setzen. Fangen Sie zum Beispiel damit an, den Blick über den Körper Ihres Partners wandern zu lassen und dabei in Worte zu fassen, wie der visuelle Reiz auf Sie wirkt. Sie könnten zum Beispiel sagen: »Du liegst da sehr einladend« oder »Diesen Blick von dir mag ich unheimlich gerne«. Wenn Sie dann zu Körperlichem übergehen und anfangen, Ihren Partner zu liebkosen, bringen Sie zum Ausdruck, wie sich diese Berührungen für Sie anfühlen. Sagen Sie zum Beispiel: »Ich fahre unheimlich gerne mit den Fingern durch das Haar auf deiner Brust« oder »Dein Arsch ist so schön und rund; ich fasse ihn so gern an, so wie jetzt«.

Vergessen Sie auch nicht Geruchs- und Geschmacksempfindungen. Zum Beispiel könnte es Ihnen in den Sinn kommen zu sagen: »Mmmm, dein Haar riecht wundervoll, das macht mich ganz heiß« oder »Du schmeckst so sexy, am liebsten würde ich dich mit Haut und Haaren verschlingen!«.

Erotische Rückkoppelungsschleife und Blickkontakt

Eine der wirkungsvollsten Methoden, Ihrem Partner beim Sex noch näher zu kommen, besteht darin, Blickkontakt mit ihm zu halten, während Sie Ihre eigenen erotischen Empfindungen beschreiben. Sie könnten zum Beispiel sagen: »Ich möchte deine Liebe und dein Begehren in deinen Augen sehen, wenn ich dich so berühre wie jetzt, und ich möchte, dass du all dies in meinen Augen siehst.« Wenn Ihnen das die ersten paar Male ein bisschen komisch vorkommt, sollten Sie trotzdem dranbleiben. Vielleicht ist Ihnen anfangs zum Lachen zumute, oder Sie erröten. Macht nichts. Mit der Zeit werden diese unangenehmen Gefühle von selbst verschwinden, und Sie werden feststellen, dass sich Ihnen neue Dimensionen von Vertrauen, Intimität und Leidenschaft eröffnen.

Sean und Megan, die als Paar einen meiner Kurse besuchten, stellten am Anfang auch fest, dass sie es nie hinbekamen, beim erotischen Sprechen Blickkontakt zu halten. Er brach ständig in nervöses Gelächter aus, während sie immer wieder beschämt wegsah, weil sie Angst hatte, er könnte bemerken, wie unwohl sie sich dabei fühlte. Als ich den beiden jedoch sagte, es sei überhaupt nicht schlimm, gleichzeitig verlegen *und* sexuell erregt zu sein, während sie Blickkontakt hielten, fanden sie es schon viel leichter, einander anzusehen. Außerdem waren sie so entschlossen, ihre Verlegenheit zu überwinden, dass sie beim zweiten Versuch dazu übergingen, einander am Kopf festzuhalten, so dass sie nicht wegsehen konnten. Als Sean dann Megans Gesicht und ihren Körper streichelte, sagte er: »In deinen Augen funkelt so eine mädchenhafte Schüchternheit, die ich sehr reizvoll finde ... und jetzt huscht ein Ausdruck über dein Gesicht, der total sexy ist und zugleich ein bisschen verspielt ... oh, und jetzt sehe ich im Blau deiner Augen pures weibliches Begehren aufkommen ... und wie du mich jetzt ansiehst, das macht mich total wild.« Und indem sie sein Gesicht näher an ihres heranzog, entgegnete sie: »Ich kann genau sehen, wie sehr du mich begehrst, so wie du mich jetzt ansiehst, und dein Blick jagt Ströme der Lust durch meinen ganzen Körper. Ich bin so gierig auf dich.«

Die eigenen Wünsche und Bedürfnisse ausdrücken

Jetzt, da Sie wissen, wie wichtig Blickkontakt und verbales Feedback sind, können Sie diese Instrumente einsetzen, um Ihrem Partner Ihre sexuellen Wünsche und Bedürfnisse mitzuteilen. Eine ebenso effektive wie spielerische Art und Weise, dies zu tun, besteht darin, sich vorzustellen, Sie und Ihr Partner würden einander fremd und hätten noch nie zusammen Sex gehabt. Wenn Sie möchten, können Sie sogar noch weiter gehen und sich vorstellen, Sie hätten überhaupt noch nie Sex gehabt. Dann kommen Ihnen auch keine vorgefertigen Ansichten oder Vorurteile darüber in die Quere, wie man es »richtig« macht. Vielmehr lernen Sie erst jetzt, wie es Ihrem Partner am meisten Spaß macht und wie Sie umgekehrt Ihrem Partner beibringen, was Ihnen selbst am besten gefällt.

Wenn Sie dabei die Initiative ergreifen, schließen Sie zunächst die Augen und konzentrieren Sie sich auf Ihre eigene Körperwahrnehmung. Haben Sie irgendwelche Verspannungen, die aufgelockert werden müssten? Irgendwelche Ängste, gegen die beruhigende Worte Ihres Partners helfen könnten? Schauen Sie ihm in die Augen und sagen Sie ihm, was Sie sich in genau diesem Moment von ihm wünschen. Vielleicht ist Ihnen danach zu sagen: »Am liebsten würde ich jetzt meinen Kopf an deine Brust lehnen und mir von dir das Haar streicheln lassen« oder »Ich würde mich besser fühlen, wenn du mir erst ein paar Mal kräftig über den Rücken streichst«. Vielleicht wollen Sie aber auch sagen: »Ich möchte gerne, dass du mir sagst, was du an mir am attraktivsten findest« oder »Ich möchte gerne wissen, was du an mir erregend findest«.

Wenn Sie in der Zuhörerrolle sind, umschreiben Sie zunächst mit eigenen Worten, was Ihr Partner gesagt hat. Während Sie dann seinem Wunsch nachkommen, fassen Sie gleichzeitig in Worte, wie Sie beide darauf reagieren. Wenn Ihre Partnerin also möchte, dass Sie sie im Arm halten und ihr Haar streicheln, sagen Sie in etwa: »Ich kann in deinen Augen lesen, wie wichtig es jetzt für dich ist, dass ich dich so festhalte und sanft über dein Haar streiche. Ich kann sehen, wie es dich beruhigt und entspannt, und das gibt mir ein gutes Gefühl.« Wenn Sie selbst sich etwas wünschen, was gerade gut zu den Bedürfnissen Ihrer Partnerin zu passen scheint, können Sie auch einen Schritt weiter gehen. Während Sie also ihr Haar streicheln, können Sie zum Beispiel sagen: »Würde es dir gefallen, wenn ich dich in den Nacken küssen oder an deinem Ohrläppchen knabbern würde, während ich dein Haar streichle?« Vielleicht antwortet sie: »Mmmm, das würde mir sehr gefallen.« Vielleicht sagt sie aber auch: »Nein, Liebling, im Moment möchte ich am liebsten, dass du mich einfach nur festhältst und noch ein bisschen mein Haar streichelst.« Es ist wichtig, dass Sie sich, so lange Sie in der Zuhörerrolle sind, ganz auf die Wünsche und Bedürfnisse Ihrer Partnerin einstellen. Sie selbst kommen später noch an die Reihe.

Während Ihre Partnerin nun fortfährt, Ihnen zu sagen, was sie sich von Ihnen wünscht, sollten Sie sie weiterhin verbal bestätigen. Falls sie eine Zeit lang nichts sagt und Sie nicht genau wissen, woran Sie sind, können Sie sie fragen: »Gefällt es dir so, oder soll ich ein bisschen langsamer machen? Ein bisschen schneller? Ein bisschen sanfter? Soll ich lieber an einer anderen Stelle weitermachen?« Und wenn sie zum Beispiel sagt: »Kannst du mich ein bisschen kräftiger und langsamer streicheln?«, können Sie entgegnen: »Ja, du musst wirklich etwas kräftiger und langsamer gestreichelt werden, nämlich so … oder so. Wie gefällt es dir besser?«

Wenn Sie beide Ihre jeweils eigenen Wünsche artikuliert haben und Ihr Partner sowohl verbal als auch körperlich darauf eingegangen ist, können Sie sich noch beieinander dafür bedanken, dass Sie den Mut aufgebracht haben, Ihre Bedürfnisse in Worte zu fassen. Eine schöne Art und Weise auszudrücken, wie viel Ihnen dieses Vertrauen Ihres Partners bedeutet, wäre es beispielsweise zu sagen: »Danke, dass du mir gesagt hast, was du dir wünschst. Ich bin so froh, dass wir miteinander über unsere Bedürfnisse und Sehnsüchte sprechen können.«

Negatives Feedback geben und bekommen

Sie fragen sich vielleicht: »Was, wenn mein Partner mich darum bittet, etwas zu tun, was ich absolut nicht will?« Oder: »Was, wenn sie etwas von mir verlangt, was mich überhaupt nicht antörnt?« Oder: »Was, wenn er von zärtlichem Vorspiel in den leidenschaftlichen Liebesakt übergehen will, bevor ich selbst so weit bin?« Seinem Partner zu sagen, dass eine bestimmte Sache nicht funktioniert, kann eine sehr delikate Angelegenheit sein, die einige Feinfühligkeit verlangt. Den Partner einfach mit einem direkten »So geht das nicht« zu konfrontieren, »Ich möchte das nicht tun« oder »Was du jetzt gerade machst, gefällt mir überhaupt nicht« – das kann in einer nicht-sexuellen Situation gut funktionieren, aber wenn Sie sexuell erregt sind, kann es auch leicht nach hinten losgehen.

Greta und Peter kannten sich seit etwa einem Monat, als sie sich zum ersten Mal einer solchen Herausforderung gegenübersahen. Greta konnte sich einfach nicht an Peters Zungenküsse gewöhnen, die sie so beschrieb: »Er steckte seine Zunge tief in meinen Mund, aber statt sie dort sanft kreisen zu lassen, ließ er sie immer wieder heftig vor- und zurückschnellen – wie ein Reptil! Ich musste immer an Schlangen denken, die ich abscheulich finde!« Zunächst ertrug Greta Peters »Reptilküsse« stoisch, doch schließlich nahm sie ihren Mut zusammen und erzählte ihm, wie wenig sie ihr gefielen. »Ich mag es nicht, auf diese Art und Weise geküsst zu werden. Es tut mir Leid, aber ich muss beim Küssen immer an Schlangen denken, und ich habe Angst vor Schlangen!«

Peter ging daraufhin sofort in die Defensive und entgegnete: »Das ist aber seltsam. Du bist die erste Frau, die sich darüber beschwert, wie ich küsse. Die meisten Frauen finden meine Zungenküsse sehr aufregend!« Greta war verletzt, dass er sich für ihr Unbehagen offenbar überhaupt nicht interessierte, sondern lediglich darauf bedacht war, sich nicht in seinem Stolz verletzen zu lassen. Sie warf ihm vor, unsensibel und arrogant zu sein, und er sagte, sie sei scheinheilig. Es sah ganz danach aus, als wäre ihre Beziehung zum Scheitern verurteilt.

Aber dann ging ihr auf, dass sie Peter vielleicht *nicht sagen musste, was er falsch machte,* sondern vielmehr, *was sie sich stattdessen von ihm wünschte*. Also sagte sie beim nächsten Mal zu ihm: »Peter, wie du weißt, fühle ich mich sehr zu dir hingezogen, und ich küsse dich auch gern, aber ich fände es toll, wenn du deine Zunge ganz langsam und sinnlich in meinem Mund bewegen könntest – ungefähr so.« Und dann demonstrierte sie ihm, auf welche Art und Weise sie am liebsten geküsst werden würde. Als sie ihre Lippen wieder von den seinen gelöst hatte, lächelte Peter und sagte: »Oh, du meinst so ...«, und er wiederholte, was sie ihm gezeigt hatte. Als sie zum Luftholen voneinander ließen, rief sie aus: »Das war wundervoll! Wie fandest du es?« – »Richtig gut, zugegebenermaßen«, entgegnete er.

Um einen Ausweg aus der verfahrenen Situation zu finden, hatte Greta Peter zunächst versichert, dass sie ihn attraktiv fand und ihn gerne küsste. Statt ihn zu kritisieren und ihm das Gefühl zu geben, dass er irgendetwas falsch machte, hatte sie dann selbst die Initiative ergriffen und ihm gezeigt, was sie stattdessen gern von ihm wollte. Derart von ihr an die Hand genommen, brauchte Peter sich nicht angegriffen zu fühlen, sondern konnte sich viel besser darauf einlassen, was Greta aufregend fand. Er hatte deshalb auch kein Problem mehr damit, seine Kusstechnik zu ändern.

Wenn Ihr Partner Sie in einer Art und Weise liebt, die Ihnen nicht gefällt, Sie aber Angst haben, ihn zu verletzen oder in die Defensive zu treiben, wenn Sie ihn rundheraus bitten, es zu lassen, dann sagen Sie ihm am besten, was Sie sehr wohl gern haben. »Weißt du, Schatz«, könnten Sie zum Beispiel sagen, »gerade habe ich mir noch vorgestellt, wie es letzte Nacht war, als du meinen ganzen Körper mit Küssen bedeckt hast. Das hat mich total erregt.« Dann können Sie ihm vorsichtig beibringen, was gerade nicht so gut läuft – und natürlich, was Sie sich stattdessen von ihm wünschen. Zum Beispiel könnten Sie sagen: »An den Schenkeln bin ich gerade ein bisschen kitzlig, aber meine Brüste wären bestimmt sehr froh, wenn du dich ihnen ein bisschen widmen würdest.« Wenn Sie Ihrem Partner auf eine so vorsichtige Weise mitteilen, wie er Sie erregen kann, wird er aller Wahrscheinlichkeit nach durchaus bemüht sein, Ihre Wünsche zu erfüllen. Dass Sie es genießen, steigert nämlich auch seine eigene Erregung.

Wenn Ihr Partner bei der Liebe für Ihre Begriffe zu schnell vorprescht, gilt dasselbe Prinzip. Statt zu sagen: »Halt dich mal zurück« oder: »Nicht so schnell«, können Sie es auch so versuchen: »Was mich jetzt total anmachen würde, wäre, wenn du mich erst ganz sanft im Nacken streicheln würdest und dann mit den Händen über meinen Körper wandern, auch die Beine herunter, so ...« – zeigen Sie Ihrem Partner, was Sie meinen.

Eine einfache und nicht konfrontative Möglichkeit, das Geben und Annehmen von negativem Feedback mit Ihrem Partner zu üben (oder einem guten Freund bzw. einer guten Freundin), ist die folgende: Ihr Partner nimmt Ihre Hand und fängt an, sie zu streicheln. Dann variiert er den Druck, die Geschwindigkeit und die Intensität. Wenn Sie möchten, können Sie ihm auch erlauben, seine Fingernägel in Ihre Handballen zu drücken oder Sie zu kratzen.

Achten Sie darauf, wie sich die verschiedenen Arten der Berührung anfühlen. Wenn Sie seine Liebkosungen genießen, lassen Sie ihn das wissen, indem Sie zum Beispiel »Mmmm, das fühlt sich schön an« von sich geben oder sagen: »Das mag ich.« Wenn er hingegen etwas tut, was Ihnen nichts gibt oder Ihnen sogar unangenehm ist, ermutigen Sie ihn dazu, es anders zu machen: »Weißt du, was ich jetzt wirklich schön fände, wäre ...« – und dann beschreiben Sie ihm die Art von physischem Kontakt, die Sie sich wünschen. Tauschen Sie schließlich mit Ihrem Partner die Rollen, so dass nun Sie seine Hand streicheln und er Ihnen Feedback gibt.

Wenn Sie diese Übung zum negativen Feedback mit Ihrem Partner gemacht haben, können Sie vielleicht beim nächsten Sex darauf zurückkommen – mit dem Ziel, sich sexuell noch besser aufeinander abzustimmen. Und nehmen Sie ein negatives Feedback auch dann nicht persönlich. Denken Sie nicht: »Oh, ich habe etwas falsch gemacht«, sondern lieber: »Ah, ich habe gerade eine noch bessere Möglichkeit gefunden, meinen Partner zu erregen!«

Was aber, wenn Ihr Partner von Ihnen verlangt, dass Sie ihn in einer Art und Weise lieben, die Ihnen unangenehm ist oder die Sie nicht mögen? Oder wenn Ihre Partnerin unbedingt etwas möchte, was Sie selbst einfach nur abtörnend finden?

In einer solchen Situation sind vier Grundsätze wichtig:

1. Machen Sie Ihrem Partner kein schlechtes Gewissen wegen etwas, was er sich wünscht oder ersehnt.
2. Lassen Sie Ihre Partnerin wissen, wie froh Sie sind, dass sie Ihnen sagt, was sie sich wünscht.
3. Setzen Sie sich nicht selbst unter Druck, wenn Sie einer Bitte Ihres Partners nicht nachkommen möchten.
4. Wenn Sie selbst der oder die Bittende sind, kritisieren Sie Ihren Partner nicht, falls er nicht darauf eingehen möchte.

Hier ein Beispiel dafür, wie so ein Szenarium aussehen könnte:

Er: *»Ich fände es wirklich toll, wenn du mir jetzt einen blasen würdest.«*

Sie: *»Ich weiß, das würde dich sehr erregen, aber ich fühle mich dabei wirklich nicht wohl. Kann ich nicht irgendetwas anderes tun, was dir gefällt?«*

Er: (Wenn Sie damit einverstanden sind, in einer anderen Art und Weise erregt zu werden, dann bringen Sie das jetzt zum Ausdruck, zum Beispiel so:) *»Ja, du kannst mich so mit der Hand streicheln.«* (Wenn Oralsex hingegen für Sie sehr wichtig ist oder Sie gerne wissen würden, warum sie ihn nicht mag, können Sie nun auch fragen:) *»Hattest du mal eine schlechte Erfahrung mit Oralsex?«* (Dann können Sie sie ermutigen, darüber zu sprechen.)

Sie: *»Ja. Mein letzter Freund hat immer meinen Kopf heruntergedrückt und mich dazu gezwungen, ihn so zu befriedigen, auch wenn ich gar nicht in der Stimmung war. Da kam ich mir vor, als ob ich einfach nur benutzt würde.«*

Er: *»Das tut mir sehr Leid. Ich möchte wirklich nicht, dass du irgendetwas tust, was du nicht auch selbst willst. Ich habe schließlich auch deshalb Spaß an der Sache, weil ich sehe, dass es dir gefällt, mich zu erregen – so, wie du es selbst gern möchtest. Also, was würdest du jetzt am liebsten mit meinem Körper machen?«* (So helfen Sie ihr, das Gefühl der Machtlosigkeit zu überwinden, das mit der Erinnerung an ihren früheren Freund einhergeht. Stattdessen wird ihr bewusst, dass sie selbst auch mitbestimmen kann.)

Sie: (fängt an, in ihrer wiedergewonnenen Souveränität zu schwelgen) *»Also, ich glaube, ich würde dich gern ganz zart in den Nacken beißen – so – und dann ein bisschen an deinem Haar ziehen – so –, und dann blase ich dir vielleicht auch kurz einen, um zu sehen, wie es sich anfühlt. Aber wenn es mir nicht gefällt, höre ich auf und mache etwas anderes!«*

Er: *»Mmmm, das gefällt mir, dass du plötzlich so lebhaft wirst. Das macht mich sogar richtig wild!«*

Zugegeben, nicht alle sexuellen Disharmonien lassen sich so leicht lösen. Aber Sie werden überrascht sein, wie viel flexibler Ihre Partnerin wird, wenn Sie ihr Zögern zunächst akzeptieren und respektieren. Helfen Sie ihr gegebenenfalls auch, ihre verlorene Würde oder Souveränität wiederzugewinnen – vielleicht hatte sie in der Vergangenheit Liebhaber, die weniger sensibel waren als Sie.

Wenn Ihre Partnerin allerdings immer noch Probleme mit Ihrem Ansinnen hat, nachdem Sie Ihr Verständnis bekundet und Sie ermutigt haben, oder wenn sie einfach nicht darüber reden kann, dann ist es vielleicht an der Zeit, professionelle Hilfe in Anspruch zu nehmen. Ein ausgebildeter Partnerschaftsberater kann einem in Schweigen versunkenen Partner dabei helfen, mit schmerzhaften Erfahrungen, die die gegenwärtige Beziehung negativ beeinflussen, besser umzugehen. Und er kann Ihnen beiden helfen, mehr Offenheit und Ehrlichkeit in Ihre Beziehung einzubringen, so dass Sie mit der Zeit zu einer verlässlichen Stütze füreinander werden.

Durch lustvolle Worte positive Stimmungen in Erinnerung rufen

Selbst Partner, die sexuell optimal zusammenpassen, sind nicht unbedingt immer zur selben Zeit in der Stimmung, Liebe zu machen. Vielleicht zerbricht er sich gerade den Kopf darüber, wovon er im nächsten Jahr die Rechnungen bezahlen soll, während sie von Verlangen schier überwältigt wird. Oder sie überlegt, ob sie sich vielleicht einen anderen Job suchen sollte, während er davon träumt, wie es wäre, jetzt auf der Stelle ihren Körper zu verschlingen. Vielleicht ist Ihr Partner aber auch in einer ganz neutralen Stimmung und ist weder von irgendetwas besonders in Beschlag genommen, noch hat er großartig Lust auf Sex. Wenn Sie selbst der- oder diejenige sind, die von Verlangen verzehrt wird, können Sie aber zum Glück einen zögerlichen oder zunächst uninteressierten Partner in eine empfänglichere Stimmung versetzen – entweder durch den in Kapitel 2 beschriebenen Prozess des Schritthaltens und Führens oder indem Sie positive Erinnerungen an frühere Liebesabenteuer in ihm wecken.

Einer meiner Kursteilnehmer beschrieb mir zum Beispiel in einem Brief, wie er auf diese Art und Weise zwanzig Jahre lang die Leidenschaft zwischen sich und seiner Frau immer neu aufleben ließ. »Einmal ruderten wir über einen See, bei dem wir jahrelang nicht gewesen waren«, schrieb er. »Als wir so dahinglitten, fragte ich sie, ob sie noch wusste, was zehn Jahre zuvor bei unserer ersten, vom Mondschein erhellten Bootsfahrt auf diesem See geschehen war.

Sie dachte einen Augenblick nach. Dann leuchteten ihre Augen plötzlich auf. Ihr war wieder eingefallen, dass wir das Boot in einer geschützten Bucht befestigt und uns im Ufergras geliebt hatten. Ich fing an, ihr zu beschreiben, was sie damals anhatte und wie ich ihr Kleid so drapieren musste, dass es sie vor dem Wind und den Blicken der anderen Ruderer auf dem See schützte, ich sie aber gleichzeitig noch ausziehen konnte. Ich erzählte ihr auch, wie es sich anfühlte, als ich in ihr war, und wie aufregend es war, als sie vor Lust so laut schrie, dass ich sicher war, man würde uns bemerken. Sie wurde rot, als ich ihr all das wieder erzählte, und es war völlig klar, dass wir wenige Minuten später erneut jene kleine, geschützte Bucht ansteuern würden.«

Frisch verliebte Partner, die noch keine lange gemeinsame Liebesgeschichte haben, können meiner Erfahrung nach auch immer gut auf besonders aufregende Kindheitserlebnisse zurückgreifen: die erste Achterbahnfahrt, ein unvergesslicher Zirkusbesuch etc. Solche Erinnerungen können ebenfalls den Weg zu einem sinnlicheren Kontakt hin ebnen. Denn eigentlich geht es nur darum, dass Sie eine vertraute Atmosphäre schaffen, indem Sie Ihren Partner an Erinnerungen teilhaben lassen, mit denen Sie ein Gefühl von Sorglosigkeit und Freiheit verbinden. Emotionale und körperliche Vertrautheit kann sich manchmal auf ganz einfache und natürliche Weise einstellen, wenn Sie beide in einer verspielten Stimmung sind.

Eine meiner Schülerinnen hat mir beschrieben, wie sie zusammen mit ihrem neuen Freund eine solche Stimmung kreierte: »Ray und ich mochten einander wirklich gern, aber wir waren beide sehr, sehr schüchtern und taten uns schwer damit, einander nahezukommen, sowohl körperlich als auch emotional. Eines Tages machten wir dann ein Picknick am Ufer eines Sees, und das erinnerte mich an eine der glücklichsten Zeiten meiner Kindheit. Ich erzählte Ray, wie meine Freundinnen und ich manchmal abends zu dem Teich in der Nachbarschaft liefen. Im Dunkeln zogen wir uns aus und sprangen nackt ins Wasser. Es war ein befreiendes Gefühl, das warme Wasser auf der bloßen Haut zu spüren. Und tagsüber wälzten wir uns oft dort im Gras und rangelten spielerisch miteinander, genossen die Sommerwärme, unsere Vertrautheit miteinander und dass wir so jung und am Leben waren. Manchmal pflückten wir auch Blumen und strichen damit über unsere Körper, um zu spüren, wie es sich anfühlte. Oder wir schrieben einander mit der Zunge Geheimbotschaften auf den Rücken, wobei der jeweils andere raten mussten, was wir geschrieben hatten. Oft regten sich fremde Gefühle in uns, die wir nicht richtig verstanden, aber instinktiv wussten wir schon, dass darin das Versprechen schöner Dinge beschlossen lag, die die Zukunft für uns bereithielt. Es war eine wundervolle Zeit. Und ehrlich gesagt hatte ich das Gefühl, dass etwas von diesem jugendlich-unschuldigen Staunen wieder in mir war, als ich Ray dies alles erzählte. Auch er spürte es und fühlte sich seinerseits wieder an die ebenso sorglosen, wunderbaren Momente seiner Kindheit erinnert. Schon bald lachten und küssten wir uns und hielten einander fest. Es war traumhaft!«

Nun, da Sie gelernt haben, Ihrem Partner mit Worten zu zeigen, wie viel er Ihnen bedeutet, und Ihre Wünsche und Bedürfnisse in nicht konfrontativer Weise zum Ausdruck zu bringen, können Sie Ihre neuen Fähigkeiten in vielen unterschiedlichen sexuellen Situationen erproben. Vielleicht bereiten Sie sich gerade auf eine Diskussion mit einem neuen Partner über Safer Sex vor und würden diese gerne in einer Art und Weise führen, die sexy ist und Ihnen beiden Mut macht. Oder vielleicht würden Sie Ihre erotische Phantasie gerne mit Ihrem festen Partner zusammen im Rollenspiel ausprobieren. Oder Sie sind daran interessiert, die faszinierende Welt erotischer Dominanz und Unterwerfung zu erkunden. Vielleicht möchten Sie auch »Dirty Talking« lernen, um Ihre besonders lüsternen sexuellen Gefühle ohne Peinlichkeit und Scham zum Ausdruck bringen zu können. Dieses Buch gibt Anleitung, all diese Aspekte verbaler Erotik zu erlernen und noch viel, viel mehr. Also lesen Sie weiter, und bringen Sie es in der hohen Kunst erotischen Sprechens zur wahren Meisterschaft.

5. Über Safer Sex und Verhütung sprechen – auf erotische Art und Weise

Die verbal-sinnlichen Fähigkeiten, die Sie inzwischen erworben haben, können extrem nützlich sein, wenn Sie mit einem neuen Partner über Safer Sex[3] und Verhütung sprechen. Sie können sich jetzt über Möglichkeiten austauschen, sich vor Aids und ungewollter Schwangerschaft zu schützen, ohne dabei der erotischen Stimmung Abbruch zu tun. Sie wissen jetzt zum Beispiel bereits, wie wichtig es ist, dem Partner zu signalisieren, dass Sie seine Gefühle und das, worüber er sich Gedanken macht, ernst nehmen, auch wenn Sie selbst ganz anders empfinden oder denken. Und Sie haben gelernt, dass Ihr Partner sich weniger leicht in die Defensive getrieben fühlen wird, wenn Sie das, was Sie sich von ihm wünschen, in einer positiven Art und Weise zum Ausdruck bringen – einer Art und Weise, die die sexuelle Anziehung zwischen Ihnen beiden nicht außen vor lässt.

Jetzt ist es Zeit für ein kleines Experiment. Im Folgenden schildere ich Ihnen einige Situationen, in denen Gespräche über Safer Sex nach hinten losgegangen sind. Denken Sie jeweils einen Augenblick darüber nach, und entscheiden Sie dann, wie Sie selbst mit einer solchen Situation umgegangen wären.

Was würden Sie beispielsweise Lyle raten, der aufgrund seiner Art und Weise, das Thema Safer Sex anzusprechen, von Nora eine Abfuhr bekam? In einem meiner Kurse über erotisches Sprechen schilderte Nora die Situation so: »Am Anfang fand ich Lyle sehr attraktiv, aber als unsere erste Verabredung mit einem heißen Kuss in seinem Auto zu Ende ging, sagte er plötzlich: ›Da wir ja offensichtlich geil aufeinander sind, bringen wir die Safer-Sex-Geschichte am besten gleich hinter uns. Ich habe vor drei Wochen einen Aids-Test machen lassen, und ich habe auch keine anderen sexuell übertrag-

3 *Informationen darüber, welche Praktiken sicher bzw. unsicher sind, finden Sie im Anhang A: »Was ist Safer Sex?«*

baren Krankheiten. Und du?‹ Diese Unverblümtheit und Arroganz hat mich total abgeschreckt, und ich sagte bissig: ›Ich finde das ziemlich anmaßend von dir. Ich fühle mich vielleicht zu dir hingezogen, aber ich habe keinesfalls bereits entschieden, dass ich Sex mit dir haben will. Das geht mir alles viel zu schnell!‹«

Was hätten Sie an Lyles Stelle geantwortet? Brian, ein Teilnehmer aus Noras Kurs, meinte dazu: »Ich an seiner Stelle hätte ungefähr gesagt: ›Weißt du, Nora, das klingt jetzt vielleicht blöd, aber die Sache ist die – ich glaube, zwischen uns knistert es ziemlich, und wenn wir uns jetzt noch ein kleines bisschen näher kommen, dann wird es mir nicht ganz leicht fallen, eine Pause einzulegen, um über Safer Sex zu sprechen. Deshalb dachte ich, es wäre besser, das jetzt gleich zu tun. Findest du nicht auch?‹«

Als Nora das hörte, hellte ihre Miene sich auf, und sie sagte: »Wenn Lyle das Thema auf eine solche Art und Weise angesprochen hätte, dann wäre ich ganz angetan gewesen von seiner Verletzlichkeit und vielleicht sogar ein bisschen erregt. Und dann hätte ich gesagt: ›Klar, lass uns darüber reden.‹«

Vielleicht fällt Ihnen noch eine andere Möglichkeit ein, das Thema zur Sprache zu bringen, die genauso gut funktionieren würde. Dann schreiben Sie sich das auf. Wenn Sie irgendwann in eine entsprechende Verlegenheit kommen, können Sie auf diese Notiz zurückgreifen. Oder Sie helfen damit einem Freund oder einer Freundin, wenn sich die Gelegenheit ergibt. Aber nun erst einmal zu Daryl, dessen sexuelles Interesse an seiner neuen Geliebten auch dadurch im Keim erstickt wurde, dass sie auf eine eher rüde Weise mit dem Thema umging:

»Patsy und ich waren mitten in einem leidenschaftlichen Vorspiel, als sie plötzlich ganz steif wurde. Dabei hatte ich ein Kondom in der Tasche und wollte es gerade überziehen, aber ihr plötzlicher Ausbruch hat mich derartig irritiert, dass meine Erektion nachließ.«

Versuchen Sie, sich in die Lage Patsys zu versetzen, und überlegen Sie, was Sie selbst an ihrer Stelle gesagt hätten. Welches Geschlecht oder welche sexuelle Orientierung Sie auch immer haben – stellen Sie sich einen Moment lang vor, Sie wären eine junge Frau wie Patsy, sehr erregt und zugleich sehr besorgt darüber, dass Ihr Partner gleich etwas tun könnte, was für Sie selbst ein Risiko bedeutet.

Vielleicht hätten Sie so reagiert wie Helena, die mit ihrem neuen Freund Carl in einer ähnlichen Situation war. Sie ließ ihn zunächst wissen, wie sehr er sie erregte: »Wow, ich fürchte, gleich gibt es kein Zurück mehr«, sagte sie, »und ich will auch gar nicht zurück. Aber ich würde mich viel freier dabei fühlen, wenn du jetzt schon ein Kondom überziehen würdest.« Carl war ohne Weiteres einverstanden. Welche Herangehensweise hätten Sie gewählt? Im Folgenden geht es darum, was wichtig ist, wenn man das Thema Safer Sex zur Sprache bringen möchte, ohne dabei die erotische Stimmung zu verderben.

Bringen Sie ihr Anliegen, über Safer Sex und Verhütung zu sprechen, in einer positiven Art und Weise zum Ausdruck. Statt zu sagen: »Hier ist Schluss, es sei denn, du ziehst ein Kondom über« oder »Ohne Kondom ist das gefährlich, das törnt mich total ab«, sollten Sie lieber Ihr Interesse an der sexuellen Verbindung mitklingen lassen. Sie könnten zum Beispiel sagen: »Ich weiß, dass ich mich viel mehr gehen lassen könnte, wenn wir ein Kondom benutzen würden« oder »Wenn wir Safer Sex machen würden, könnte ich mich viel mehr entspannen und es viel mehr genießen«.

Wenn Sie beide keine Kondome dabei haben, Ihr Partner aber trotzdem gerne Genital-, Oral- oder Analsex haben möchte, könnten Sie sagen: »Lass uns lieber warten, bis wir einen Schutz dabei haben. Aber bis dahin können wir ja unserer Kreativität freien Lauf lassen und überlegen, wie wir uns sonst noch verwöhnen können.« Wenn Ihr Partner allerdings nicht bereit ist, Ihre Sorgen in Sachen Safer Sex ernst zu nehmen und Sie zu überzeugen versucht, dass diese überflüssig sind, müssen Sie natürlich doch einen radikalen Schlussstrich ziehen und das Thema unverblümt mit ihm besprechen. Wenn Sie keine sicheren Anhaltspunkte dafür haben, dass Ihr Partner keine sexual übertragbaren Krankheiten hat, ist es besser, etwas zu vorsichtig zu sein als nicht vorsichtig genug.

Eine andere Art und Weise, das Thema Safer Sex anzusprechen und dabei gleichzeitig die Flammen des Begehrens weiter anzufachen, besteht darin, den Partner wissen zu lassen, *wie sehr er Sie anzieht und erregt*. Schon in den frühen Phasen des Vorspiels können Sie ihm ins Ohr flüstern: »Du machst mich so heiß, dass ich bestimmt gleich hemmungslos über deinen Körper herfallen werde. Haben wir eigentlich Verhütungsmittel? Wer weiß, ob es sonst nicht gleich zu spät dafür ist.« Oder: »Wir können ja bei Safer Sex bleiben, bis wir mal über unsere sexuelle Vergangenheit gesprochen haben.« Oder Sie versuchen es auf eine lustige, spielerische Art, so wie Brigitte, die ihrem neuen Liebhaber eröffnete: »Schatz, ich will gerade alles von dir – außer deinen Glibber, also nimm bitte ein Kondom.«

Es kann auch sehr hilfreich sein, *die erotische Konversation am Laufen zu halten, während Sie mit den Verhütungsmitteln zugange sind*. Wenn die Kommunikation sexy ist, während Sie sich auf Safer Sex vorbereiten, steigert sie unter Umständen sogar das Verlangen. Muss zum Beispiel einer von Ihnen aufstehen, um ein Kondom, ein spermizides Zäpfchen oder ein Dental Dam zu holen, kann der andere beschreiben, wie gern er den nackten Körper des Partners durch den Raum gehen sieht und wie sehr er sich darauf freut, ihn wieder ganz nah zu spüren. Sie können solche Gefühle zum Beispiel zu erkennen geben, indem Sie sagen: »Ich finde es toll, wie sich dein Arsch bewegt, wenn du gehst« oder »Schatz, beeil dich, ich sehne mich so nach deiner Zunge«, oder »Komm schnell wieder her, damit ich meine Lust an deinem hinreißenden Körper austoben kann!«

Eine andere Möglichkeit, den Umgang mit Verhütungsmitteln zu einer erregenden Angelegenheit zu machen, besteht darin, *dem Partner dabei Hilfe anzubieten oder um seine Hilfe zu bitten*. Statt also ungeduldig darauf zu warten, dass er endlich mit dem Kondom zu Rande kommt, könnten Sie ihm sagen: »Schatz, ich will dich so schnell wie möglich in mir spüren! Komm, ich helfe dir mit dem Kondom.« Oder Sie könnten Ihren Partner bitten, Ihnen beim Einführen des Diaphragmas bzw. dem Auftragen des Verhütungsgels zu helfen, indem Sie sagen: »Ich bin so aufgeregt, ich kann mich hierauf gar nicht konzentrieren. Kannst du mir gerade helfen?«

Wenn der Geschmack und der Geruch Ihres Partners zu Ihrer sexuellen Erregung beiträgt, stört es Sie vielleicht, dass Dental Dams und Kondome oft stark nach Gummi riechen. Es ist aber möglich, oralen Safer Sex zu haben, ohne auf den Geruch oder Geschmack des Partners verzichten zu müssen. Man muss dazu nur *die Verhütungsmittel und Sexspielzeuge mit Worten und Taten personalisieren.*

Bevor Sie das Kondom oder den Dental Dam benutzen, reiben Sie damit über den Körper Ihres Partners, aber nur an solchen Stellen, wo keine Körperflüssigkeit austreten kann, die möglicherweise das Aids-Virus enthält. Während Sie dies tun, erklären Sie Ihrem Partner oder ihrer Partnerin, warum. Sagen Sie ihr: »Ich reibe mit diesem Ding über deine Haut, damit es gleich nach dir schmeckt.« Oder fragen Sie ihn: »Weißt du, warum ich dich hier unter den Armen und hier zwischen den Schenkeln mit diesem Kondom streichle? Damit ich gleich, wenn ich es dir überziehe, diesen erotischen, moschusartigen Geschmack genießen kann, während ich an dir lutsche.«

Wenn Sie beim Oralsex in der passiven Rolle sind, können Sie Ihre Lust noch steigern, indem Sie sich auf die Wärme im Mund Ihres Partners konzentrieren, die Sie durch das Kondom oder den Dental Dam hindurch spüren. Stellen Sie sich den Atem Ihres Partners so heiß und sexy vor, dass womöglich gar das Latex schmelzen könnte. Ja, stellen Sie sich vor, das Latex würde tatsächlich schmelzen, bis nur noch eine ganz dünne Schicht davon übrig wäre, die Ihnen sowohl Schutz bietet, als auch sinnliches Genießen ermöglicht. Jetzt können Sie damit anfangen, Ihrem Partner erotisches Feedback zu geben: »Ich spüre die Hitze deines Mundes, und es tut so guuuut!« oder: »Was du da mit deiner Zunge machst, jagt mir Energiewellen durch den ganzen Körper« oder »Oh, du hast meine magische Zone gefunden, bitte press hier noch fester!«

Wenn Sie schon länger mit Ihrem Partner zusammen sind und sich wohl dabei fühlen, miteinander über sexuelle Phantasien zu sprechen, dann können Sie auch die Gelegenheit nutzen und *eine erotische Phantasie entwickeln, die mit Safer Sex und Verhütung zu tun hat.* Sie können sich zum Beispiel vorstellen, Sie beide wären Teenager und wollten zum ersten Mal in einem geparkten Auto Sex haben. Dabei kämpfen Sie mit einem Kondom, weil Sie ja kein Kind wollen. Versuchen Sie, etwas von der Gier, die frühe Sexualerfahrungen so unvergesslich macht, etwas von der Unschuld und dem Staunen in die heutige Situation zu übertragen. Sie könnten zum Beispiel sagen: »Schatz, ich habe Angst. Ich bin noch nie so weit gegangen, aber zum Glück habe ich ein Kondom, denn aufhören könnte ich jetzt wirklich nicht mehr.« Oder: »Für mich ist es auch das erste Mal, aber ich möchte, dass wir uns dabei beide sicher fühlen und dass es etwas ganz Besonderes wird.«

Wenn Sie schon eine Weile liiert sind und gerne Spiele um Dominanz und Unterwerfung spielen, finden Sie es vielleicht reizvoll, ein Gespräch über Safer Sex in Form eines erotischen Machtspiels zu spielen. Aber tun Sie dies nur, wenn Sie mit den Regeln vertraut sind, die bei solchen Spielen körperliche und emotionale Sicherheit garantieren. (Siehe auch Kapitel 10, »Worte der Dominanz und Unterwerfung«.)

Wenn Sie in der Stimmung sind, die Situation zu kontrollieren, können Sie zu Ihrem Partner sagen: »Ich will, dass du jetzt ganz langsam dieses Kondom überziehst, während ich jede deiner Bewegungen beobachte. Und hinterher kommst du hierher, damit ich kontrollieren kann, ob du es auch richtig gemacht hast.« Oder, wenn Sie eher das Bedürfnis haben, sich Ihrem Partner auszuliefern, als ihn zu beherrschen, können sie sagen: »Bitte, Herr (oder Herrin), sag mir (oder zeig mir), welche Sicherheitsvorkehrungen ich zu deinem Vergnügen treffen soll.«

Besserer »outercourse« mit erotischem Sprechen

Die Sextherapeutin Lonnie Barbach hat den Terminus »outercourse« als Bezeichnung für alle Formen der körperlichen Liebe populär gemacht, die keine orale, anale oder genitale Penetration beinhalten.[4] Solche Formen erotischen Kontakts ermöglichen Ihnen gemeinsame sexuelle Lust, ohne dass Sie sich über Kondome oder einen sonstigen Schutz vor Krankheiten oder Schwangerschaft Gedanken machen müssten. Es entspricht der Erfahrung etlicher Männer und Frauen, dass man länger Spaß am Sex haben kann, wenn man sich auch anderen erogenen Zonen als den Genitalien widmet und wenn man Hände, Finger, Füße und Zehen kreativ einbezieht. Viele Körperteile lassen sich in hohem Maße erotisch sensibilisieren, etwa die Brustknospen, die Ohren und der Nacken. Manche Leute können durch Reizung dieser Zonen sogar zum Orgasmus gebracht werden.

Die einzige Form genitalen Kontakts, die Barbach als Form von outercourse ansieht, ist die gegenseitige Masturbation. Es ist eine ziemlich risikolose Art des sexuellen Spiels, auch ohne Verhütungs- und Krankheitsschutz (siehe Anhang A über entsprechende Vorsichtsmaßnahmen), und sie birgt noch andere Vorteile. Viele Frauen kommen auf diese Art und Weise leichter zum Orgasmus, und manche Männer sind ebenfalls dankbar für eine solche Alternative, da sie dann nicht unter dem Druck stehen, die Erektion lange aufrecht erhalten zu müssen. Aber da es in diesem Buch um Formen erotischen Sprechens geht und nicht um Sexualtechniken, soll im Folgenden dargelegt werden, wie die verschiedenen Formen des ›outercourse‹ besonders erregend gestaltet werden können.

---

4 *Laut Barbach wurde der Begriff erstmals in den frühen 70er Jahren von Therapeuten des University of California Medical Center, San Francisco, geprägt.*

Sich selbst eine Freude bereiten – und dabei nicht allein sein

Viele Leute finden es sehr viel prekärer, vor den Augen ihres Partners zu masturbieren, als mit ihm zu schlafen – und das hat einen guten Grund. Selbstbefriedigung, eigentlich ein ganz natürlicher Akt, ist gesellschaftlich stigmatisiert. Als Kind sind Sie vielleicht davor gewarnt worden, dass, wer Hand an sich legt, Warzen bekommt und womöglich blind oder unfruchtbar wird. Und später mussten Sie sich mit der weit verbreiteten kulturellen Ansicht abfinden, dass Masturbation die letzte Zuflucht für Loser und sozial gescheiterte Existenzen ist, die keinen Sexualpartner abbekommen haben. In unserer Gesellschaft geben Männer und Frauen mit ihren sexuellen Eroberungen und den großartigen Abenteuern an, die sie angeblich im Bett erlebt haben, aber niemand stellt seine Talente beim Masturbieren in den Vordergrund oder spricht darüber, wie viel Spaß es macht – es sei denn, es ist als Witz gemeint.

Wenn Sie also zum ersten Mal in Gegenwart Ihres Partners masturbieren, seien Sie ruhig nachsichtig mit sich selbst. Wenn Sie schüchtern sind, darf Ihr Partner das ruhig wissen. So geben Sie ihm auch die Gelegenheit, Sie bei diesem Akt liebevoll zu unterstützen. Um solche Anteilnahme und Unterstützung zu wissen, kann emotional sehr wohl tun. Und außerdem ist Masturbation eine gute Möglichkeit, Ihrem Partner zu zeigen, auf welche Art und Weise Sie gern gestreichelt und liebkost werden.

Wenn Sie hingegen selbst in der passiven Rolle sind, dann ist es sehr wichtig, dass Sie Ihrem Partner Mut machen und ihm verdeutlichen, dass Sie ihn lieben und für ihn da sind. Versichern Sie ihm, dass Sie es sehr aufregend finden, ihm zuzuschauen, dass es Sie antörnt zu sehen, wie er sich selbst erregt, oder dass Sie den Körper ihrer Partnerin schön finden. Sie können sie in den Arm nehmen, während sie es sich selbst macht, aber Sie sollten ihr nicht dabei helfen. Sonst würde die Versuchung, doch wieder auf die gewohnte Weise zusammen zu schlafen, zu groß, und Sie würden der Schüchternheit und Verletzlichkeit, die möglicherweise entsteht, lediglich aus dem Weg gehen. Wichtig ist also, immer daran zu denken, dass Sie Ihrem Partner lediglich verbal Gesellschaft leisten sollen. Sie können beispielsweise mit Worten beschreiben, was Ihr Partner tut und wie es auf Sie wirkt:

- »Wie du deinen Daumen und Zeigefinger da am Rand bewegst, das sieht sehr schön aus. Ich frage mich, wie es wäre, wenn ich das mit meiner Zunge machen würde.«
- »Wenn ich deine Brustwarzen so hart werden sehe, während du es dir selbst machst, dann würde ich sie am liebsten küssen.«
- »Ich liebe es, wie du aussiehst, wenn du dich selbst erregst. Es macht mich total an!«

Vielleicht können Sie Ihren Partner sogar noch mehr erregen, indem Sie ihm bestimmte Anweisungen geben, zum Beispiel:

- »Ich möchte gerne, dass du dich selbst unten ganz langsam und ganz zart streichelst, von unten nach oben.«
- »Ich möchte gerne, dass du deine Beine breit machst, damit ich das schöne Violett deiner inneren Schamlippen sehen kann. Und dann will ich, dass du mit den Fingern um deinen süßen kleinen Kitzler kreist.«
- »Ich möchte gerne, dass du mir in die Augen siehst, während du es dir machst.«

Wenn Sie merken, dass Ihr Partner hierbei in Verlegenheit gerät oder sich schämt, dann gestehen Sie ihm diese Gefühle zu und versichern Sie ihm Ihre Liebe und Zuneigung. Zeigen Sie ihm, dass Sie zu ihm stehen, indem Sie etwa sagen:

- »Ich weiß, das ist jetzt nicht leicht für dich. Aber es bedeutet mir wirklich sehr viel, dass du mir so viel Vertrauen entgegenbringst. Und es macht mich wirklich richtig geil, dich so zu sehen!«

Viele Paare, die sich einander auf diese Weise geöffnet haben, haben festgestellt, dass die erotische Bindung zwischen ihnen dadurch viel stärker geworden ist, und oft hat es auch dem eigenen Selbstwertgefühl gut getan. Wenn also Selbstbefriedigung etwas ist, was Sie noch nicht mit Ihrem Partner zusammen erlebt haben, möchte ich Sie ausdrücklich dazu ermuntern. Aber vergessen Sie nicht, wie wichtig es ist, dass Sie Ihrem Partner Mut machen, wenn Sie in der unterstützenden Rolle sind, dass Sie Ihre Zuneigung und Liebe, aber auch Ihre Erregtheit in Worte fassen.

Tanzen, Strippen und Voyeurismus – Worte der Lust und die Lust des Auges

Wenn Sie sich einmal damit vertraut gemacht haben, wie angenehm es sein kann, einander bei der Selbstbefriedigung erotisch zuzusprechen, möchten Sie vielleicht noch abenteuerlichere Erfahrungen machen. Zu tanzen, zu strippen und vor den Augen des anderen erotisch mit dem eigenen Körper zu spielen, während der Zuschauende sich selbst zum Orgasmus bringt, kann nicht nur extrem aufregend sein, sondern ist auch ein sehr sicheres Sexspiel.

In der Rolle des Voyeurs können Sie Ihren Partner zum Beispiel wie folgt anweisen: »Ich möchte, dass du jetzt für mich strippst. Mach es ganz langsam, so dass ich jeden weiteren Zentimeter deines Körpers, den du für mich enthüllst, genießen kann. ... Mmmmm, das ist so schön! Jetzt dreh dich um und bück dich, damit ich deinen prächtigen Arsch sehen kann. Ich werde dich mit den Augen verschlingen und mich dabei selbst streicheln.«

In der anderen Rolle können Sie die verbale Leitung zum Beispiel so übernehmen: »Gefällt es dir, wenn ich meinen Körper so bewege wie jetzt? Hättest du nicht Lust, mich hier zu berühren ... und hier ... und hier? Oh, ich mag es so gern, wie du mich jetzt ansiehst, das regt mich total auf!«

Erotische Sprache und erotisches Reiben

Eine weitere supersichere und zugleich sexy Möglichkeit, sich selbst und den Partner zu erregen, nennt sich »sinnliches Reiben«.

Solange ein Kleidungsstück oder ein Kondom vor direktem Hautkontakt schützt, können Sie direkt die Genitalien Ihres Partners reiben. Es geht aber auch, wenn Sie nackt sind und kein Kondom haben, doch dann sollten Sie darauf achten, dass der Körperkontakt an einer risikolosen Stelle stattfindet, also etwa auf dem Oberschenkel oder zwischen den Brüsten.

Vielleicht möchten Sie ja Ihrem Partner oder Ihrer Partnerin sagen, dass Sie Lust hätten, ein paar kreative Dinge auszuprobieren, zum Beispiel so: »Ich würde gern meinen Schwanz zwischen deine Brüste legen, während du sie langsam mit den Händen zusammendrückst.«

Oder: »Ich frage mich, wie es sich wohl anfühlt, wenn du mich hier mit deinem großen Zeh reiben würdest ...«

Oder: »Hättest du Lust, auf meinem Knie zu reiten?«

Durch die Erregung nicht-genitaler Körperzonen zum Orgasmus kommen

Aufgrund unserer sexuellen Konditionierung und der Diktate unserer Kultur glauben die meisten Menschen, man bräuchte unbedingt Genitalkontakt, um zum Orgasmus zu kommen – so sehr man auch durch nicht-genitale Küsse und andere Zärtlichkeiten erregt werden kann. Aber die Sexexpertin Kathryn Grosz, von der das Video »The Art of Extended Orgasm for Men and Women« stammt und die Geschäftsführerin des National Sexuality Symposium ist, meint, jeder Körperteil lasse sich sexualisieren und könne so weit trainiert werden, dass durch seine Erregung die betreffende Person zum Orgasmus gebracht werden kann. Im Selbstversuch hat sie inzwischen empirische Belege für ihre Theorie gefunden:

»Ich entschloss mich dazu, das Experiment mit meinen Brustwarzen durchzuführen. Obwohl die Brustwarzen bei vielen Frauen erogen sind, waren meine nie besonders empfindlich, also dachte ich, sie wären ein guter Ausgangspunkt. Zwanzig Minuten lang massierte ich kontinuierlich meine linke Brustwarze, während mein

Partner mit Unterbrechungen meine Klitoris rieb. Was mir dabei auffiel, war, dass sich meine Erregung weiter steigerte, auch wenn er mich gerade nicht berührte, bis ich schließlich einen Orgasmus bekam. Bereits nach dieser einen zwanzigminütigen Sitzung war ich in der Lage, allein durch die Reizung meiner linken Brustwarze einen Orgasmus zu bekommen!

Als Nächstes versuchte ich, meine rechte Brustwarze erotisch zu bearbeiten, während ich mit meinem Partner schlief. Es war wieder dasselbe: Auch wenn seine Stöße nachließen, steigerte sich die sexuelle Energie in meiner Vagina immer mehr, solange ich nur meine rechte Brustknospe rieb – bis ich schließlich einen Orgasmus bekam. Seither bekomme ich immer einen Klitorisorgasmus, wenn mein Partner an meiner linken Brustkwarze saugt oder sie streichelt, und bei der rechten bringt es mich oft zum Vaginalorgasmus. Genauso kann man meines Erachtens jedwede Körperzone daraufhin trainieren, einen Orgasmus auszulösen – sogar die Knie, Ellbogen und die Nasenspitze.« (Schlagen Sie bei den Quellenangaben nach, wenn Sie weitere Informationen über diese Technik finden möchten.)

Was würde passieren, wenn wir assoziative Verbindungen zwischen unseren Geschlechtsorganen und anderen Körperteilen schaffen könnten, so dass wir durch deren Reizung ebenfalls zum Orgasmus kämen? Stellen Sie sich vor, wie einfach, spontan und sicher wir unserem Partner zu einem Lusterlebnis verhelfen könnten oder uns selbst ein solches bescheren lassen könnten – sogar in der Öffentlichkeit! Die Hände streicheln, am Ohrläppchen knabbern, die Nase im Nacken des Partners vergraben – all dies könnten vollwertige, sexuell befriedigende Aktivitäten sein!

Vielleicht haben Sie Lust bekommen, auch selbst einmal mit dieser interessanten Methode zu experimentieren. Hier ein Vorschlag, der Ihnen und Ihrem Partner vielleicht den Einstieg erleichtert beziehungsweise die Erfahrung sogar noch intensiver macht:

Er: »Schatz, spiel einfach weiter mit deiner Brustknospe, während ich dich langsam streichle, so wie jetzt ... oder möchtest du lieber ein bisschen schneller, etwa so? Mmmm, ich spüre, wie die Erregung deinen ganzen Körper durchläuft. Bleib weiter mit den Fingern an deiner Brustknospe, während ich einen Moment lang nichts tue und dir nur in die Augen sehe. Ich möchte deine Lust sehen.« (Beobachtet sie und setzt wieder ein) »Spürst du die Leidenschaft in meinen Fingerspitzen, wenn ich dich jetzt immer heftiger und schneller streichle? Drück jetzt deine Brustknospe noch etwas fester, während ich dich hier küsse ...«

Sie sollten sich für diese Übung etwa eine halbe Stunde Zeit nehmen und dabei alle fünf Minuten den Genitalkontakt unterbrechen – den erotischen Dialog und die Reizung der Brustknospen aber natürlich weiterführen. Möglicherweise benötigen Sie drei oder vier Sitzungen, bevor die neurale Verbindung zwischen den Brustknospen und den Genitalien stark genug ist, um allein durch die Reizung der Brustknospen einen Orgasmus zu bekommen. Eine andere Methode sieht so aus, dass einer der Partner masturbiert, während der andere bei ihm jenes Körperteil stimuliert, das er für den Orgasmus konditionieren will. Das Experiment können Sie beispielsweise mit folgenden Sätzen verbal unterstützen:

»Ich möchte gerne, dass du mir deinen Arm gibst, während du dich selbst streichelst, so dass ich sanft mit den Fingern über diese sensible Stelle in der Beuge deines Ellenbogens streichen kann ... hier! Fühlt sich das gut an? Ich mag es, wie du gerade die Hüften bewegst. Das macht mich richtig an.

Leg jetzt deine Hand zur Seite und achte darauf, wie die Elektrizität aus meinen Fingern von deinem Arm aus in deine Schenkel und dein Geschlecht strömt. Stell dir vor, ich würde dich dort lecken! Jetzt fang wieder an, es dir selbst zu machen und stell dir vor, diese Stelle in der Beuge deines Ellbogens sei etwas ganz Intimes, Privates, eine Stelle, die noch nie zuvor so berührt worden ist.

Und jetzt stell dir vor, dass die Stelle, wo ich dich jetzt berühre, langsam aufgeht, so dass ich tief in dein Inneres eindringen kann. Genau so, Liebling ... ich will, dass du dich überall, wo ich dich berühre, ganz für mich öffnest.«

Die Freuden des Safer Sex ohne Zielvorgabe

So viel Spaß es auch machen kann, neue Möglichkeiten auszuprobieren, zum Orgasmus zu kommen, zumal, wenn diese Möglichkeiten auch noch absolut »safe« sind – Sex ohne Orgasmus als Zielvorgabe kann in anderer Hinsicht befriedigend sein. Manchmal kann die Nähe, die Vertrautheit und die Intimität, die zwischen den Partnern entsteht, wenn sie sich gegenseitig erregen, sogar wichtiger sein als die körperliche Erleichterung. Wenn es in Ordnung ist, keinen Orgasmus zu bekommen, nimmt das viel von dem Druck weg, der oft dazu führt, dass Männer plötzlich impotent sind und Frauen Orgasmusschwierigkeiten haben. Das gilt besonders für Partner, die in sexueller Hinsicht gerade die ersten gemeinsamen Schritte unternehmen und den Körper des anderen gerade erst kennen lernen. Aber sogar Liebende, die sich schon sehr lange kennen, können es von Zeit zu Zeit genießen, einander erotisch zu liebkosen, ohne zum Höhepunkt zu kommen: wenn sie zum Beispiel erschöpft sind oder gerade hauptsächlich menschliche Wärme und emotionale Nähe suchen. Wenn Sie gerade einfach gern mit Ihrem Partner zusammen sind, dann brauchen Sie nicht unbedingt einen Orgasmus, um ihm zu zeigen, dass Sie seine Zärtlichkeiten genießen. Sie können beispielsweise auch sagen:

- »Dass du mich so verwöhnst, gibt mir ein ganz wunderbares Gefühl.«
- »Ich bin so froh, dass wir uns zusammen so entspannen können.«
- »Ich genieße deine Berührung so sehr, bitte hör nicht auf, mich so zu streicheln.«
- »Danke, Liebling, dass du dir so viel Zeit nimmst, meinen Körper kennen zu lernen. Das gibt mir sehr viel Sicherheit und macht es mir auch viel leichter, auf deine Berührungen zu reagieren.«

Sie sehen: Heißer, leidenschaftlicher Safer Sex ist durchaus möglich, wenn Sie den erotischen Dialog bei den Vorbereitungen nicht versiegen lassen und bereit sind, sich auf einige outercourse-Abenteuer einzulassen. An späterer Stelle werden wir uns auch noch damit beschäftigen, wie man leidenschaftlichen Sex mit lüsternen Wortspielen verbinden kann, etwa mit gemeinsamen Phantasien oder erotischen Machtspielen.

Im Folgenden werden Sie aber zunächst die Möglichkeit haben herauszufinden, welche Arten erotischen Sprechens *Sie persönlich* am meisten erregen. Und es wird darum gehen, wie Sie Ihre Reaktionen optimal auf die sinnlichen Worte Ihres Partners abstimmen, so dass Sie Worte bald ebenso erotisch finden werden wie Berührungen.

Teil drei:

Die hohe Kunst

6. Für Worte sensibel werden: Übungen zur Einstimmung für Singles und Paare

Stellen Sie sich vor, es ist Ihr Geburstag, und Sie haben einen sensiblen, talentierten und ungehemmten neuen Lover, der zu Ihnen sagt: »Diesen ganzen Tag lang will ich mich deiner sinnlichen Lust widmen, also sag mir, was du erregend findest, was dich in sexuelle Hochstimmung versetzt.« Wüssten Sie, ob Sie zuerst langsam und leicht im Gesicht und Nacken gestreichelt werden möchten oder lieber warm hinter die Ohren geküsst? Oder wie eine kräftige, entspannende Ganzkörpermassage bei Ihnen ankommen würde? Wüssten Sie, wo Ihre erogenen Zonen sich befinden – an der Unterseite der Arme, in den Kniekehlen? Und wüssten Sie, ob Ihr Partner Ihre einmal entfachte Leidenschaft am besten mit Mund und Zunge, mit den Fingern oder mit den Genitalien befriedigt?

Ich würde tippen, dass Sie all das durchaus wüssten, falls Sie nicht sexuell ganz unerfahren sind. Vermutlich haben Sie eine recht präzise Vorstellung davon, was Sie körperlich erregt, welche Art von Vorspiel Sie am liebsten mögen und welche Sexualtechniken Ihre Leidenschaft am ehesten entfesseln oder intensivieren. Und wenn nicht, dann gibt es jede Menge hervorragender Bücher zu kaufen, die bis ins kleinste Detail beschreiben, wie Sie herausfinden, welche Art von Sexspiel Ihnen persönlich am meisten Lust bereitet (siehe die Quellenangaben am Ende dieses Buches).

Aber wenn derselbe imaginäre Lover Sie fragen würde: »Wie möchtest du, dass ich zu dir spreche, während ich dich liebe?«, wüssten Sie dann auch noch, was Sie am liebsten hätten? Sollte er Ihnen versichern, dass er Sie tief und innig liebt und dass Sie ihm viel bedeuten? Sollte er Ihnen eine neckische Beschreibung davon geben, wie er bald über Ihren Körper herfallen wird? Sollte er Ihnen Befehle geben und verlangen, dass Sie ihm auf den kleinsten Wink hin gehorchen? Möchten Sie zärtliche und liebevolle Worte hören, spielerische Kindersprache oder eine Bettgeschichte? Oder falls Sie sich einen Liebhaber wünschen, der schmutzige Phantasien hat, möchten Sie seine verruchten Worte dann bereits in den frühen Phasen des Vorspiels hören oder erst inmitten des Feuers wilder Leidenschaft?

Wie reagieren Sie auf lustvolles Sprechen?

Auch wenn Sie im Moment keine Beziehung haben, können Sie eine ganze Menge darüber herausfinden, wie Sie auf lustvolle Worte reagieren: indem Sie darauf achten, von welchen Worten, Sätzen, Klängen und von welcher Art von Stimme Sie sich angemacht fühlen. Vielleicht erinnern Sie sich an ein paar Zeilen eines Schauspielers in einem Film oder Theaterstück, bei denen Ihnen ganz heiß geworden ist. Oder vielleicht haben Sie schon einmal einen sexuellen Energiestoß empfunden, während Sie ein vertrauliches Gespräch zweier Liebender in einem Restaurant belauscht haben.

Vielleicht reagieren Sie auch erotisch auf einen geschriebenen Text, ein Gedicht zum Beispiel, oder auf ein Lied im Radio. Bill, einer meiner Schüler, hat im Autoradio einmal eine Frau singen hören, wie aufregend sie es fände, in den Augen ihres Liebhabers sein Verlangen nach ihr zu sehen. Bill war dabei seinerseits ganz erregt von der Leidenschaft und der Vertraulichkeit in ihrer Stimme und auch von der Botschaft des Liedes. Ihm wurde klar, dass es auch für ihn sehr lustvoll wäre, wenn seine Geliebte ihm beschreiben würde, was sie beim Blick in seine Augen empfindet.

Machen Sie sich nicht zu viele Gedanken darüber, wo die Sätze herkommen, die Sie erregend finden. Selbst wenn sie von jemandem stammen, den Sie sich nicht gerade als Sexualpartner oder Liebhaber ausgesucht hätten, sollten Sie sich die Sätze merken. Mehr noch, schreiben Sie sie am besten sogar auf. Es geht ja nicht darum, direkt darauf zu reagieren, sondern sie lediglich festzuhalten. Vielleicht inspiriert Sie einer davon ja später einmal, wenn Sie mit Ihrem Partner zusammen selbst erotische Phantasien entwickeln. Rechnen Sie aber auch damit, dass einige der Ausdrücke, von denen Sie sich angemacht fühlen, vielleicht nicht unbedingt dem entsprechen, was Sie sich unter erotischem Sprechen vorstellen, dass sie vielleicht auch nicht zu der Person passen, die Sie selbst in sexueller Hinsicht sind.

Laura beispielsweise, ebenfalls Schülerin in einem meiner Kurse zum erotischen Sprechen, war selbst überrascht davon, wie sie auf eine Verführungsszene in dem Film *Ein unmoralisches Angebot* reagierte: »Ich dachte immer, ich würde eher solche Männer mögen, die verbal aggressiv mit mir umspringen, und dass ich es abtörnend fände, wenn mein Lover sich zu sehr darum kümmern würde, wie mir der Sex gefällt.

Aber hier sagte nun Robert Redford zu einer ziemlich ängstlichen und in die Enge getriebenen Demi Moore: ›Mach dir keine Sorgen, es wird nichts geschehen, was du nicht auch selbst willst.‹ Bei diesen Worten knisterten überall in meinem Körper elektrische Funken! Mit diesem einen Satz hat er gleichzeitig gezeigt, dass er sensibel für ihre Bedürfnisse ist und dass er sich seiner Fähigkeiten als Liebhaber sicher ist. Das hat bei mir voll ins Schwarze getroffen!«

Sich an frühere Situationen erinnern, in denen erotisches Sprechen wichtig war

Eine andere Möglichkeit, sich zu vergegenwärtigen, welche Art von erotischem Sprechen auf Sie selbst besonders erotisierend wirkt, besteht darin, sich frühere sinnliche Erfahrungen in Erinnerung zu rufen, bei denen Worte eine wichtige Rolle spielten. Wenn Ihnen das leicht fällt, dann schließen Sie jetzt am besten für einen Moment die Augen und schwelgen in den wundervollen Erinnerungen an die erregenden Worte bzw. den Tonfall Ihres Partners. Und denken Sie daran, dass es nicht unbedingt eine Erinnerung an einen tatsächlichen Liebesakt sein muss. Vielleicht hat etwas, was Ihr Partner im Restaurant zu Ihnen sagte oder Ihnen im Kino ins

Ohr flüsterte, Ihren Puls schneller schlagen lassen. Oder vielleicht hat die Art und Weise, wie er Ihnen am Telefon eine gute Nacht wünschte, in Ihnen die Sehnsucht nach seiner Berührung geweckt. Vergegenwärtigen Sie sich diese Erinnerungen, genießen Sie es, sie auf diese Weise erneut zu erleben, und blättern Sie dann vor bis zu dem Abschnitt »Ihr erotisches Reaktionsprofil«.

Wenn es Ihnen hingegen eher schwer fällt, solche Erinnerungen wachzurufen, wird vielleicht die folgende Übung hilfreich für Sie sein. In ihr geht es darum, wie sich die mit solchen Erinnerungen verbundenen angenehmen Gefühle willentlich evozieren lassen.

Suchen Sie sich ein Plätzchen, wo Sie mindestens eine halbe Stunde lang ungestört bleiben können. Es sollte ein Ort sein, wo Sie sich entspannt fühlen und potenziell sinnliche Gefühle entwickeln können, also etwa Ihr Schlafzimmer, ein warmes, gemütliches Wohnzimmer, ein sonniger Hof oder Garten. Außerdem brauchen Sie eine bequeme Fläche, auf der Sie sitzen oder liegen können, einen Stift und einen Notizblock sowie möglichst auch einen Kassettenrekorder.

Lesen Sie sich die folgenden Anweisungen selbst laut vor, bevor Sie mit der Übung anfangen. Wenn Sie einen Kassettenrekorder haben, können Sie sie auch aufnehmen und sie während der Übungen wieder abspielen. Lesen Sie langsam und machen Sie Pausen, um reagieren zu können.

Die richtige Grundstimmung schaffen: (Lassen Sie sich mindestens zehn Minuten Zeit für jeden Teil der Übung.) Legen Sie das Buch hin und machen Sie es sich in einem Sessel oder auf dem Bett bequem. Achten Sie darauf, wie sich Ihre Füße auf dem Boden anfühlen, wenn Sie sitzen, beziehungsweise wie Ihr Körper sich im Kontakt mit der Oberfläche, auf der Sie liegen, anfühlt. Nehmen Sie diese Berührung so gut wie möglich wahr. Wenn Sie irgendwo eine Anspannung oder ein verkrampftes Gefühl bemerken, versuchen Sie nicht bewusst, sich dort zu entspannen, sondern richten Sie lediglich Ihre ganze Aufmerksamkeit auf diese Körperzone. Gestehen Sie sich die Verspannung ein, und wenden Sie sich ihr liebevoll zu. Schon allein, dass Sie Ihre Aufmerksamkeit darauf richten, wird zur Lockerung beitragen.

Achten Sie nun eine Weile auf Ihre Atmung – ohne bewusst etwas daran zu verändern. Wenn Sie feststellen, dass Ihre Lungen mehr Sauerstoff benötigen, wird schon die Tatsache, dass Sie sich dessen bewusst geworden sind, dazu führen, dass Sie automatisch tiefer durchatmen.

Wenn Sie auf diese Art und Weise mit Ihrem ganzen Körper in Kontakt getreten sind, konzentrieren Sie sich als Nächstes auf die Mitte Ihres Brustkorbs. Stellen Sie sich diesen Punkt als Ihre Ausgangsbasis, sozusagen Ihre »Erdung«, vor, als jenen Teil des Körpers, auf den Sie sich am Anfang und am Ende dieser Übung konzentrieren.

TEIL 1: Beginnen Sie damit, aus jenem Teil Ihres Bewusstseins, der die Erinnerungen enthält (manchmal »das Unbewusste« genannt), eine Situation hervorzuholen, in der Sie auf nichtsexuelle Weise mit einem Liebespartner oder jemandem, den Sie als Liebespartner begehrten, zusammen waren – sowie etwas, was er oder sie gesagt und damit Ihr sexuelles Verlangen geweckt hat. Lassen Sie diese Erinnerung so sinnlich konkret wie möglich werden. Wo sind Sie in dem Moment? Mit wem sind Sie zusammen? Wie sieht er oder sie aus? Wie hört sich seine oder ihre Stimme an? Was sagt er oder sie genau? Was für ein Gefühl haben Sie jetzt? Erinnern Sie sich noch an andere Sinneswahrnehmungen, etwa einen bestimmten Geschmack oder Geruch?

Wenn Sie ganz in der Vergegenwärtigung jener Erinnerung aufgehen, pressen Sie Ihren rechten Daumen zehn Sekunden lang fest, aber nicht so fest, dass es weh tut, in die Beuge Ihres linken Ellbogens. (In der Neurolinguistischen Prozessarbeit wird diese Technik »Verankerung« genannt. Sie wird Ihnen helfen, das Gefühl zu einem späteren Zeitpunkt noch einmal heraufzubeschwören.) Lassen Sie jetzt die Szene vor Ihrem inneren Auge verblassen wie auf einem alten Fernsehbildschirm, bei dem das Bild langsam grau wird. (Wenn Sie möchten, können Sie die Übung noch einmal machen und dabei an eine andere Situation mit demselben oder einem anderen Partner denken.)

TEIL 2: Beschwören Sie eine weitere Erinnerung aus Ihrem Unbewussten herauf: wie Sie und Ihr Partner sich in den frühen Phasen des Vorspiels geküsst und liebkost haben, bis plötzlich ein einzelnes Wort, ein Satz oder ein nonverbaler Laut, den Ihr Partner hervorbrachte, Ihre ganze Leidenschaft entzündete. Wenn Sie Schwierigkeiten damit haben, sich an eine entsprechende Situation aus dem wirklichen Leben zu erinnern, dann suchen Sie in Ihrem Unbewussten nach einer Szene aus einem Film oder einer erotischen Kurzgeschichte, bei der Sie das Liebesgeflüster der beiden Partner aufregend fanden.

Was für Worte oder Laute waren das? Rufen Sie es sich in Erinnerung. Was für Gefühle lösen sie in Ihnen aus? Kosten Sie die Erinnerung eine Weile aus und behalten Sie sie im Hinterkopf. Verankern Sie dann wiederum die Erfahrung, indem Sie Ihren rechten Daumen zehn Sekunden lang auf das linke Handgelenk drücken. Lassen Sie nun auch diese Szene nach und nach verblassen. (Wenn Sie die Übung wiederholen möchten, denken Sie an eine ähnliche Situation mit demselben oder einem anderen Partner. Wenn nicht, machen Sie bei Teil 3 weiter.)

TEIL 3: Denken Sie nun an eine Situation zurück, in der Sie mitten in der Hitze der Leidenschaft ein paar Worte oder Laute aus dem Mund Ihres Partners vernahmen, die so erotisierend auf Sie wirkten, dass Sie einen Orgasmus bekamen. Lassen Sie die Erinnerung wieder in all Ihre Sinne vordringen.

Vergegenwärtigen Sie sich die visuellen, akustischen, Geruchs- und Geschackswahrnehmungen ebenso wie die Art und Weise Ihrer Berührungen. Auch hier können Sie, wenn Ihnen keine entsprechende Situation aus dem richtigen Leben einfällt, an ein Theaterstück, einen Film, ein Video oder eine erotische Geschichte denken, wo eine Figur etwas sagte, was Ihren Körper in heißen Wellen durchlief.

Öffnen Sie all Ihre Sinne für diese Situation, und achten Sie besonders darauf, was gesagt wurde bzw. welche Laute Ihnen zu Bewusstsein kamen. Verankern sie dann wieder die Erfahrung, indem Sie den rechten Daumen in die Mitte Ihrer linken Handfläche drücken. Danach können Sie sich nach und nach wieder mit der gegenwärtigen Situation vertraut machen, wieder den Kontakt Ihres Körpers mit dem Sessel, dem Bett oder einer anderen Unterlage wahrnehmen. Wenn Sie anfangen, wieder die Geräusche Ihrer Umwelt zu hören, können Sie nun langsam die Augen öffnen.

Ihr erotisches Reaktionsprofil

Nehmen Sie jetzt Ihren Stift zur Hand und schreiben Sie als Überschrift über eine leere Seite »Mein erotisches Reaktionsprofil«. Es geht hierbei natürlich genau genommen um Ihr sprachliches erotisches Reaktionsprofil. Teilen Sie die Seite in drei Spalten ein: »Nichtsexuelle Situationen«, »Vorspiel« und »Leidenschaftliches Liebesspiel«. Überlegen Sie, ob irgendeine der Szenen, an die Sie gerade zurückgedacht haben, sich als nichtsexuell einordnen lässt. Beschreiben Sie kurz die Situation und die Worte, die Sie dabei aufregend fanden. Wenn der Tonfall und die Stimme Ihres Partners dabei auch eine Rolle spielten, dann beschreiben Sie diese ebenfalls. Wenn Sie die obigen Übungen gemacht haben, Ihrem Gedächtnis jetzt aber noch einmal auf die Sprünge helfen müssen, können ihre Verankerungspunkte Ihnen dabei nützlich sein, sich die genauen Worte und Laute, die Sie aufregend fanden, noch einmal in Erinnerung zu rufen. Drücken Sie dazu nun einfach mit dem Finger in die Beuge Ihres linken Ellbogens.

Wenn eine Ihrer erotischen Erinnerungen Gedanken und Gefühle zum Inhalt hatte, die Ihr Partner während des Vorspiels in Worte fasste, ordnen Sie diese in die Vorspiel-Spalte ein. Allen, die die vorstehende Übung gemacht haben, wird nötigenfalls ein Druck auf das linke Handgelenk helfen, die Erinnerung neu aufleben zu lassen.

Schließlich können Sie nun diejenigen Erinnerungen, die sich um Worte, Sätze und Laute im Feuer der Leidenschaft drehten, in die Spalte »Leidenschaftliches Liebesspiel« einordnen. Falls Sie gerade die Übung gemacht haben: ein Druck in der Mitte der linken Handfläche genügt, und die Erinnerung wird Ihnen wieder lebhaft vor Augen stehen.

Was haben Sie nun daraus gelernt, dass Sie Ihre eigenen Reaktionen in Augenschein genommen haben? Sind es immer dieselben Worte und Sätze, die Sie erregen? Werden Sie zum Beispiel besonders von emphatischen und anfeuernden Ausrufen erregt wie zum Beispiel »Das fühlt sich phantastisch an«, »Oh, mehr, mehr!«, »Baby, du bist unglaublich!«, »Du bist ein großartiger Liebhaber«? Oder mögen Sie lieber Beschreibungen davon, wie sexy Ihr Partner Ihren Körper findet und welche Lüste er Ihnen gleich bereiten wird, stehen Sie also eher auf explizit sexuelle Ausdrücke? Mögen Sie vor allem die leicht scherzhaften oder ironischen Wendungen, nach dem Motto: »Na warte, gleich hab ich dich!« oder »Na, mal sehen, was ich jetzt mit dir anstellen werde«? Oder sind die Worte selbst gar nicht so wichtig, und es kommt vor allem auf den Tonfall an, in dem Ihr Partner zum Ausdruck bringt, dass er Sie begehrt?

Vielleicht stellen Sie auch fest, dass Ihre Vorlieben sehr davon abhängen, in welcher Phase des Liebesspiels Sie sich gerade befinden. Ganz am Anfang finden Sie es vielleicht am aufregendsten, wenn Ihr Partner Zärtlichkeit und Zuneigung ausdrückt, indem er zum Beispiel sagt: »Deine Gefühle sind mir sehr wichtig« oder »Zeig mir, wie ich dir ein richtig tolles Gefühl geben kann«, während Sie in einem späteren Stadium gern erotische Phantasien hören, die schließlich in explizit sexuelle Beschreibungen ausarten. Und vielleicht möchten Sie kurz vor dem Höhepunkt nur noch hören, wie Ihr Partner Ihren Namen ruft, oder »Ja!« und »Mehr!« und »Mach's mir!« und »Nicht aufhören!«

Oder aber es geht Ihnen wie Samantha, die eine ganz andere Erfahrung machte. In Teil 1 der Übung erinnerte sie sich daran, wie sie mit ihrem Liebhaber beim Abendessen saß, als er plötzlich ganz unverblümt sagte: »Ich will dich besitzen, in körperlicher, geistiger und jeder sonstigen Hinsicht.« Während sich jemand anders angesichts einer solchen Erklärung vielleicht panisch oder in die Enge getrieben gefühlt hätte, fand Samantha seine Worte sehr erregend. In Teil 2 erinnerte sie sich daran, wie ihr Collegefreund ihr in seinem Zimmer im Studentenwohnheim befohlen hatte, sich nackt auszuziehen. Und im dritten Teil der Übung war sie wieder mit dem besitzergreifenden Partner aus dem ersten Teil zusammen, der sie diesmal in höchste Erregung versetzte, indem er sagte: »Jetzt gehörst du ganz mir.« Samantha fiel auf, dass das gemeinsame an allen drei Szenarien eine Erfahrung des Beherrschtwerdens war. Obwohl sie nie Spiele um Dominanz und Unterwerfung gespielt hatte, wurde ihr klar, dass es sie sehr anmachte, von ihrem Partner verbal dominiert zu werden.

Evan, der schon wusste, dass er es sehr aufregend fand, wenn seine Freundin ihm ihre erotischen Phantasien erzählte, entdeckte irgendwann, dass eine ganz bestimmte Phantasie ihn immer am meisten erregte: »In Teil 1 erinnerte ich mich daran, wie ich mit meiner Freundin in einem Fahrstuhl vom vierzigsten Stock ins Erdgeschoss hinunterfuhr. Sie brachte ihren Mund ganz nah an mein Ohr und flüsterte: »›Unter meinem Kleid hab ich nichts an!‹ Ich wollte es gerade anheben, als der Fahrstuhl irgendwo zwischendurch anhielt und zwei weitere Passagiere zu uns in die Kabine kamen. Wir hatten uns gleich wieder akkomodiert, aber auf dem weiteren Weg nach unten flüsterte sie mir ständig Sachen ins Ohr wie: ›Ich will dich jetzt in mir spüren‹ und ›Es ist mir egal, ob jemand dabei zusieht.‹ Als wir das Erdgeschoss erreicht hatten, waren wir beide so angetörnt, dass wir unseren ursprünglichen Plan, zusammen essen zu gehen, fallen ließen und direkt nach Hause fuhren.«

In Teil 2 gab Evan sich einer Erinnerung daran hin, wie seine Freundin ihm erzählt hatte, sie würde einen Videofilm über die verschiedenen Techniken drehen, mit denen er sie erregte, und diesen Film dann auf einem Sextherapeuten-Kongress vorführen! Und in Teil 3 dachte er daran, wie sie Sex hatten und seine Freundin zu ihm sagte: »Wir müssen das hier immer weiter üben, denn damit treten wir später beim Talentwettbewerb im Bürgerzentrum auf.« Obwohl Evan schnell dahinterkam, dass all diese Erinnerungen eine exhibitionistische Komponente hatten, war er im wirklichen Leben ganz sicher nicht exhibitionistisch veranlagt. Aber darüber zu phantasieren, steigerte eindeutig seine Lust. (Wie Sie sich am besten mit Ihrem Partner darüber einigen, welche Ihrer Phantasien Sie ausleben und welche Sie rein verbal belassen möchten, wird detailliert in Kapitel 9 behandelt.)

Je mehr Sie darüber herausfinden, was Sie verbal anmacht, desto weniger sollten Sie überrascht sein, wenn es nicht den stereotypen Vorstellungen davon entspricht, was Männer und Frauen erotisch zu finden haben. Am Anfang eines meiner Kurse gab ein männlicher Teilnehmer einmal folgenden Kommentar ab: »Naja, ich glaube, die meisten Typen stehen vor allem auf die harten Sachen, während Frauen eher auf Liebeserklärungen und Treueschwüre abfahren.« Dieser Teilnehmer war höchst überrascht, als ein anderer Mann in dem Kurs erzählte, die Übung habe ihn zu Tränen gerührt. Im dritten Teil hatte er nämlich daran denken müssen, wie seine Frau zu ihm gesagt hatte: »Bei keinem anderen Mann habe ich mich jemals so gefühlt wie bei dir. Du bist für mich das Allerwichtigste auf der ganzen Welt!«

Unabhängig von seinem Geschlecht gibt es im Leben jedes Menschen Phasen, wo seine Leidenschaft vor allem von Worten stimuliert wird, in denen Zuneigung, Liebe und Sicherheit zum Ausdruck kommen. Zu anderen Zeiten wird die erotische Flamme eher durch lüsterne Reden entzündet. Was auch immer Sie gerade als Ihr erotisches Reaktionsprofil erkannt haben – vergessen Sie nicht, dass es vor allem das widerspiegelt, was Sie jetzt im Augenblick am meisten brauchen und sich wünschen. Es steht nicht ein für allemal fest, sondern ist eher ein Orientierungspunkt für eine ganz bestimmte Phase Ihres Lebens.

Und wer weiß – wenn Sie dieses Buch weiterlesen und die vielen Formen erotischer Kommunikation, die hier vorgestellt werden, mit Ihrem Partner üben, dann verändern sich diese Vorlieben ja vielleicht auch oder werden flexibler. Sie werden überrascht und erfreut sein.

Übrigens sollten Sie sich auch keine Sorgen machen, wenn Sie sich nicht daran erinnern können, jemals von den Worten oder Lauten, die ein Partner von sich gab, erregt worden zu sein. Sie gehören dann offenbar zu den Menschen, die eher auf visuelle und kinästhetische Reize reagieren, also auf Bilder, Berührungen und Bewegungen, und akustische Stimuli kaum wahrnehmen. Allerdings gibt es einige Möglichkeiten, die eigene erotische Sensibilität für Klänge zu steigern, ohne auf das Vergnügen an visuellen Wahrnehmungen und Berührungen verzichten zu müssen. Dazu sind die folgenden Übungen gedacht – unabhängig davon, ob Sprache und Tonfall im Moment für Ihre Erregung eine große Rolle spielen oder nicht.

Sinnliches Zuhören

Haben Sie jemals unter einer warmen Dusche die Augen geschlossen und sich ganz auf die angenehme Empfindung des Wassers auf der Haut konzentriert? Sinnliches Zuhören erfordert einen ähnlichen Gemütszustand. Sie müssen entspannt sein und zugleich aufmerksam dafür, wie die Worte Ihres Partners auf Ihren Körper, Ihr Herz und Ihre Seele einwirken. Den Bereich des Geistigen lasse ich bewusst außen vor, weil das in unserer Kultur meistens kritisches Urteilen bedeutet, was für das erotische Zuhören absolut tödlich ist.

Es kann zwar hilfreich sein, ist aber keineswegs notwendig, das bewusste Denken mit Hilfe von Meditation oder anderen Techniken zu überwinden, um jenen Zustand der Aufmerksamkeit zu erreichen, von dem hier die Rede ist. Es geht lediglich darum, eher mit Neugier als mit einer Begutachtungs- und Bewertungshaltung an die Sache heranzugehen. Urteile darüber, was gut und schlecht oder richtig und falsch ist, haben beim erotischen Zuhören nichts zu suchen. Sinnliches Zuhören lässt sich eher damit vergleichen, ein neues Kleidungsstück anzuprobieren oder eine unbekannte Speise zu kosten – Sie wissen einfach intuitiv, was am besten zu Ihnen passt und Ihnen ein gutes Gefühl gibt. Mit anderen Worten, wenn Sie Ihren Partner erotisch sprechen hören, sollten Sie sich nicht fragen, ob er wirklich sexy oder eher bescheuert ist – achten Sie lediglich darauf, ob das, was er sagt, Sie erregt, Sie kalt lässt oder Ihnen sogar unangenehme Gefühle bereitet.

Versuchen Sie auch einmal, ob es Ihnen gelingt, den Klang der Worte Ihres Partners so in sich aufzunehmen, dass sie sich wie eine erotische Liebkosung ausnehmen. Die nächste Übung wird Ihnen dabei helfen. Sie können sie alleine machen oder mit Ihrem Partner zusammen. Aber wenn Sie sie ohne Partner machen, brauchen Sie dafür eine Stimme auf Kassette, die Sie besonders ansprechend finden. Vielleicht eine Aufnahme Ihres Lieblingssängers? Oder von jemandem, der auf einfühlsame Weise ein Gedicht rezitiert oder eine Geschichte erzählt? Wenn Sie keinen Kassettenrekorder zur Hand haben, dann können Sie sich mit der Stimme des Radiosprechers bei Ihrem Lieblingssender behelfen (wenn es nicht gerade der Nachrichtensprecher ist).

Wenn Sie diese Übung mit Ihrem Partner zusammen machen, dann müssen Sie vorher ausmachen, wer von Ihnen zuerst zuhört und wer zuerst spricht.

Übung: Ganzkörper-Zuhören

Legen Sie Ihr Buch weg, schalten Sie Ihr Radio oder Ihren CD-Player für einen Moment aus und lassen Sie sich in einem bequemen Sessel oder auf dem Bett nieder. Machen Sie eine der zuvor beschriebenen Entspannungsübungen, bevor Sie anfangen (siehe im Abschnitt »Die richtige Grundstimmung schaffen«). Wie Sie vielleicht noch in Erinnerung haben, ging es zunächst darum, den Kontakt des eigenen Körpers mit dem Sitz bzw. dem Untergrund bewusst zu spüren und dann die Aufmerksamkeit auf die verspannten Körperregionen zu richten, ohne es jedoch bewusst darauf anzulegen, diese Zonen zu entspannen. Wenn Sie nun gleich der Stimme Ihres Partners lauschen (oder der aus dem Lautsprecher), behalten Sie dann diese Haltung der unvoreingenommenen Neugier bei.

Als Zuhörer schalten Sie nun das Gerät an beziehungsweise bitten Ihren realen Partner, Ihnen mit einer leisen, sanften Stimme etwas vorzulesen. Lassen Sie es zu, dass die Worte, Sätze und Klänge wie warmer Honig über Sie fließen oder wie ein leichter Sommerwind Ihre Haut streifen. Achten Sie auf Ihre körperlichen Wahrnehmungen. Ist es eher ein Prickeln, ein Stoß oder eher ein Strom von Gefühlen? Und wo spüren Sie etwas – im Herzen, im Bauch oder in den Genitalien? Wandert das Gefühl von einer Stelle zur anderen, oder scheint es Sie ganz zu erfüllen?

Stellen Sie sich nun vor, Sie könnten die auditiven Nerven in verschiedenen Teilen Ihres Körpers aktivieren, so dass Sie gleichsam durch die Haut hindurch hören. Lassen Sie den Klang zuerst durch den Zwischenraum zwischen Ihren Zehen hinein, dann über Ihre Kniebeugen. Stellen Sie sich nun vor, den Klang über Ihr Kreuz wahrzunehmen, über den Nacken und schließlich über die Handflächen. Und nun öffnen Sie Ihr Herz, Ihren Bauch und Ihre Genitalien dem Klang. Entspannen Sie sich, während Sie den Klang wahrnehmen. Lassen Sie sich ganz von ihm umgeben und stellen Sie sich ihn wie eine Liebkosung vor. Versuchen Sie, ihn nicht nur zu hören, sondern auch zu schmecken oder zu riechen. Wenn Sie bei diesen Übungen zum erotischen Zuhören all Ihre Sinne entsprechend schärfen, steigern Sie damit auch Ihre Fähigkeit, die sinnlichen Worte zu genießen, die Ihnen Ihr Partner ins Ohr flüstert.

Die Bedeutung Ihres primären Wahrnehmungsmodus für das erotische Zuhören

Obwohl alle unsere Sinneswahrnehmungen – Sehen, Hören, Schmecken, Tasten und Riechen – für die sexuelle Erregung eine Rolle spielen, ist bei vielen Menschen ein Sinnesorgan stärker herausgebildet als die anderen. Manche Menschen werden zum Beispiel am meisten visuell erregt: durch den Anblick des nackten Körpers ihres Partners bzw. dessen erregten Gesichtsausdruck. Andere reagieren besonders auf körperliche Wahrnehmungen: wie sich die Hand des anderen anfühlt, wie sich der Körper der Partnerin bewegt oder der eigene Herzschlag beschleunigt. Und wiederum gibt es Menschen, die besonders auf akustische Reize reagieren: auf den Klang der Stimme, den Rhythmus der Atmung. Auch wenn all diese Reize gleich stark sind, neigen wir je nach Veranlagung dazu, auf solche, die in einem bestimmten Wahrnehmungsmodus registriert werden, besonders stark zu reagieren.

Wenn Sie die Welt eher in Bildern als in Klängen oder aus dem Bauch heraus wahrnehmen, dann sind Sie ein visueller Mensch. Wenn Sie eher auf Klänge als auf Bilder konzentriert sind, achten Sie wahrscheinlich mehr auf die Geräusche Ihrer Umwelt und die Worte, die Ihnen im Kopf herumgehen – dann sind Sie ein auditiver Mensch. Und wenn Sie vor allem auf körperliche Empfindungen und Berührungswahrnehmungen achten und nicht auf Worte oder Bilder, dann könnte man sagen: Sie sind ein kinästhetischer Mensch. (Das Wort wird hier in einem sehr weiten Sinn verwendet: Über Bewegungswahrnehmungen hinaus ist der gesamte Bereich der Körperempfindungen gemeint.)

Indem wir instinktiv einen bestimmten Wahrnehmungsmodus bevorzugen, sind wir in diesem Modus eher dazu in der Lage, feine Unterschiede zu erkennen. Ich als »auditiver« Mensch reagiere zum Beispiel extrem sensibel auf unterschiedliche Stimmqualitäten. Wenn ich mit Freunden oder Kollegen zu einem Vortrag gehe, neige ich immer dazu, den Tonfall, die Stimmlage, die Klangfülle oder den emotionalen Unterton eines Vortragenden zu kommentieren. Und nicht selten ernte ich dann verwunderte Blicke, und meine Begleitung sagt: »Oh, das ist mir gar nicht aufgefallen.« Und wenn ich jemanden nach dem Weg frage, ist es mir auch lieber, wenn ich zu *hören* bekomme, wie ich gehen muss, als dass man mir einen Stadtplan vor die Nase hält. Vielleicht mache ich mir auch ein paar Notizen, aber letztlich werde ich doch eher *an das kurze Gespräch zurückdenken*, um mich zu entsinnen, wie ich zu meinem Ziel komme. Menschen, die eher visuell denken, würden sich hingegen mit einer kleinen Skizze viel sicherer fühlen.

Wenn Sie von sich selbst wissen, welches Ihr primärer Wahrnehmungsmodus ist, dann können Sie Ihrem Partner beibringen, wie er seine Worte wählen muss, um den größtmöglichen erotischen Impact auf Sie zu haben. Und wenn umgekehrt Sie sich bewusst machen, welches der primäre Wahrnehmungsmodus Ihres Partners ist, können auch Sie Liebe und Begehren so zum Ausdruck bringen, dass es die maximale erotisierende Wirkung auf Ihren Partner hat.

Entdecken Sie Ihren primären Wahrnehmungsmodus

Woher wissen Sie, ob Ihr primärer Wahrnehmungsmodus visuell, auditiv oder kinästhetisch ist? Es gibt verschiedene Möglichkeiten, das herauszufinden. Zunächst einmal können Sie darauf achten, mit welchen Worten Sie anderen gegenüber Ihr Erleben in Worte fassen. Visuelle Menschen neigen zu bildlicher Sprache und sagen zum Beispiel: »Ich möchte jetzt nicht den *Fokus* darauf legen« oder »Ich *sehe* das noch nicht kommen« oder »*Zeig* mir, wie man das macht«. Auditive Menschen sagen eher Dinge wie »Das *hört* sich wundervoll an« oder »Ich kann dich *hören*« oder »Irgendetwas *sagt* mir, dass da der Wurm drin ist«. Kinästhetische Menschen schließlich benutzen Sätze wie: »Ich bekomme das nicht *in den Griff*«, »*Ich habe das Gefühl*, dass das funktionieren wird«, »Sie bringt mich *auf Trab*« oder »Das Lied hat mich sehr *bewegt*.«

Hier nun eine Liste der für den jeweiligen primären Wahrnehmungsmodus gebräuchlichsten Verben:

VISUELL:	AUDITIV:	KINÄSTHETISCH:
sehen	hören	fühlen
erkennen	klingen	bewegen
erhellen	sagen	treffen
zeigen	fragen	berühren

aufzeigen	klingeln	beeindrucken
illustrieren	klicken	herantasten
vorhersehen	verlauten	festhalten
ausmalen	harmonisieren	greifen

Übung: Sinneswahrnehmungen isolieren

Sie können mehr über Ihren hauptsächlichen Modus der Welterfahrung und Weltdeutung herausbekommen, indem Sie in der Phantasie die folgenden Szenerien durchspielen. Entspannen Sie sich zunächst mit der zuvor in diesem Kapitel beschriebenen Methode. Stellen Sie sich dann vor, Sie wären mit Ihrem idealen Liebhaber oder Ihrer idealen Liebhaberin zusammen – aber nur für eine einzige Stunde. Ihr Liebesspiel muss auf eine der folgenden drei Szenen beschränkt bleiben:

Szene 1: Sie dürfen Ihren Partner beim Sex ansehen, jedoch nicht seinen Körper berühren oder die Worte und Laute hören, die er von sich gibt, ja noch nicht einmal seine Atmung.

Szene 2: Sie bekommen die Augen verbunden und dürfen Ihre Partnerin nicht berühren und liebkosen, aber die Worte und Laute hören, die sie von sich gibt.

Szene 3: Sie dürfen Ihren Partner oder Ihre Partnerin wahlweise sehen oder hören, aber Sie dürfen sie oder ihn nicht berühren, festhalten und streicheln.

Versetzen Sie sich nacheinander in jede dieser Szenen und finden Sie heraus, ob Sie eine davon spannender oder erregender finden als die anderen. War es aufregender, den Körper Ihrer Partnerin anzusehen, als den Klang ihrer Stimme zu hören? Oder hat hauptsächlich seine Stimme Ihre Leidenschaft geweckt? Oder haben die Berührungen Ihrer Partnerin Sie mehr erregt als ihre Stimme oder ihr Äußeres?

Wenn Sie eine oder zwei dieser imaginären Szenen als langweilig oder uninteressant erfahren haben, liegt das vielleicht daran, dass sie Ihren sekundären und tertiären Weltwahrnehmungsmodus repräsentieren. Wenn zum Beispiel Ihr primärer Wahrnehmungsmodus visuell ist, sind Sie vielleicht weniger erregt, wenn Sie gezwungen sind, sich auf Ihre anderen beiden Sinne zu verlassen.

Wundern Sie sich aber auch nicht, wenn Sie zwei dieser Szenen ungefähr gleich ansprechend finden. Manche Menschen haben durchaus zwei der drei Modi weit entwickelt und sind sozusagen visuell-kinästhetische oder auditiv-kinästhetische Individuen. Visuell-auditive Veranlagung kommt seltener vor.

Übung: Alle Sinne auf akustisches Erleben einstellen

Wenn Ihr primärer Wahrnehmungsmodus auditiv ist, wie es bei vielen Musikern, Sängern, Rednern und Radiosprechern der Fall ist, oder auditiv-kinästhetisch wie bei manchen Tänzern, Komponisten, Dirigenten und Psychotherapeuten, dann werden Sie beim erotischen Zuhören vermutlich in Ihrem Element sein. Aber auch wenn Sie hauptsächlich visuell, kinästhetisch oder visuell-kinästhetisch veranlagt sind, können Sie lernen, akustischen Input in Ihren primären Wahrnehmungsmodus zu übersetzen und zudem in den nicht-primären Wahrnehmungsmodi größere Sensibilität und Flexibilität zu erreichen. Die folgende Übung können Sie entweder mit einem Partner zusammen machen, oder Sie benutzen eine Tonbandaufnahme Ihrer eigenen Stimme.

Wenn Sie alleine sind, lesen Sie laut die folgenden Sätze vor und lassen Sie dabei einen Kassettenrekorder mitlaufen. Sprechen Sie aber genau so, als wären Sie mit einem Partner zusammen. (Wenn es Sie am Anfang verlegen macht, achten Sie nicht drauf! Bleiben Sie einfach dran!)

»Ich liebe es, dir tief in die Augen zu sehen und darin zu lesen, wie sehr du mich begehrst. Ich mag es sehr zu beobachten, wie du deinen Körper bewegst und wie heiß du wirst, wenn ich dich berühre, wie du bei jedem Streicheln leicht bebst. Ich liebe es, dich anzusehen, wenn du dich rhythmisch in meinen Armen bewegst, auf und nieder, wie du dich aufbäumst und zitterst, immer hemmungsloser und verzückter.«

»Ich mag es sehr, dich in den Armen zu halten und dein Haar an meiner Wange zu spüren, und ich genieße es, wie sanft und glatt sich deine Haut anfühlt. Ich genieße es, wenn du mich überall so zärtlich und spielerisch berührst, aber auch wenn du so tief in mich eindringst. Ich liebe das Gefühl, mit dir zu verschmelzen, mit dir eins zu werden.«

»Ich finde es toll, wie sich deine Stimme anhört und wie deine Worte in meinem Herzen zu einem Lied werden und meinen Körper mit Sehnsucht erfüllen. Ich liebe es, wenn dein Atem zusammen mit dem meinen immer schneller geht. Ich liebe es, wenn du stöhnst und schreist und wie deine Stimme sich überschlägt, und ich genieße all die Laute, die du von dir gibst, wenn ich dich auf den Gipfel der Lust treibe.«

Spulen Sie nun die Kassette zurück, legen Sie sich hin, schließen Sie die Augen und versetzen Sie sich nacheinander in die im Folgenden jeweils näher beschriebenen Bewusstseins- oder Wahrnehmungszustände:

Lassen Sie alle drei Teile zunächst visuell zu sich durchdringen, während Sie das Band abhören. Damit ist nicht gemeint, dass Sie mitlesen sollen, was Sie gerade vorgelesen haben, sondern versuchen, sich jeweils eine Liebesszene möglichst plastisch vorzustellen. Stellen Sie sich also vor, Sie würden Ihrem Partner tatsächlich in die Augen sehen, seine nackte Haut und seine Bewegungen visuell registrieren, während sie Teil eins hören. Beim Hören des zweiten Teils stellen Sie sich vor, Sie streichelten das Gesicht und das Haar Ihres Partners. Dringen Sie in Ihrer Phantasie in ihn ein oder lassen Sie ihn in der Phantasie in sich eindringen, bis Sie im Orgasmus miteinander verschmelzen. Während Sie Teil drei hören, stellen Sie sich nun bei Teil drei vor, Ihr Partner würde erotisch zu Ihnen sprechen, beobachten Sie gleichsam den Rhythmus seiner Atmung, wie er stöhnt und und schreit und seine Stimme sich ekstatisch überschlägt. Kurz, übersetzen Sie alle drei Beschreibungen in den visuellen Modus.

Hören Sie sich die Kassette jetzt noch einmal an, und übersetzen Sie diesmal alles in Gefühle oder körperliche Wahrnehmungen. Achten Sie darauf, welche Gefühle es bei Ihnen auslöst, wenn Sie Ihrem Partner in die Augen sehen und merken, wie sehr er Sie begehrt, und zugleich spüren, wie er sich zusammen mit Ihnen rhythmisch bewegt. Stellen Sie sich vor, wie es sich anfühlt, wenn Sie die Haut Ihrer Partnerin berühren und Sie von ihr berührt werden. Achten Sie sowohl auf die Gefühle als auch auf die Körperempfindungen, die das auslöst. Stellen Sie sich schließlich auch die Worte und Laute, die Ihr Partner von sich gibt, ja sogar seine Atmung als physische Zärtlichkeit vor. Wo berühren diese Laute Ihren Körper, und wie fühlen sie sich an?

Hören Sie nun das Band zum dritten Mal an und legen Sie diesmal den Schwerpunkt auf das Auditive. Zunächst: Was *sagen* Ihnen die Augen Ihres Partners? Wenn der sich aufbäumende, vibrierende Körper Ihres Partners sprechen könnte, mit welchen Worten würde er zum Ausdruck bringen, wie sehr es ihm gefällt? Welche verbalen Botschaften liegen in den Reaktionen Ihres Partners verborgen, wenn er körperlich auf Ihre Intimitäten reagiert? Und schließlich: An welchen Worten, Lauten, welcher Art des Atmens und Stöhnens merken Sie, dass Ihr Partner erregt ist, und inwiefern steigern diese Laute Ihre eigene Erregung?

Wenn Sie diese Übung mit einem Partner zusammen machen, einigen Sie sich darauf, wer als Erstes die Rolle des Zuhörenden übernimmt. Während der andere die drei obigen Absätze nacheinander drei Mal vorliest, übersetzt der Zuhörende sie zunächst in visuelle Bilder, dann in Bewegungs- und Berührungswahrnehmungen und schließlich in Worte und Laute.

Sie sehen, man kann erotische, lustvolle Sprache, die vornehmlich visuell, kinästhetisch oder auditiv fokussiert ist, durchaus in einen anderen Modus übersetzen. Zu wissen wie, erlaubt Ihnen mehr Flexibilität im Umgang mit verbalerotischen Stimuli – so zum Beispiel, wenn Sie mit Ihrem Partner in einem Restaurant sitzen und er anfängt zu beschreiben, wie köstlich es wäre, wenn er jetzt Ihren ganzen Körper von Kopf und Fuß streicheln würde. Wenn Sie ein visueller Mensch sind, können Sie diese Beschreibung nun in ein Bild davon umsetzen, wie Ihr Partner Sie verführerisch streichelt, und sich diesem Bild in Ihrer Phantasie hingeben, solange es Ihnen gefällt. Wenn Sie kinästhetisch veranlagt sind, können Sie auf Anhieb die Körperempfindungen und Gefühle aufrufen, die solche Berührungen in der Wirklichkeit auslösen würden. Und wenn Sie ein auditiver Typ sind, können Sie sich auch schlichtweg den verführerischen Worten Ihres Parters hingeben und ihrem Charme erliegen.

Wenn Sie sich erst langsam in das Gebiet der Verbalerotik einarbeiten, hat dieses Kapitel Ihnen vielleicht Ihre eigenen Vorlieben bewusster gemacht. Dann können Sie Ihrem Partner gezielt Feedback geben, so dass er lernt, was für sinnliche Ausdrücke für Sie am aufregendsten sind. Und selbst wenn Sie sich im Hinblick auf erotisches *Sprechen* schon für einen Vollprofi halten, haben Sie hoffentlich in diesem Kapitel ein paar nützliche Dinge gelernt, auf die es beim erotischen *Zuhören* ankommt. Im nächsten Kapitel werden Sie erfahren, wie Sie diese Fähigkeit möglichst genau auf Ihren Partner abstimmen, während Sie gleichzeitig die Bandbreite Ihrer erotischen Phantasie vergrößern.

7. Lustvoll mit Worten spielen: Sinnliche Spiele für Paare

Wenn Sie dieses Buch mit Ihrem Partner zusammen lesen oder ein anderer aufgeschlossener Mensch sich bereit erklärt hat, mit Ihnen ein paar spielerische Experimente anzustellen, dann wird Ihnen dieses Kapitel jede Menge Möglichkeiten aufzeigen, im verbal-sinnlichen Wortspiel noch dazuzulernen. Die folgenden Spiele und Übungen sind dazu gedacht, Sie mit Humor und Phantasie an verbale Liebesbekundungen heranzuführen. Sie werden auch neue Möglichkeiten kennen lernen, wie Sie einander Feedback geben können und dem anderen erklären, auf welche Art und Weise Sie geliebt werden möchten – sowohl verbal als auch physisch. Nicht zuletzt zeigt dieses Kapitel auch, wie Sie am besten mit unterschiedlichen sexuellen Bedürfnissen und Wünschen umgehen.

Sich auf spielerische Weise erotisch aneinander binden

Die nächsten drei Übungen sind dazu gedacht, eine intime Stimmung zwischen Ihnen und Ihrem Partner zu kreieren, die so sexy ist, dass Sie alles, was danach noch kommt, in höchstem Maße lustvoll erleben werden.

Übung: Den Partner in erotische Trance versetzen

Hier geht es um eine wundervolle Art und Weise, wie Sie Ihren Partner dazu ermutigen können, seine sinnlichen Gefühle auszukosten und sich selbst ganz zu verlieren, indem er sich ganz Ihrer Stimme und Ihren Berührungen hingibt.

Sprechen Sie sich ab, wer im Folgenden den Hypnotiseur und wer das Subjekt spielt, das in Trance versetzt wird. (Sie können die Rollen später tauschen.) Das Subjekt sollte möglichst entspannt auf einem Stuhl sitzen. Der Hypnotiseur legt nun kurz eine Hand auf den Hinterkopf des Subjekts, die andere auf dessen Stirn, um es zu verankern und zu zentrieren. Dann beginnt er, das Subjekt mit liebevollen Worten zu beruhigen: »Ich bin hier, um dich zu halten, dich zu streicheln, dir ein gutes, entspanntes Gefühl und viel Liebe zu geben. Gib dich ganz meinen Berührungen hin.« (Er fängt an, das Haar des Subjekts zu streicheln.) »Genieße die lustvollen Empfindungen, die nun langsam durch deinen Körper strömen werden.« (Der Hypnotiseur kann nun auch mit der in Kapitel 4 beschriebenen erotischen Rückkoppelungsschleife arbeiten und die Reaktionen, die er bei seinem Partner wahrnimmt, kommentieren: »Es gefällt mir, wenn ich höre, wie du immer schwerer atmest, während ich zu dir spreche.« Oder: »Ich kann sehen, wie die Erregung sich immer mehr in deinem Körper ausbreitet, und das macht mich ganz heiß.«)

Als Hypnotiseur sollten Sie Ihr Subjekt nicht im Zweifel darüber lassen, dass seine Art und Weise zu reagieren, völlig in Ordnung ist. Sie könnten zum Beispiel sagen: »Ich bin nur für deine Lust da. Sag mir oder zeig mir, wie ich dir ein wirklich gutes Gefühl geben kann, und ich werde mein Bestes tun, deine Wünsche zu erfüllen. Liebling, ich will dich so lieben, dass du es so weit wie möglich auskosten kannst.«

Ein besonderer Kitzel kann es für Ihren Partner sein, wenn Sie ihm beschreiben, was Sie alles mit seinem Körper anstellen werden: »Gleich werde ich meine warme, nasse Zunge hinter dein Ohr schnellen lassen, und dann werde ich von der Kehle bis zu den Zehen eine lange Spur von Küssen auf deinem Körper hinterlassen. Zwischendurch werde ich dort, wo es mir besonders gefällt und du besonders stark darauf reagierst, ein wenig länger mit meinem warmen Mund verweilen. Kannst du dir vorstellen, was für ein Gefühl das sein wird, Schatz?«

Wenn Sie an diesem Punkt bereits beide so erregt sind, dass Sie übereinander herfallen möchten, ohne die Rollen getauscht zu haben, dann tun Sie das ruhig. Sie können die Rollen ja das nächste Mal tauschen, wenn Sie wieder Lust auf erotische Trance haben.

Übung: Den Partner in der Phantasie lustvoll anmalen

Diese Übung eignet sich nicht nur dazu, eine sinnliche, intime Atmosphäre zu kreieren, sondern auch, um ein besseres visuelles Vorstellungsvermögen zu bekommen und den Partner sozusagen als Kunstwerk wahrzunehmen.

Bitten Sie Ihren Partner, sich nackt neben Sie zu legen und die Augen zu schließen. Stellen Sie sich nun vor, Ihre Finger wären Pinsel und Sie selbst Kunstmaler. Tun Sie so, als wäre Ihr Partner ein wertvolles Kunstwerk, das restauriert werden muss.

Ihre Aufgabe besteht also darin, mit zarten Künstlerhänden die ursprüngliche Schönheit wiederherzustellen, für die dieses Kunstwerk, also Ihr Partner, so bekannt ist. Beschreiben Sie die verschiedenen Texturen, die Farben und die Strukturen des Bildes, während Sie liebevoll über die wertvolle Leinwand streichen, und sagen Sie auch, welche Gefühle es bei Ihnen auslöst, das Tuch zu berühren. Berühren Sie Ihren Partner so, dass *Sie selbst* Lust dabei empfinden. Die Erregung in Ihrer Stimme und Ihren Bewegungen wird ansteckend auf Ihren Partner wirken.

Wenn Sie zum Beispiel gerade die Brüste Ihrer Partnerin streicheln, können Sie etwa Folgendes sagen: »Ich benutze jetzt einen ganz feinen Pinsel, mit dem man minutiös arbeiten kann, um goldene Wellen um diese beiden wundervollen Ausbuchtungen deines weichen, geschmeidigen Körpers herum zu malen. Jetzt tupfe ich kleine bronzefarbene Punkte genau auf die Spitzen, und jetzt verwische ich ganz langsam die Farbe und ziehe von den Spitzen aus immer weitere Kreise.«

Oder wenn Ihr Partner männlich ist: »Ich male jetzt ein schwarz-oranges Tigerstreifenmuster auf deinen herrlichen Schaft. Jetzt bedecke ich die Spitze mit einer warmen Honigglasur, und schließlich male ich unten mit ganz kräftigen Farben heftig leuchtende, rote Kreise!«

Wenn Sie mit der Übung durch sind, können Sie die Rollen tauschen. Jetzt spielt Ihr Partner den Kunstmaler und Sie die Leinwand. Entspannen Sie sich und genießen Sie, wie es ist, in ein erlesenes Kunstwerk verwandelt zu werden!

Übung: Dem Partner auf erotische Weise sagen, wie wichtig er für Sie ist

Wenn wir zugeben, wie viel ein anderer Mensch uns bedeutet, werden wir besonders verletzlich, weil uns dabei oft bewusst wird, wie schwer es für uns wäre, diesen Menschen zu verlieren. Doch es kann das gegenseitige Vertrauen enorm vertiefen, einander zu sagen, wie unersetzlich der Partner einem selbst ist und dass man ihn für etwas ganz Besonderes hält.

Das gilt sowohl im sexuellen als auch im nicht-sexuellen Bereich, und es ist für Paare, die schon lange zusammen sind, genauso wichtig wie für Frischverliebte, weil es die Leidenschaft, die möglicherweise unter der Gewohnheit eines gemeinsamen Alltags gelitten hat, wieder aufleben lässt. Wir kommen nun zu einer Übung in zwei Schritten, die Ihnen dabei helfen soll, die richtigen Worte zu finden, wenn Sie zum Ausdruck bringen möchten, was Sie an Ihrem Partner besonders schätzen.

Schritt 1: Nichtsexuelle Wertschätzung

Setzen Sie sich Ihrem Partner gegenüber, so dass Sie einander in die Augen sehen können. Legen Sie Ihre linke Hand auf Ihr eigenes Herz und die rechte auf das Ihres Partners. Bitten Sie Ihren Partner, es genauso zu machen. Atmen Sie mit der Hand auf dem Herzen tief durch. So lassen Sie zunächst den Alltag von sich abfallen und versetzen sich in eine aufnahmebereite Stimmung.

Entscheiden Sie nun, wer von Ihnen als Erstes sprechen und wer als Erstes zuhören soll. Versuchen Sie als Sprechender, an all die Dinge zu denken, die Ihnen besonders gefallen, wenn Ihre Partnerin sie *tut*, und bedanken Sie sich bei ihr dafür. Es kann dabei um Dinge gehen, die eigentlich ganz unbedeutend sind (»Danke, dass du ein T-Shirt in meiner Lieblingsfarbe trägst«), aber auch um ganz wichtige Dinge (»Danke, dass du so viel Zeit mit den Kindern verbringst.) Bringen Sie alles zum Ausdruck, wofür Sie tatsächlich dankbar sind.

Wenn Sie etwas schüchtern sind und die Worte, die Ihnen womöglich auf der Zunge liegen, nicht herausbringen, weil Sie von

Gefühlen überwältigt werden, dann ist das in Ordnung. Sehen Sie dann einfach Ihrer Partnerin in die Augen und sagen Sie: »Danke.« Wichtig ist vor allem, dass die Botschaft bei ihr ankommt, dass sie versteht, wie wichtig sie für Sie ist und wie dankbar Sie dafür sind, dass sie sich dafür entschieden hat, ihr Leben mit Ihnen zu teilen.

Wenn Sie in der Rolle des Zuhörenden sind, sollten Sie jetzt auch wieder an die Übung zum sinnlichen Zuhören in Kapitel 6 denken und die Worte mit Ihrem ganzen Körper aufnehmen. Lassen Sie sich davon aufbauen, sich Kraft geben. Wenn Sie das anfangs schwierig finden, heißt es dranbleiben! Vielen Menschen fällt es leichter, ehrliche Komplimente zu machen als anzunehmen. Vielleicht fühlen Sie sich der Lobgesänge unwürdig, die Ihr Partner da anstimmt, oder Sie fürchten, dass dafür ein hoher Preis zu zahlen sein wird. Dann sollten Sie sich bewusst machen, dass Ihr Partner im Augenblick wirklich nur eins will: Ihnen sagen, wie sehr Sie sein eigenes Leben aufwerten. Geben Sie sich ruhig dem Gefühl hin, dass Sie geliebt und verehrt werden. Und dann atmen Sie einmal tief durch, bevor Sie die Rollen tauschen.

Wiederholen Sie die Übung, aber bringen Sie diesmal nicht Ihre Wertschätzung für bestimmte Dinge zum Ausdruck, die Ihr Partner tut, sondern beziehen Sie sich darauf, was Sie an ihm als Person am meisten schätzen. Denken Sie zum Beispiel an Charakterzüge, die sich in Ihrem eigenen Leben positiv auswirken. Sie können zum Beispiel sagen: »Danke, dass ich mich auf dich verlassen kann« oder »Danke, dass ich mich bei dir so sicher und geborgen fühle« oder »Danke, dass du so ein gutes Herz hast.« Möglicherweise möchten Sie auch auf geistige und Verstandesqualitäten des anderen eingehen und zum Beispiel sagen: »Danke, dass du immer so aufmerksam bist« oder »Danke, dass dir für jedes Problem immer so schnell eine Lösung einfällt« oder »Danke, dass du mich immer so gut tröstest.«

Wenn Sie in der Rolle des Zuhörenden sind, lassen Sie sich dann so tief wie möglich von diesen Worten berühren. Atmen Sie möglichst auch von Anfang an tief durch, damit Sie Ihre eigenen Gefühle nicht blockieren. Und wenn Sie weinen müssen, seien Sie dankbar dafür, dass Ihr Partner Ihnen hilft, sich selbst besser kennen zu lernen. Wenn Sie in der Rolle des Sprechenden weinen müssen, weichen Sie dem Blick Ihres Partners nicht aus. Er darf Ihre Tränen ruhig sehen. Sie müssen erst weiter sprechen, wenn Sie wieder dazu in der Lage sind. Bis dahin werden anstelle von Worten Ihre Tränen Ihre Dankbarkeit zum Ausdruck bringen.

Schritt 2: Erotische Wertschätzung

Jetzt könnten Sie dazu übergehen, Ihren Partner wissen zu lassen, wie viel er oder sie Ihnen als Liebhaber oder Liebhaberin bedeutet. Sie können das in einer Übungssituation wie der oben beschriebenen tun, mit einer Hand auf dem eigenen Herz und der anderen auf dem des Partners. Oder Sie bauen es in das Liebesspiel selbst ein. In jedem Fall gibt es verschiedene gute Ausgangspunkte.

Konzentrieren Sie sich zunächst auf die *körperlichen Eigenschaften* Ihres Partners und darauf, wie diese Ihre Liebe und Leidenschaft stimulieren. Sie könnten zum Beispiel sagen: »Du hast so eine schöne weiche Haut, und du riechst so sexy, und du schmeckst so gut« oder »Ich finde es toll, wie gut unsere Körper sich ineinander fügen, wenn wir miteinander schlafen« oder »Ich liebe es, wie deine Brustknospen sich aufrichten, wenn ich sie berühre« oder »Dein Schamhaar ist so weich und wuschelig, und ich genieße es sehr, mit den Fingern darin zu wühlen«.

Sie können auch darüber sprechen, was Sie *an der Art, wie* Ihr Partner Liebe macht, besonders mögen. »Es fühlt sich unglaublich gut an, wenn du mich so leckst«, können Sie zum Beispiel sagen, oder: »Ich genieße es, wie du deinen Körper unter mir bewegst, Schatz, das fühlt sich unglaublich an!« Und wiederum sollten Sie, wenn Ihr Partner solche Worte zu Ihnen sagt, versuchen, sie als intime verbale Liebkosungen aufzufassen und sich ihnen so weit wie möglich hingeben.

Vielleicht haben Sie ähnliches Glück wie Diana, die an einem meiner Kurse teilnahm: Sie hatte einen Freund mit einer äußerst lebhaften Phantasie, der sie mit wilden erotischen Szenerien anstachelte. Oder Sie können die Dankbarkeit Jeffs darüber nachempfinden, dass er eine Freundin hatte, die ihm »einen blasen konnte, dass ich fast in Ohnmacht fiel«, wie er sich ausdrückte. Oder Sie sind ebenso froh wie Vivian, die sich immer darauf verlassen konnte, dass ihr Liebhaber »ganz besonders feinfühlig« auf ihre sexuellen Bedürfnisse einging.

Fragen Sie sich nun: Welches sind die *einzigartigen, besonderen, nicht austauschbaren sexuellen Eigenschaften* meines Partners? Fangen Sie wieder mit den körperlichen Merkmalen an. Cassie zum Beispiel, eine Frau aus einem meiner Kurse, vertraute mir einmal an, wie sehr sie die feine Linie weichen schwarzen Haars mochte, die sich vom Nabel ihres Freundes herabzog und sich über dem Penis ausbreitete und ins Schamhaar überging. Mel, einer der männlichen Teilnehmer, war besonders begeistert von dem jugendlichen Lachen seiner Freundin beim Orgasmus. Ein weiterer Mann, Hugh, war überzeugt, keine andere Frau hätte eine Stimme, die so sexy wäre wie die seiner Freundin.

Möglicherweise haben Sie auch das Bedürfnis, Ihrem Partner zu sagen, *wie wichtig seine Liebe insgesamt für Sie ist.* Mit Worten wie zum Beispiel diesen: »Danke, dass du jeden Zoll breit meines Körpers so zärtlich liebst, das bedeutet mir sehr viel.« Oder: »Wenn ich mit dir zusammen bin, fühle ich mich immer ganz wild und lebendig!«

Spielerisch mehr über die erotischen Bedürfnisse des anderen erfahren

Die nächsten drei Übungen sind dazu gedacht, mehr über die sexuellen Wünsche des anderen zu erfahren und dieses Wissen so einzusetzen, dass die Leidenschaft immer weiter angefacht wird.

Übung: Kosenamen erotisch verwenden

Schätzchen, Süße(r), Liebling, Bärchen oder Mausi sind einige der gebräuchlichsten Kosenamen, die viele von uns benutzen, wenn wir unsere Zuneigung auf schnelle und unkomplizierte Weise zum Ausdruck bringen wollen. Solche Ausdrücke können aber auch das Begehren anfachen, da in ihnen die Botschaft enthalten ist, dass die jeweiligen Personen in einer sexuellen Verbindung zueinander stehen. Besondere Spitznamen und Verkleinerungsformen von Vornamen können diese Botschaft ebenfalls transportieren. Wenn Sie für Ihren Partner bisher keine Kosenamen oder Verkleinerungsformen haben, oder wenn Sie neue Möglichkeiten kennen lernen möchten, mit solchen Worten die Neugier Ihres Partners zu wecken, sollten Sie die folgende Übung machen. Sie werden im Folgenden spielerisch ausprobieren, welche Art von Anrede in Ihren Ohren am natürlichsten klingt und welche Sie am aufregendsten finden.

Setzen Sie sich Ihrem Partner so gegenüber, dass Sie einander in die Augen sehen können. Bestimmen Sie gemeinsam, wer von Ihnen den aktiven und wer den passiven Part übernimmt. Wenn Sie den aktiven Part innehaben, fangen Sie nun an, zärtlich Gesicht und Haare Ihrer Partnerin zu streicheln. Halten Sie dabei immer Blickkontakt. Lassen Sie nun all die Zuneigung, die Sie für Ihre Partnerin empfinden, die Anziehung, die sie auf Sie ausübt und das sexuelle Begehren, das Sie verspüren, in Ihre Stimme einfließen, während Sie langsam ihren Vornamen aussprechen. Wiederholen Sie den Namen immer wieder, während sie gleichzeitig weiter streicheln und Blickkontakt halten – etwa zwei Minuten lang.

Wie fühlen Sie sich dabei, in dieser Situation den Namen Ihrer Partnerin auszusprechen? Fühlen Sie sich ihr dabei vertraut? Erregt es Sie? Umgekehrt sollte auch Ihre Partnerin darauf achten, welche Gefühle diese Übung bei ihr auslöst. Fühlt sie sich entspannt dabei, oder findet sie es unangenehm? Hilft es ihr, emotionale Nähe zu Ihnen herzustellen? Erregt es sie?

Wenn es eine Verkleinerungsform für den Namen Ihres Partners oder Ihrer Partnerin gibt oder einen Kosenamen, dann wiederholen Sie die Übung nun noch einmal und benutzen Sie dabei diesen Kosenamen. Während Namen wie Tim, Susanne, Jan oder Hannelore sich oft auf »i« verkleinern lassen: Timmie, Susi, Janni, Hanni, müssen Sie bei anderen Namen vielleicht kreativer sein.

Aus Georg können Sie zum Beispiel einen italienischen »Georgi« machen, aus Claudia »Claudine«, aus Brigitte »Britt« oder aus Markus »Mark«. Lassen Sie Ihrer Phantasie freien Lauf. Mein eigener Name, Bonnie, hat sich in intimen Momenten in »BonBon«, in »Bonstance«, »Bonifer« und »Bonita« verwandelt.

Manche Leute mögen es nicht, wenn ihr Name derart abgewandelt wird, weil sie das Gefühl haben, dabei infantilisiert zu werden oder lächerlich gemacht. Wenn es Ihnen auch so geht, versuchen Sie, dieses eine Mal auf Ihren Protest zu verzichten. Lassen Sie stattdessen zu, dass die Worte Ihres Partners einen jüngeren, verspielteren, etwas schelmischen und vielleicht auch verletzlichen Teil Ihres Ichs aus der Reserve locken. Wenn Sie über diese neuen Namen lachen müssen und sich eher albern als sexy vorkommen, dann ist das auch in Ordnung. Spaß trägt immer zur Entspannung bei.

Wechseln Sie zwischendurch die Rollen, so dass Sie beide einmal in der Position des Sprechenden sind. Achten Sie auch beim zweiten Durchgang wieder darauf, wie es sich für Sie beide anfühlt. Fühlen Sie sich wohl und vertraut miteinander? Sind Sie erregt?

Nehmen Sie sich anschließend etwas Zeit, um einander Feedback über beide Teile der Übung zu geben. Vielleicht liegt es Ihnen aus der Position des Sprechenden heraus nahe zu sagen: »Deinen Namen auszusprechen und dabei dein Gesicht zu streicheln, hat mir ein ganz warmes und liebevolles Gefühl gegeben.« Oder: »Als ich diesen kindischen Spitznamen ständig wiederholte, kam ich mir ein bisschen blöd vor und wurde verlegen.«

Als Zuhörer haben Sie Ihrem Partner vielleicht Folgendes mitzuteilen: »Als du ›Timmi‹ statt ›Tim‹ zu mir sagtest, musste ich daran denken, wie meine Mutter mir früher immer Moralpredigten hielt, und das war ganz schön abtörnend.« Oder Sie möchten im Gegenteil sagen: »Als du mich so ansprachst, wie ich immer in meiner Kindheit genannt wurde, hat mich das ganz traurig gemacht, weil ich an meinen Vater denken musste, den ich manchmal sehr vermisse. Aber als du immer wieder meinen normalen Namen ausgesprochen hast, war es total antörnend, weil du das auch immer spontan machst, wenn du kurz vor dem Höhepunkt bist.«

Entweder jetzt oder irgendwann später sollten Sie diese Übung noch einmal machen und dabei die weit verbreiteten Kosewörter ausprobieren, die ich unten in einer Liste zusammengestellt habe. Achten Sie bei jedem einzelnen darauf, wie wohl Sie sich damit fühlen, wie sehr Ihr sexuelles Begehren davon geweckt wird und ob die Verwendung eines Spitznamens dazu beiträgt, dass Sie sich Ihrem Partner näher fühlen. Achten Sie auch darauf, wann Sie so etwas wie Entfremdung, Verlegenheit oder Missmut empfinden, und vermeiden Sie diese Wörter zukünftig, wenn Sie eine erotische Stimmung kreieren möchten.

Einige verbreitete Kosenamen:

Süße(r), Liebling, Maus/Mäuschen/Mausi, Schatz/Schätzchen/Schatzi, Purzelchen, Schnuppi, Augensternchen, Schnucki, Honey, Bienchen, Schnecke, Schnitte, Engel(chen), Hase/Hasi, Muschi, Bär/Bärle/Bärchen, Tiger, Spatz/Spätzchen, Puppe/Püppchen, Äffchen, Schnuffelchen

Versuchen Sie nun, sich ein paar ganz neue Kosewörter auszudenken, in denen genau die Gefühle zum Ausdruck kommen, die Sie selbst für Ihren Partner hegen. Anders gesagt, was mögen Sie besonders am Äußeren Ihres Partners? Welche Laute, die er oder sie von sich gibt, sprechen Sie besonders an? Wie schmecken seine oder ihre Lippen? Wie riecht Ihr Partner? Finden Sie einen Kosenamen, in dem das zum Ausdruck kommt. Oder vielleicht fällt Ihnen eine Art Indianername ein, in dem ein inneres Wesensmerkmal Ihres Partners enthalten ist.

Eine Frau in einem meiner Kurse nannte ihren Liebsten »Löckchen«, weil sie so gerne mit seinem lockigen schwarzen Haar spielte. Umgekehrt nannte er sie immer seinen »lieben kleinen Pfirsich«, weil er ihre pfirsichfarbene Haut so hübsch fand. Andere Teilnehmer erzählten mir von Kosenamen wie »Knuddelsternchen«, »Sahnebärchen« oder »Turboschneckchen«. Aus dem

Zusammenhang gerissen, klingen einige dieser Ausdrücke ziemlich bescheuert. Aber mit Liebe, Zärtlichkeit und einem etwas schelmischen Unterton in der Stimme können sie ausgesprochen liebevoll ankommen – und sogar erotisierend wirken.

Übung: Spielerisch auf erotische Entdeckungsreise gehen

In dieser Übung wird eine spielerische Art und Weise vorgestellt, dem Partner die eigenen Wünsche und Bedürfnisse zu vermitteln. Es ist eine Variation auf das erotische Frage-und-Antwort-Spiel, das in Kapitel 3 vorgestellt wurde.

Diesmal geht es schon los, noch bevor Sie Ihre Kleider abgelegt haben. Nachdem Sie geklärt haben, wer von Ihnen in der gebenden Position ist, fragt dieser: »Welche der folgenden vier Möglichkeiten findest du am erregendsten? Erstens: Ich ziehe mich vor deinen Augen aus; Zweitens: Du darfst mich ausziehen, drittens: Ich ziehe dich aus; oder viertens: Ich sehe zu, wie du dich ausziehst. – Stell dir jede dieser Möglichkeiten einen Moment lang vor und sag dann, welche dich am meisten erregt.«

Wenn Ihr Partner seine Wahl getroffen hat, fragen Sie: »Findest du es erotischer im Dunkeln, oder soll das Licht anbleiben?« Nachdem Ihr Partner sich entschieden hat, kann es losgehen – so, wie er oder sie es am liebsten möchte.

Als Nächstes fragen Sie: »Wo möchtest du jetzt am liebsten gestreichelt werden?« Wenn Ihr Partner schüchtern und zurückhaltend ist oder mit der Antwort zögert, können Sie die Frage etwas abwandeln: »Ich würde jetzt am liebsten deine Brüste streicheln. Würde dir das gefallen?« Oder: »Du hast so einen schönen, geschmeidigen Nacken. Darf ich ihn streicheln?« Sie fangen nun an, Ihren Partner dort zu streicheln, wo es ihm oder ihr gefällt. Dabei können Sie mit verschieden starkem Druck und unterschiedlichem Rhythmus experimentieren und unterdessen Rückfragen stellen: »Ist es angenehm so?«, »Hättest du es gern ein bisschen langsamer? Oder schneller? Ein bisschen sanfter? Oder härter?« Gleiten Sie nicht unwillkürlich in den eigentlichen Geschlechtsakt hinüber, und versuchen Sie noch nicht, Ihren Partner zum Orgasmus zu bringen, es sei denn, Sie sind *beide* bereits so angetörnt, dass es unvermeidlich wird.

Wenn Ihr Partner dieses Buch nicht ebenfalls gelesen hat, ist es vermutlich am besten, wenn Sie selbst zu Beginn die aktive Rolle übernehmen. So bekommt Ihr Partner eine Vorstellung davon, auf welche Art und Weise lustvolles Sprechen eingesetzt werden kann. Und wenn Sie anschließend in die passive Position wechseln, sollten Sie darauf achten, dass Ihr Feedback so deskriptiv wie möglich ausfällt. Sie können zum Beispiel sagen: »Ich möchte, dass du mich ganz langsam ausziehst, zunächst meine Bluse und meinen BH und erst ganz am Schluss meinen Slip.« Oder: »Es würde mich viel mehr erregen, wenn du kleine kreisende Bewegungen um meine Brustknospen herum machen würdest, statt in einer Linie darüber hin und her zu streichen.«

Übung: Spielerisch Feedback auf Sinneswahrnehmungen geben

Hier nun eine weitere Variation auf die Technik des erotischen Feedbacks, die Sie vielleicht gerne mit Ihrem Partner ausprobieren möchten. Wie Sie sich erinnern werden, ging es im letzten Kapitel darum, dass viele Menschen gewohnheitsgemäß besonders auf entweder visuelle, auditive oder kinästhetische Sinneswahrnehmungen eingestellt sind. Man spricht hier vom primären Wahrnehmungsmodus. Wenn Sie sich nicht sicher sind, welches Ihr eigener primärer Wahrnehmungsmodus und welches der Ihres Partners ist, dann blättern Sie ruhig noch einmal zurück und finden Sie es anhand der Übung heraus. Diese Information kann sehr nützlich sein, um den anderen erotisch zu stimulieren.

Wenn Sie zum Beispiel herausgefunden haben, dass Ihre Partnerin hauptsächlich visuell oder visuell-kinästhetisch veranlagt ist, dann können Sie, während Sie zärtlich mit ihrem Körper umgehen, ihr gleichzeitig beschreiben, welche Veränderungen Sie an ihr wahrnehmen, während ihre Erregung sich steigert, und wie Sie selbst darauf reagieren. Sie können zum Beispiel sagen:

- »Wenn ich deine Haut berühre, scheint sie richtig zu glühen, und das sieht sehr schön aus.«
- »Wenn ich um deine Brustkwarzen kreise, werden sie ganz hart und scheinen sich nach meinen Fingern auszustrecken, als wollten sie sie berühren.«
- »Ich mag es, wie du die Beine breit machst, wenn ich deine Hüften streichle. Und oh, du bist ganz feucht! Wenn ich deine Liebessäfte auf meinen Fingern sehe, werde ich ganz hart!«

Wenn Ihr Partner eher auf Berührungen und Bewegungen anspricht, könnten folgende Sätze passen:
- »Ich spüre, wie deine Energie durch meinen Körper fließt, wenn ich dich so festhalte.«
- »Deine Haut fühlt sich so sanft an und reagiert ganz deutlich auf meine Berührungen.«

Wenn Ihr Partner vor allem auditiv veranlagt ist, probieren Sie doch einmal die folgenden Sätze:
- »Ich liebe es, wie du stöhnst, wenn ich dich streichle.«
- »Lass den Klang meiner Stimme in deinen Körper eindringen.«

Harmonisierung unterschiedlicher sexueller Stimmungen

Erotisches Sprechen eignet sich besonders für Paare, die in sexueller Hinsicht unterschiedlich auf äußere Einflüsse reagieren. Manche Menschen können wer weiß was für anstrengende Probleme am Hals haben – sobald sich auf der körperlichen Ebene eine Art von sinnlichem Kontakt anbahnt, fühlen sie sich zu ihrem Partner hingezogen und sind auf Anhieb erregt. Das Berkeley Sex Therapy Institute nennt solche Menschen »Bypasser«, weil sie dazu in der Lage sind, alle potenziellen Schwierigkeiten zu überbrücken. Sie haben normalerweise ein großes Geschick dafür, Streit zu vermeiden und sich an die positiven Seiten ihrer Beziehung zu halten. Sie sind auch leicht erregbar und in der Regel gute Liebhaber. Beim geringsten erotischen Input vergessen sie sofort alle Sorgen und Nöte und geben sich ganz dem Gefühl hin, begehrt zu werden. Mark ist dafür ein hervorragendes Beispiel. »Die einfachste Art und Weise, all meine Sorgen für eine Weile zu vergessen, ist für mich immer Sex mit meiner Freundin. Ich weiß, dass ich ein guter Liebhaber bin, und wenn ich spüre, dass sie es genießt, wird mir das wieder bewusst. Die sonstigen Probleme, auch wenn sie unsere Beziehung betreffen, sind dann plötzlich nicht mehr so wichtig.« Umgekehrt gibt es »Nicht-Bypasser«, also Menschen, die bei der kleinsten Berührung gleich anfangen darüber nachzudenken, was diese für sie selbst und für den Partner in genau diesem Augenblick wohl bedeuten mag. »Warum tut sie das jetzt?« – »Bedeute ich ihm wirklich etwas, oder versucht er mit so viel Körperlichkeit bloß emotionale Nähe zu vermeiden?« – »Will sie mir jetzt nur etwas Gutes tun, weil ich sauer auf sie bin, nachdem sie das Auto zu Schrott gefahren hat?« Bei »Nicht-Bypassern« lenkt die Berührung also die Aufmerksamkeit auf die Beziehung und die Stimmungsschwankungen, die für diese Beziehung gerade eine Rolle spielen. So geht es auch Susanne oft: »Wenn ich wütend bin und Walt, mein Mann, anfängt, an mir herumzufummeln, dann nervt mich das. Ich würde dann eher erwarten, dass er sich ein bisschen in mich hineinversetzt und sagt: ›Schatz, ich habe das Gefühl, du bist wütend, wollen wir mal darüber reden?‹ Wenn ich mir meine Sorgen erst mal von der Seele reden könnte, wäre ich auch viel empfänglicher für Erotik.«

Vielleicht denken Sie jetzt, dass solche unterschiedlichen Reaktionsweisen geschlechtsspezifisch sind, dass Männer eher Probleme zur Seite legen können und Frauen daran hängen bleiben. Interessanterweise ist dies nicht der Fall. Oft ist es umgekehrt, so auch bei Dennis und Vera. Am frühen Abend hatten sie einmal einen großen Streit über ihr gemeinsames Geld. Als sie später im Bett lagen, versuchte Vera, ihren Mann zum Sex zu bewegen, indem sie seinen Körper streichelte und mit der Zunge liebkoste, aber es gelang ihr nicht, ihn zu erregen. Als er ihre Berührungen spürte, wurde ihm klar, wie wütend er immer noch darüber war, wie sie mit dem gemeinsamen Geld umging. Es tat ihm auch ein wenig Leid, dass er die Sache jetzt nicht einfach vergessen und mit ihr Sex haben konnte. Gleichzeitig war er neidisch, dass sie auf Anhieb ganz problemlos wieder Lust empfinden konnte, nachdem sie sich so gestritten hatten. (Unsere Gesellschaft und unsere Medien mögen so etwas natürlich, denn derart leidenschaftliche Menschen sind oft veritable Sex-Virtuosen, wohingegen denjenigen, die es etwas schwerer nehmen, leicht unterstellt wird, sie wären sexuell blockiert.)

Wären in dem soeben beschriebenen Beispiel beide Beteiligten »Bypasser« gewesen, hätte es interessanterweise eine ganz typische Szene ergeben: Ein Paar schlägt sich gerade noch die Köpfe ein, und im nächsten Moment haben sie heißen Sex. Wären beide »Nicht-Bypasser«, hätten sie die Sache also beide schwer genommen, und es ist wahrscheinlicher, dass sie erst versucht hätten, in Ruhe über alles zu reden und Verständnis füreinander zu finden, bevor sie sich körperlich wieder näher gekommen wären.

Manche Menschen reagieren auch mal sorglos und dann wieder grüblerisch, je nach Situation beziehungsweise je nachdem, mit was für einem Typ Partner sie zusammen sind. Solche Flexibilität ist natürlich ideal, denn manchmal kann es sehr nützlich sein, Probleme des Alltags oder akute Konflikte auszublenden und sich ganz dem körperlichen Spaß am Sex hinzugeben. Manchmal kann es aber auch ein Fehler sein, sich nur auf das Erleben des körperlichen Akts zu konzentrieren – nämlich wenn man dadurch die Auseinandersetzung mit bestimmten Gefühlen vermeidet.

Denkbar ist zum Beispiel, dass einer der Partner sich schuldig fühlt, weil er gerade eher emotionale als körperliche Nähe braucht, oder weil er nicht so leidenschaftlich erregt ist wie der andere. Möglicherweise versucht er dann, über solche Gefühle hinwegzugehen – und versagt dann womöglich oder fängt an, dem anderen etwas vorzuspielen. Oder er stellt auf Autopilot, lässt sich erregen und bekommt einen Orgasmus, fühlt sich aber trotzdem nicht wohl dabei, weil die emotionale Komponente fehlt oder es so schnell geht, dass der andere dabei nicht mitkommt.

Zum Glück gibt es viele Möglichkeiten, die Kommunikation zwischen Partnern zu verbessern und solche sexuellen Inkongruenzen zu überwinden. Es würde allerdings den Rahmen dieses Buches sprengen, sie hier zu erläutern. Zu diesem Thema ist sehr viel veröffentlicht worden. Suchen Sie doch einfach mal in der Bibliothek oder im Internet unter Stichwörtern wie »Partnerschaftsprobleme« oder »Sexualtherapie«, oder gehen Sie in eine gute Buchhandlung. Doch zunächst können Sie es auch mit einigen der folgenden Übungen probieren. Wenn Sie einige Anregungen, die Sie gleich bekommen, in Ihr Liebesspiel einbauen, wird Ihnen das nicht nur dabei helfen, mit unterschiedlichen Bedürfnissen besser umzugehen, sondern auch in positiver Weise zu Ihrem sexuellen Lusterleben beitragen.

Übung: Auf die Stimmung des anderen eingehen

Diese Übung ist eine Variation der erotischen Befragungsmethode, die Sie in Kapitel 3 kennen gelernt haben. Setzen oder legen Sie sich Ihrem Partner gegenüber und bestimmen Sie, wer von Ihnen bei dieser Übung den Frage- und Zuhörpart übernimmt, mit dem Buchstaben A bezeichnet, und wer den Reaktionspart übernimmt, wofür der Buchstabe B steht. (Lassen Sie uns für dieses Beispiel annehmen, dass A dazu neigt, über eventuelle Probleme leicht hinwegzugehen, während B die Dinge eher schwer nimmt. A ist also ein »Bypasser«, B ein »Nicht-Bypasser«.)

A fragt B: »Was würdest du dir im Moment am meisten von mir wünschen?« Wenn B antwortet: »Du könntest mir zuhören. Ich möchte dir gern erzählen, wie es mir geht«, dann kann A nun entweder genau das tun oder fragen: »Ist es in Ordnung, wenn ich dich dabei in den Arm nehme?« Jedenfalls soll A das tun, was B sich wünscht.

Die Regel, an die B sich bei diesem Spiel halten soll, lautet, dass er oder sie lediglich Gefühle zum Ausdruck bringen darf: Angst,

Verletztheit, Wut, Traurigkeit oder Freude – aber die Situation nicht analysieren oder kritisch bewerten. (Kritik und Analyse sind oft nur Masken, hinter denen sich Unmut oder Angst verstecken.) Wenn Ihnen zum Beispiel danach ist, Ihren Partner zu kritisieren und ihm zu sagen: »Du denkst immer nur an das Eine, sogar, wenn wir uns gerade gestritten haben«, versuchen Sie dann lieber, Ihre Bemerkung so zum Ausdruck zu bringen, dass dabei Ihre Gefühle ersichtlich werden. Sagen Sie zum Beispiel: »Es ärgert mich, dass ...« oder »Es macht mir Angst, wenn du versuchst, unser Verhältnis wieder ins Lot zu bringen, indem wir zusammen ins Bett gehen.«

Ähnliche, typische Sorgen sind zum Beispiel diese: »Ich möchte gerne, dass dir der Sex gefällt, aber ich habe Angst, dass meine eigene Erregung nachlässt, wenn es so schnell geht.« Oder: »Ich habe Angst, dass ich in sexueller Hinsicht deine Erwartungen nicht erfüllen kann.« Oder: »Ich habe im Moment keine Lust auf Sex, und dafür fühle ich mich schuldig.«

A braucht B lediglich zuzuhören und dessen Worte gelegentlich zu paraphrasieren, um B zu verstehen zu geben, dass die Botschaft ankommt. A kann also zum Beispiel sagen: »Du willst wirklich, dass es mir Spaß macht, aber du möchtest es gerne etwas langsamer haben, damit du nicht so hinter mir zurückbleibst.« Oder: »Du hast Angst, dass du mir in sexueller Hinsicht nicht das geben kannst, was ich suche.« Wenn B sich mit seinen Gefühlen verstanden und ernst genommen fühlt, kann das eine überaus vitalisierende Wirkung haben und zu einem Gefühl der Verbundenheit viel beitragen.

Zur Akzeptanz seiner selbst und zu einem Empfinden emotionaler und physischer Souveränität kann es im Übrigen ein wichtiger Beitrag sein, ruhigen Gewissens nein sagen oder zugeben zu können, dass man zu einem bestimmten Moment keine Lust auf Sex hat. In der sexualtherapeutischen Literatur sind zahllose Fälle dokumentiert, in denen die Betroffenen sich selbst für impotent oder frigide hielten, sich in Wirklichkeit aber bloß der Tatsache nicht bewusst waren, dass es ihnen jederzeit offen stand, nein zum

Sex zu sagen, wenn sie nicht erregt waren. Wenn beide Partner dies erst einmal akzeptieren und zugeben konnten, konnten sie auch herausfinden, was den Betreffenden hemmte, beziehungsweise was ihm fehlte. Nicht oft stellte das sexuelle Begehren sich in der Folge wieder ein.

Zurück zu der Übung: Wenn B alle Punkte angesprochen hat und A entweder stumm zugehört oder Bs Worte paraphrasiert hat, kann A schließlich fragen: »Gibt es sonst noch etwas, was du mir sagen willst?« Wenn B jetzt »Nein, das war alles« entgegnet, schaut A ihm oder ihr in die Augen und sagt: »Danke, dass du mir genug Vertrauen entgegenbringst, mir ehrlich zu sagen, was in dir vorgeht.«

Jetzt ist B an der Reihe, A zu fragen: »Was würdest du dir im Moment am meisten von mir wünschen?« A kann nun zum Beispiel darum bitten, in den Arm genommen zu werden, sollte aber das Gespräch nicht zu umgehen versuchen, indem er die Übung ins Sexuelle übergehen lässt. Vielmehr muss A darüber sprechen, welche Gefühle Bs körperliche Nähe bei ihm auslöst – oder welche sonstigen Wünsche, Bedürfnisse oder Gefühle er an sich selbst wahrnimmt.

Wenn A beispielsweise um ein paar zärtliche Streicheleinheiten gebeten hat, kann sie nun in sich hineinhorchen, wie sie sich dabei fühlt und sagen: »Weißt du, es ist sehr beruhigend, wenn du mich so streichelst, dann fühle ich mich ganz geborgen bei dir und nicht mehr so kritisiert wie vorhin.« Oder er sagt zu ihr: »Wenn du mich so streichelst, dann merke ich, dass du trotzdem noch gern bei mir bist, obwohl ich es verpatzt habe, die Theaterkarten abzuholen.« Oder: »Mir fällt auf, wie viel Sicherheit es mir immer gibt, wenn du mich so zärtlich berührst, besonders wenn ich Angst habe, dass du wütend auf mich bist.« Oder vielleicht will B jetzt auch zugeben: »Mit dir Sex zu haben, ist meine Art und Weise, zwischen uns wieder ein gutes Grundgefühl herzustellen.« Oder: »Ich finde es immer sehr viel einfacher, meinem sexuellen Begehren nachzugeben, als dich mit meinem Missmut und meinen Ängsten zu konfrontieren.«

Jetzt ist es an B, A in die Augen zu schauen, seine Äußerung in eigenen Worten zusammenzufassen und schließlich zu sagen: »Danke, dass du mir deine Gefühle anvertraust.«

Die Partner können nun gemeinsam entscheiden, einander einfach weiter im Arm zu halten, das Gespräch fortzuführen, ein ebenso aufregendes wie erfüllendes Liebesspiel zu beginnen oder gemeinsam in diesem Buch weiterzulesen.

In gewisser Weise zielte diese Übung darauf ab, Menschen, die dazu neigen, Probleme in einer Beziehung zu übergehen, dazu zu bringen, auf die Bedürfnisse ihres Partners einzugehen. Manchmal kann es jedoch durchaus auch nützlich und angemessen sein, dem Partner im Gegenteil dabei zu helfen, seine Grübeleien zu überwinden und einfach den Sex zu genießen – insbesondere wenn diese Sorgen gar nichts mit der Beziehung zu tun haben und sich momentan sowieso keine Lösung finden lässt.

Wenn Ihr Partner etwa kurz vor einer Prüfung steht, für die er schon seit Ewigkeiten gelernt hat, oder vor einem Vorstellungsgespräch, auf das er sich schon lange vorbereitet hat, das ihm aber immer noch Angst macht – dann will er vielleicht sogar gerne mit Ihnen Sex haben, hat aber Schwierigkeiten abzuschalten. Dann können Sie ihm dabei helfen, diese wenigstens zeitweise zu überwinden, indem Sie eine neue Variation der bereits erläuterten Technik des Schritthaltens und Führens anwenden, die im folgenden Absatz beschrieben wird.

Übung: Mit Hilfe imaginärer Szenarien über Probleme hinwegkommen

B, der sich zu sehr mit seinen Sorgen herumquält, um Sex richtig genießen zu können, wird zunächst von A dazu ermutigt, über seine Probleme zu sprechen. Nachdem B sich alles von der Seele geredet hat, bringt A sein Verständnis zum Ausdruck. Im Zusammenhang des oben angeführten Beispiels könnte A zum Beispiel sagen: »Ich habe das Gefühl, du bist wirklich nervös wegen dieser Prüfung morgen. Ich wünschte, ich könnte mitkommen und dir zur Seite stehen.«

A kann nun für B ein imaginäres Szenarium entwerfen, welches die Situation, die B Sorgen bereitet, mit As unterstützender Anwesenheit und einer liebevollen und sinnlichen Berührung verbindet. Er oder sie kann zum Beispiel sagen: »Vielleicht kannst du dir ja bei der Prüfung vorstellen, ich stünde hinter dir und massierte dir Nacken und Rücken, so wie jetzt.« (A fängt an, B zu massieren.) »Kannst du dir vorstellen, wie ich morgen hinter dir stehen werde, dir übers Haar streichen und meine warmen Hände auf deine Schultern legen? Wie wäre das, wenn ich zärtlich mit den Fingern über deinen Nacken streichen würde, so wie jetzt? Und wenn ich leise in dein Ohr flüstern würde, so wie ich es auch jetzt tue, damit du dich entspannt und sicher fühlst?«

Während B sich mehr und mehr entspannt, kann A die Vorschläge zunehmend sexueller werden lassen, beispielsweise indem sie B in einen erotischen Trancezustand versetzt, wie weiter oben in diesem Kapitel beschrieben.

Rita und Glen, die sich im Rahmen eines meiner Kurse zum ersten Mal mit imaginären sexuellen Szenarien beschäftigten, probierten die Technik aus, bevor er am nächsten Tag zu einem wichtigen Bewerbungsgespräch musste. Zunächst brachte sie ihre Solidarität zum Ausdruck, indem sie sagte: »Ich weiß, wie wichtig dieses Gespräch für dich ist, Schatz.« Dann animierte sie ihn, sich vorzustellen, sie würde ihn in den Nacken küssen und zärtlich an seinem Ohr knabbern, während er das Gespräch führte. Das half ihm nicht nur, sich gedanklich von dem drohenden Termin zu lösen, sondern ihm kam sogar selbst eine Phantasie in den Sinn, bei der Rita seine neue Chefin wurde, total sexy aussah und ihm befahl, ihr zu Willen zu sein. Obwohl so eine Szene in der Wirklichkeit weder angemessen noch politisch korrekt wäre, funktionierte sie als sexuelle Phantasie für beide Partner ganz hervorragend.

Sie und Ihr Partner haben nun in mehreren strukturierten Übungen und Spielen Ihre verbalsinnlichen Fähigkeiten verbessert und gelernt, mit Ihrem Partner offener über sexuelle Wünsche und Ängste zu sprechen. In den nächsten vier Kapiteln wird es um fortgeschrittene Formen erotischen Sprechens gehen. Sie werden lernen, wie Sie Ihre Hemmungen im Hinblick auf explizites, beschreibendes sexuelles Vokabular überwinden können, so dass Sie zärtlich *und* obszön, spielerisch *und* lüstern auftreten können, ohne dass es Ihnen die Sprache verschlägt.

Wenn Sie auf der Suche nach neuen Möglichkeiten zur Entfesselung Ihrer erotischen Phantasie sind, lesen Sie Kapitel 9, »Phantasie- und Rollenspiele«, sowie Kapitel 10, »Worte der Dominanz und Unterwerfung«. Wenn Sie sich hingegen vor allem für eine Sprache interessieren, in der Zuneigung und Liebe zum Ausdruck kommen, dann werden Sie in Kapitel 11 finden, was Sie suchen.

Bei der Lektüre der folgenden Kapitel werden Sie und Ihr Partner auf Worte stoßen, die in vielerlei Hinsicht dazu beitragen können, dass Sie sich einander öffnen: spielerisch, bodenständig und stets liebevoll, mit Herz und Seele.

Teil vier:

Steigerungen

8. »DIRTY TALKING«

Dorothy Parker hat einmal in einem Gedicht beklagt, dass die feinen, geheimnisvollen und subtilen Genitalien einer Frau auf ein »sehr kurzes und unschönes Wort« reduziert werden könnten. Aber solche »sehr kurzen und unschönen« Worte können im richtigen Kontext, im richtigen Moment und mit dem richtigen Partner, auch wunderbar erregend sein. Was ist dran an diesen so direkten Wörtern und Sätzen, dass sie sich in einem normalen Gespräch ungehobelt und unverschämt anhören, in der Hitze der Leidenschaft jedoch aufregend sein und sehr genossen werden können?

Sid und Toni, beide Mitte 40 und seit 16 Jahren verheiratet, haben im »Dirty Talking« eine Freiheit des Ausdrucks gefunden, die ihrem Sex immer wieder neues Leben einhaucht. »Wenn ich dreckige Wörter benutze, um meine wildesten Begierden zu beschreiben«, sagt Toni, »kommt es mir immer vor, als würde ich jenen Teil meiner Sexualität befreien, den ich immer unterdrücken musste. Ich bin in einer Zeit aufgewachsen, in der junge Mädchen zwar romantische Sehnsüchte haben durften, aber keine wilde, tierische Lust. Erst Sid hat mich dazu ermutigt, die derbe Seite meiner sexuellen Lust in Worte zu fassen. Zu sehen, wie lustvoll und erregt Sid darauf reagiert, hat es für mich leichter gemacht, mich selbst auch als sexuelles Wesen zu akzeptieren.«

Sid erkennt noch andere Vorteile darin, dass Toni ihr Begehren jetzt manchmal in so derbe Worte kleidet: »In den ersten Jahren unserer Ehe haben Toni und ich beim Liebesspiel immer nur Sachen gesagt wie ›Ich liebe dich‹, ›Du bedeutest mir viel‹ und andere zärtliche, romantische Dinge. Ich hätte auch damals schon gerne meine eher fleischlichen Begierden in Worte gefasst, aber hatte Angst, dass ich sie schockieren würde oder dass sie sich angegriffen fühlen könnte. Als ihre eigene Wortwahl dann ein bisschen obszöner wurde, fiel es mir leicht, in ähnlicher Weise zu reagieren. Inzwischen macht es uns beiden großen Spaß, einander unsere schlüpfrigsten Wünsche genauso mitzuteilen wie unsere zärtlichen Gefühle der Liebe und Zuneigung.«

Andere Paare haben die Vorteile explizit sexueller Kommunikation wieder anders beschrieben. Jonah und Colleen, die beide in strengen, repressiven Familien aufgewachsen sind, sagen zum Beispiel: »›Dirty talking‹ ist für uns eine Art gesunder Rebellion gegen die Kräfte, die uns als Jugendliche einreden wollten, wir müssten uns für unsere Sexualität schämen.«

Chuck und Stephanie hingegen, die in einem liebevollen und fürsorglichen familiären Umfeld aufgewachsen sind und wenig Anlass zur Rebellion hatten, haben aus anderen Gründen Spaß an schmutzigen Wörtern: »Es ist für uns einfach eine wundervolle Möglichkeit, den rein animalischen Aspekt unserer Sexualität auszuleben.« Vielleicht glauben auch Sie, dass »Dirty Talking« seine Vorteile hat oder haben sich sogar schon einmal vorgestellt, selbst schmutzige Wörter zu verwenden. Wie bringen Sie das Thema dann zur Sprache, wenn Sie mit Ihrem Partner zusammen sind? Was, wenn Sie nun etwas sagen, wovon Ihr Partner sich angegriffen fühlt? Oder wenn Sie sich so ungeschickt dabei anstellen oder so verlegen sind, dass Sie alles falsch machen? Oder vielleicht möchten Sie ja vor allem, dass Ihr Partner schmutzige Wörter benutzt, wenn er mit Ihnen zusammen ist. Kurz, wie bringen Sie das Thema so zur Sprache, dass Ihr Partner erotisch darauf reagiert und nicht ängstlich oder ärgerlich?

Den Partner an explizit sexuelle Kommunikation heranführen

Wenn keiner von Ihnen bisher Erfahrungen mit explizit sexueller Kommunikation gemacht hat, kann es durchaus zu Verlegenheit führen, wenn einer von Ihnen plötzlich minutiöse, detailreiche oder auch übermäßig blumige sexuelle Beschreibungen von sich gibt. Wichtig ist, dass Sie zunächst eine Atmosphäre schaffen, in der Sie sich sicher und vom Partner akzeptiert fühlen – und in der Sie sexuell erregbar sind.

Seien Sie Ihrem Partner ein gutes Vorbild und fangen Sie vorsichtig an, indem Sie die Technik des erotischen Feedbacks einsetzen, die in Kapitel 3 beschrieben wurde. Ein schöner Anfang könnte es zum Beispiel sein, den Körper Ihres Partners in unterschiedlicher Art und Weise zu liebkosen, bis Sie spüren, dass er oder sie erregt ist. Beginnen Sie dann, diese Erregung so zu beschreiben, dass dabei Ihre Zuneigung und Liebe zum Ausdruck kommen, aber auch explizit sexuelle Dinge. Neben Sätzen, die Gefühle ausdrücken, stehen Ihnen nun auch solche wie die folgenden zur Verfügung:

- »Ich werde ganz feucht und geil, wenn ich mit dir zusammen bin.«
- »Ich finde es toll, wie feucht deine Muschi wird, wenn ich dich so berühre.«
- »An dieser Stelle ist dein Schwanz total empfindlich, das finde ich super-aufregend!«
- »Du hast ein gutes Herz und eine wundervolle Möse, und es ist mir eine Ehre, dass du mir beides so weit öffnest.«
- »Ich bin so gern mit dir zusammen, halte dich so gern im Arm und ficke so gern mit dir. Ich bin so froh, dass ich dich habe.«

Eine Variation dieses Ansatzes könnte darin bestehen, dass Sie Ihrem Partner ein unverblümtes Feedback dazu geben, wie seine oder ihre Liebkosungen bei Ihnen ankommen:

- »Das fühlt sich an meinem Kitzler ganz herrlich an, wenn du das mit deiner Zunge machst!«
- »Oh, bitte nicht aufhören! Du machst meinen Schwanz so steif und hart, das ist unglaublich!«
- »Mmmm, das kribbelt in den Brüsten und zieht dann über meinen ganzen Körper, bis in meine Muschi hinein!«
- »Wow, du hast gerade die Stelle an meinem Schwanz gefunden, wo ich am allerempfindlichsten bin, und es fühlt sich phantastisch an!«

Wenn Sie spüren, dass Sie mit solchen Sätzen die Leidenschaft Ihres Partners anfachen, dann können Sie in diesem Sinne fortfahren und ihn sogar noch eindeutiger dazu anleiten, etwas zu tun, was Ihnen Lust bereitet. Mildern Sie aber den harschen Charakter des expliziten Vokabulars etwas ab, indem sie die Worte zu einem Bestandteil liebevoller, sinnlicher und verführerischer Sätze oder Fragen machen. Statt zu sagen: »Ich will, dass du mich fickst« oder »Ich will dich jetzt sofort ficken«, könnten Sie etwa folgende Sätze ausprobieren:

- »Ich möchte jetzt gerne spüren, wie du dich langsam in mir bewegst. Spürst du, wie heiß und feucht ich bin? Oh, das ist so schön! Bitte vögel mich ganz sanft und zart, so dass ich weit für dich aufgehe!«
- »Ich will jetzt meinen Schwanz in deine feuchte Muschi eintauchen lassen. Mmmm, ich spüre, wie du unten ganz weit wirst für mich. Spürst, wie ich dich vögle: so ... und so ... und so?«

Den Partner zum »Dirty Talking« ermutigen

Sie haben Ihrem Partner explizites erotisches Feedback gegeben und ihm verführerische Fragen gestellt, aber seinerseits hat er darauf nicht verbal reagiert? Dann können Sie jetzt noch etwas anderes ausprobieren – mit dem richtigen Timing und einiger Finesse haben Sie dann vielleicht mehr Glück. Fangen Sie an mit körperlichen Liebkosungen und liebevollen Worten, die Zuneigung ausdrücken, aber nicht explizit erotisch sind. Wenn Ihr Partner offensichtlich erregt ist, setzen Sie die Methode der erotischen Befragung aus Kapitel 3 ein, stellen diesmal jedoch die Fragen so, dass die Antwort notwendigerweise explizit sexuell ausfallen muss. Sie können zum Beispiel fragen: »Schatz, fühlt es sich besser an, wenn ich meinen Schwanz an deinen Schamlippen oder an deiner Klitoris reibe?« Oder: »Süßer, erregt es dich mehr, wenn ich deine Eier streichle oder deinen Schwanz?« Wenn Ihr Partner etwas antwortet wie: »Da, da fühlt es sich toll an« oder einfach

Ihre Hand an die richtige Stelle dirigiert, dann können Sie ihn auch spielerisch und *liebevoll* necken: »Aha, du bist zu schüchtern, das Wort auszusprechen! Tja, ich mache erst weiter, wenn du mir genau beschrieben hast, was du dir wünschst.« (Sagen Sie das aber auf jeden Fall in einem lockeren Tonfall, und streichen Sie dabei Ihrem Partner übers Haar oder die Wange, so dass er nicht das Gefühl bekommt, Sie wollten ihm tatsächlich mit einem Ultimatum die Pistole auf die Brust setzen.)

Wenn Ihr Partner vage bleibt und sich nicht festlegen will, sondern einfach sagt: »Es fühlt sich beides phantastisch an«, dann können Sie es mit einer erotischen Skala probieren. (Dieser Ansatz eignet sich auch besonders bei stummen Partnern, die kaum je ein Seufzen oder ein Luststöhnen vernehmen lassen, geschweige denn explizit sexuelles Vokabular.) Beginnen Sie Ihre erotische Befragung, indem Sie sagen: »Was würdest du auf einer Skala von eins bis zehn höher ansiedeln: wenn ich so wie jetzt deinen Schwanz streichle ... oder wenn ich deine Eier lecke, so wie jetzt ...?«

So animieren Sie das vermutlich hyperaktive logische Denken des zurückhaltenden Partners dazu, sich in den Dienst seines erotischen Empfindens zu stellen. Wenn Sie nun damit fortfahren, den sprachlich vagen Partner zu streicheln und zunehmend intimer zu liebkosen und er Ihnen Feedback gibt, indem er sagt: »Das wäre ungefähr bei fünf« oder »Oh, das wäre bei acht«, dann ist er unbewusst bereits vollauf damit beschäftigt, sein sexuelles Empfinden zu verbalisieren.

Wenn Ihr Partner anfängt, sich bei diesem Spiel wohl zu fühlen, können Sie anfangen, ihn liebevoll zu necken, indem Sie sagen: »Wenn du mir nicht genau beschreibst, was du von mir willst, mache ich nicht weiter.« (Währenddessen sollten Sie ihn küssen, in sein Ohr pusten, in seine Schulter beißen, ihn kitzeln oder sonst etwas tun, was ihn ablenkt, so dass er nicht zu viel nachdenkt und analysiert.)

Schmutzige Wörter »in Echtzeit« testen

Vielleicht haben Sie beim Ausprobieren verschiedener Herangehensweisen an »Dirty Talking« nun festgestellt, dass bestimmte sexuelle Beschreibungen Sie und Ihren Partner mehr erregen als andere. Oder vielleicht kamen Ihnen manche derbe Ausdrücke leicht über die Lippen, während Sie mit anderen Schwierigkeiten hatten, sie vielleicht auch geschmacklos fanden. Das ist nicht ungewöhnlich. Selbst in verbaler Hinsicht äußerst liberale Liebhaber geben zu, dass bestimme sexuelle Beschreibungen sie kalt lassen, wenn sie nicht sogar abtörnend wirken. Viele Menschen, die ich zu dem Thema befragt habe, gaben zu, eine Aversion gegen die Worte »ficken« und »Fotze« zu haben. Und Rob, der an einem meiner Kurse teilnahm, gestand mir, dass bei ihm immer dann der Ofen ausginge, wenn eine Frau von seinem »Ding« spreche, weil er seinen Penis als einen höchst lebendigen Teil seiner selbst empfand. Seine Partnerin Grace erklärte, ihr laufe es immer kalt den Rücken herunter bei Ausdrücken wie »abwichsen«, »sich einen runterholen« oder »Arschficker«. Mir kam damals die Idee, Robert und Grace auf eine spielerische Methode hinzuweisen, mit der sie herausfinden konnten, welche sexuellen Ausdrücke sie erregend fanden und welche nicht.

Ich schlug vor, dass die beiden sich zunächst etwa zehn Minuten lang nur küssen sollten und zusammen kuscheln, bevor sie mit dem Spiel anfingen, damit sie sich erst einmal entspannten und in eine aufnahmebereite Stimmung versetzten. Dann sollten sie eine Münze werfen, um zu entscheiden, wer als Erstes die Rolle des Sprechenden einnehmen würde. Schließlich sollten sie sich einander gegenübersetzen, sich in die Augen sehen und abwechselnd zueinander sagen: »Ich schätze und respektiere dich, und ich möchte gerne lernen, dich so zu lieben, wie es für dich am lustvollsten ist.«

Rob übernahm als Erster die Rolle des Sprechenden, und seine Aufgabe bestand nun darin, Grace' Haar oder ihre Wange zu streicheln, während er ihr langsam und in sinnlichem Tonfall eine Reihe sexuell deskriptiver Worte ins Ohr flüsterte. Ich hatte den beiden eingeschärft, immer darauf zu achten, was es für ein Gefühl war, ein bestimmtes Wort auszusprechen beziehungsweise zu hören. Nachdem sie die Übung beendet hatten, tauschten sie die Rollen. Als sie mir von ihren Erfahrungen berichteten, stellte sich heraus, dass sie sich bei einigen Wörtern verlegen, angespannt oder unwohl gefühlt hatten. Bei manchen Ausdrücken hatten sie auch kichern müssen oder sogar lauthals losgelacht. Wieder andere hatten sie unberührt gelassen – doch einige hatten auch ihr sexuelles Begehren angefacht.

Haben Sie auch Lust, dieses Spiel mit Ihrem Partner oder Ihrer Partnerin auszuprobieren? Dann lassen Sie sich nach jedem Wort etwa zehn Sekunden Zeit, damit der Eindruck sich setzen kann und Ihnen die Wirkung nicht entgeht, die das Wort auf Sie beide hat. Und wenn das eine oder andere Wort Sie zum Lachen bringt, achten Sie darauf, ob es ein vielleicht obszönes, aber auch befreiendes Lachen ist, das Ihr sexuelles Begehren steigert, oder eher ein nervöses, verlegenes Lachen, das Sie abtörnt. (Wenn Sie möchten, können Sie die Wörter auch jeweils mit einem Possessivpronomen versehen: »mein Schwanz«, »deine Muschi« etc.)

Bezeichnungen für männliche Genitalien

Antenne, Belmonte, Begeisterungsknüppel, Bengel, BimBam, Britsche, Bockspfeife, Brunzrüssel, Butzelmann, Ding, elfter Finger, Eierschläger, Fidibus, Flöte, Fotzhobel, Galgenschwengel, Genusswurzel, Hängemann, Kanone, Liebesdolch, Liebfrauenkirchturm, Lulli, Paddenspicker, Penis, Pimmel, Pimperle, Pumpenschwengel, Quasimodo, Riemen, Schlange, Schwanz, Schwartenmichel, Spargel, Spaßwürstchen, Spitzling, Spundlochbohrer, Stiebel, Triebfeder, Wedel, Zauberstab, Zepter, Zuzzel

Bezeichnungen für weibliche Genitalien

Scheide: *Fickgrube, Fickritze, Fischbüchse, Fotze, Freudental, Liebesgrotte, Liebesschlitz, Liebesspalte, Lustschloss, Muschi, Schei-*

de, Schleimbeutel, Schwanzfänger, (Stoß-)Spalte, Venusspalte, Vögelritze

Schamlippen: *Bimsrutschen, Fudläppchen, Furchen, Litschen, Glundbürsten, Klementinen, Lungenflügel, Nudeltaschen, Schwanzklemmen*

Klitoris: *Begeisterungsknopf, Damendegen, Funzeldocht, Kitzler, Lustzapfen, Maus, Klitherz, Wichsknopf, Genusswurzel*

Vielleicht möchten Sie auch einige der phantasievollen Ausdrücke einbeziehen, die die Leser von Isadora Almans Sexualberatungsrubrik »Fragen Sie Isadora« einsandten, nachdem sie einen Wettbewerb in Sachen Neubenennung der weiblichen Genitalien ausgeschrieben hatte: *Bienenstock, Futteral, Klitsche, Köcher, Lusthafen, Schwertscheide, Stulpe, Tätschelmäuschen, Wunderland (für einen Penis namens Alice!)*

Und noch etwas: In seinem Roman *Die Fermate* benutzt Nicholson Baker den Ausdruck »vadge« für die weibliche Vagina, und sein deutscher Übersetzer schreibt »Vaga«. Irgendwie gefällt mir der Ausdruck, es klingt so nett und natürlich.

Nicht-sexuelle Körperteile

Arsch, Hintergestell, Hinterkammer, Hintern, Homofotze, Popokal, Gesäß, Gesims, Kehrseite, Po, Scheißtrommel, der Unaussprechliche

Ausdrücke zur Bezeichnung der Masturbation:

abgeilen, Handarbeit, Hand an sich legen, melken, wichsen, sich selbst befriedigen, einen runterholen, einen Muschikribbler benutzen, es sich mit dem elektrischen Kavalier machen (beides für einen Vibrator benutzen), Doppelmassage (gegenseitige Masturbation)

Ausdrücke für das Vorspiel und den Geschlechtsverkehr

Benutzen Sie die folgenden Verben je zweimal auf verschiedene Weise und achten Sie darauf, wie Sie und Ihr Partner sich dabei fühlen. Bilden Sie zuerst den Satz »Ich will dich ...« und dann »Ich will, dass du mich ...«

bedienen, besteigen, bespringen, bumsen, ficken, fiedeln, flachlegen, geigen, lecken, nageln, poppen, reiten, vernaschen, vögeln, verballern, wibbeln, wippen[5]

Und, wie war's? Gab es Ausdrücke, die sowohl Sie als auch Ihr Partner erregend fanden? Merken Sie sich diese und bauen Sie sie zukünftig in Ihr verbales Liebesspiel ein. Merken Sie sich aber auch die Worte, die Sie jeweils abstoßend fanden, damit Sie diese zukünftig vermeiden können. Oder wenn Sie Lust haben, ein wenig Ihre Phantasie spielen zu lassen, dann denken Sie sich doch einfach Ihre ganz eigene explizit sexuelle Terminologie aus.

Als zum Beispiel Dave und Stacey, die sich von mir beraten ließen, diese Übung machten, fanden sie heraus, dass sie beide das Wort Vulva abtörnend fanden (weil es so nahe an »vulgär« ist), »Nudeltasche« und »Spaßwürstchen« nicht mochten (weil beides so eindeutig nach Lebensmitteln klingt) und »poppen« schon gar nicht ausstehen konnten, weil sie beide nicht gern Popmusik hörten. »Tätschelmäuschen«, »Flöte«, »Schleimbeutel« und »Hosenschlange« fanden sie außerdem beide einfach nur lachhaft und überhaupt nicht erotisch. Aber »Schwanz« und »Kitzler« sowie viele der Ausdrücke, die sich auf das Vorspiel und den Geschlechtsakt beziehen, benutzten sie beide sehr gern.

Nur für »Vagina« konnten sie kein Synonym finden, das ihnen gleichermaßen zugesagt hätte, und »Vagina« selbst fanden sie beide zu klinisch. Ich habe ihnen vorgeschlagen, sich doch ein neues Wort auszudenken, eines, das sich möglicherweise sogar auf natürliche Weise aus der gemeinsamen Erfahrung beider Liebender

---

5 *Da dieses Vokabular natürlich in jeder Sprache anders und weitgehend unübersetzbar ist, ist für die deutschen Ausdrücke zurückgegriffen worden auf Ernest Bornemann, »Sex im Volksmund«, Reinbek: Rowohlt 1991.*

heraus entwickeln könnte. Stacey schlug daraufhin »Honigmulde« und »Lusthöhle« als Beschreibung ihrer Vagina vor, womit Dave sich leicht anfreunden konnte. Selbst hatte er die Worte »feuchte Blüte« und »seidenes Loch« für Staceys Genitalien gefunden, was sie ebenfalls erotisch fand. Andere Paare, die diese Übung gemacht haben, erzählten, dass sie beispielsweise die Brustknospen »Prickler« oder »Lustzipfel«, den Penis als »Zauberschaft« oder »Liebeslanze« und den Beischlaf als »erotische Beckengymnastik« bezeichnet hatten.

Mit Phantasie und Humor Hemmungen überwinden

Manchmal ist es leichter, ein Übermaß an Selbstreflexion beim »Dirty Talking« zu überwinden, wenn Sie spielerisch und mit Humor an die Sache herangehen. Humor reizt zum Lachen, was Ihnen helfen wird, eventuelle Spannungen und Verlegenheiten zu überwinden. Humor entspannt und lockert die sexuelle Atmosphäre auf. Saul und Janelle zum Beispiel, die tantrisches Yoga praktizieren, haben noch eine andere Möglichkeit gefunden, um über Verlegenheiten hinwegzukommen: Sie wenden eine Technik an, die sie in einem Workshop über »sinnliche Laute« kennen gelernt haben (siehe hinten im Service-Teil dieses Buches). Für jeden, der sich beim »Dirty Talking« unwohl fühlt, ist tantrisches Yoga ein guter Ausgangspunkt.

Chakra-Klänge

Die Übung von Saul und Janelle basiert auf der Theorie des Tantra, einer fernöstlichen Philosophie und Lehre, bei der sieben subtile Kraftzentren, so genannte »Chakren« im Körper lokalisiert werden: das Muladhara-Chakra am unteren Ende der Wirbelsäule, das sakrale oder Geschlechtszentrum, Svadhistana-Chakra genannt, das Sonnengeflechtszentrum, das Kehlzentrum, das Herzzentrum, das Zentrum zwischen den Augenbrauen (wo der Sitz des »dritten Auges« ist) und schließlich das Kopfzentrum. All diese Zentren sind der Tantra-Lehre zufolge besonders empfindlich für Licht- und Klangvibrationen.

In ihrem Workshop über sinnliche Laute hatten Saul und Janelle gelernt, abwechselnd den »Om«-Klang auf die Kraftzentren im Körper des Partners zu richten. Für den einen Partner war das eine Stimmübung, bei der er den ihm gemäßen Ton finden sollte, während es für den anderen um die angenehmen Körperempfindungen ging, die sich beim Hören des Klangs einstellen.

»Als ich zu Hause mit Saul diese Übung machte, kam ich auf die Idee, dass es ganz lustig wäre, mal ein anderes Wort als immer nur ›om‹ zu nehmen, und so sang ich auf sein Sonnengeflechtszentrum gerichtet: ›Komm!‹ Er fing an zu lachen, wir rollten zusammen über den Teppich, und er fing an, ›oh, leckere Muschi‹ in meine Genitalien hineinzusingen. Nach und nach sagten wir immer mehr schlüpfrige Ausdrücke in unsere Chakra-Zentren hinein, wobei wir uns ein bisschen albern vorkamen, was aber auch sehr sexy war. Vor allem aber waren wir dabei viel entspannter als bisher, wenn wir explizit sexuelle Sprache benutzt hatten.«

Wenn Sie möchten, können Sie diese unbeschwerte Herangehensweise mit den Wörtern aus dem »Echtzeit«-Test-Abschnitt ausprobieren. Fangen Sie mit solchen Begriffen an, die Ihnen leicht über die Lippen kommen, und gehen Sie dann zu solchen über, bei denen das anders ist. Diese Übung wird Ihnen noch mehr Spaß machen, wenn Sie sich vor Augen halten, dass Sie damit nicht nur einige Ihrer Hemmungen im Bezug auf »Dirty Talking« überwinden, sondern auch Ihren Stimmbändern Gutes tun.

Das nächste Spiel eignet sich besonders für Frischverliebte, die gerade erst die sexuellen Bedürfnisse und Wünsche des Partners kennen lernen.

Mit dem Körper sprechen

In diesem Spiel geht es darum, den verschiedenen erogenen Zonen des Körpers Eigennamen zu geben und so zu tun, als könnten diese Körperteile denken und in Worten ausdrücken, wie sie gerne erotisch gereizt werden möchten. Überlegen Sie sich, was für eine Stimme ein bestimmter Körperteil wohl hätte, wenn er sprechen könnte. Würde er hoch oder tief sprechen, lebhaft oder träge, oder hätte er vielleicht einen ausländischen Akzent?

Hier ein Beispiel für ein solches Szenarium (spielerischer, schmollender Tonfall): »Hallo, ich bin Bibi, die Brustknospe, und das hier ist meine Zwillingsschwester Baba. Wir beide mögen es, wenn wir am Anfang nur ganz langsam mit der Zungenspitze liebkost werden, in kleinen, um die Mitte kreisenden Bewegungen. Und später möchten wir dann gerne sanfte Liebesbisse am Rand bekommen.«

Oder Sie lassen ein Körperteil indirekt zu einem anderen sprechen, zum Beispiel so: »Herr Liebesspeer würde jetzt gern Fräulein Muschi Lust bereiten. Ist sie bereit, ihn zu empfangen?«

Fred und Nancy haben noch eine andere Methode gefunden, die vielleicht auch für Sie etwas ist. Die beiden fühlten sich immer ein wenig unfrei, weil ihnen in der Kindheit stets gesagt worden war, Sexualität wäre etwas Schmutziges. Irgendwann haben sie realisiert, dass die meisten Kinder (ebenso wie Erwachsene) immer am liebsten das wollen, was man ihnen verweigert, und sich dem widersetzen, wozu man sie zwingt. Also dachten die beiden sich eine Reihe imaginärer Situationen aus, in denen sie sich gegenseitig verboten, obszöne Sprache zu benutzen.

Das Spiel mit dem verbotenen Ausdruck

Der Ansatz der psychologischen Umkehrung oder das »Spiel mit dem verbotenen Ausdruck«, wie ich es später genannt habe, funktioniert am besten, wenn Sie eine rebellische Veranlagung haben und es gewohnt sind, sich gegen Autoritätsfiguren und willkürliche Regeln zu behaupten. Stellen Sie sich vor, Sie würden in einer Umgebung mit Ihrem Partner Sex haben, wo dies verboten oder unangemessen wäre: zum Beispiel beim Gottesdienst in der Kirche, irgendwo in einer der hinteren Reihen. Oder in einem Flugzeug. Oder in dem Hinterzimmer, wo Sie sich vor einem Sondereinsatzkommando verstecken, das hinter Ihnen her ist. Und bevor Sie mit dem Liebesspiel beginnen, sagt ein Partner zum anderen: »Niemand darf uns hören. Es ist hier verboten, schmutzige Ausdrücke zu benutzen.«

Oder Sie könnten so tun, als wäre einer von Ihnen eine Autoritätsfigur und der andere ein Widersacher, den die Autorität zu unterwerfen versucht. Wenn Sie die Rolle des Machthabers übernehmen, können Sie zum Beispiel zu Ihrer Partnerin sagen: »Ich will nicht, dass irgendjemand dich hört, also halt den Mund!« Sie können Ihrer Partnerin auch sanft den Mund zuhalten, um sie daran zu hindern, ein schmutziges Wort auszusprechen oder einen sexuellen Laut von sich zu geben. Oder Sie setzen noch einen drauf und sagen ihr, dass sie bestraft und öffentlich zur Schau gestellt wird, falls sie nicht gehorcht.

Patrick und Marianne stellten sich immer gern vor, sie würden es im Umkleideraum des katholischen Internats treiben, wo sie zur Schule gegangen war. Wenn Patrick ihr dann den Mund zuhielt und ihr zuzischte: »Pass auf, dass die Nonnen dich nicht hören«, befreite sie sich aus seinem Griff und rief laut: »Es ist mir egal, ob die Mutter Oberin oder der Papst höchstpersönlich mich hören! Ich liebe dich, und genauso liebe ich es, mit dir zu ficken!«

Vielleicht möchten Sie aber auch mehr als nur versaut reden können, nämlich schlüpfrige, obszöne Worte benutzen, zugleich aber einen Hauch von Poesie und Flair einflechten. Vielleicht sind Sie sogar ein bisschen neidisch darauf, wie wortgewandt die Figuren in erotischen Romanen und Filmen ihre sexuelle Leidenschaft zum Ausdruck bringen können. Solche Figuren finden immer die pikantesten, anregendsten Worte und Sätze zur Beschreibung jedes Bedürfnisses, das sie empfinden, und jedes Liebesakts, den sie sich erträumen. Wäre es nicht wundervoll, wenn es Ihnen ebenso leicht fiele, Ihr sexuelles Begehren in Worte zu kleiden? Nun, bei der nächsten Übung werden Sie genau dazu Gelegenheit haben. Mit einem kleinen Unterschied: Sie sollen diese erotischen Gespräche so sehr übertreiben, dass sie geradezu aberwitzig werden. Es soll lustig sein, so lustig wie möglich, bis ins Lächerliche hinein. Wenn Sie lachen müssen und sich gut fühlen, sind Sie nämlich alles andere als gehemmt – und so lernen Sie auf ganz spielerische Weise, wie es ist, schmutzige Worte zu benutzen.

Die »Dirty-Talking-Olympiade« und die weltbesten Sex- und Lustgeräusche

Sie und Ihr Partner sind nun in der Endrunde der »Dirty-Talking-Olympiade«, und zwar in der Disziplin »Sex- und Lustgeräusche«. Sie sollen die erotischen Sätze, die Sie in pornographischer Literatur gelesen und die schlüpfrige Konversation, die Sie von nichtjugendfreien Videos oder 0190-Nummern kennen, genauso durch den Kakao ziehen wie das Stöhnen, Schnaufen und die sonstigen Laute, die zu erotischer Erregung dazugehören. Außerdem soll es darum gehen, einander in möglichst anschaulichen Beschreibungen und verbalen Ausbrüchen der Leidenschaft zu übertrumpfen. Benutzen Sie ruhig alle abgegriffenen Phrasen und Klischees, die Ihnen einfallen, und gestalten Sie Ihre Beschreibungen so irrwitzig und absurd, wie Sie nur können. Verulken Sie zum Beispiel die euphemistischen Sätze, die immer in den klassischen erotischen Liebesromanen vorkommen:

Er: »*Flugs aus dem Mieder gehüpft, Frauenzimmer! Ich möchte sehen, wie Eure wundervollen hängenden Schönheiten mit den rosafarbenen Spitzen vor Verlangen nach meiner Berührung aufseufzen. Ich möchte Eure Brustknospen reizen, bis sie wie feuchte Korallen an meiner Zunge brennen.*«

Sie: *»Oh Herr, Ihr berauscht mich! Meine Hüften zittern voll Erwartung!«*

Er: *»Sehr wohl! So liegt nun darnieder, auf dass ich meine Lippen in das haarige Kissen zwischen Euren Beinen versenken kann.«*

Sie: *»Oh Schurke, meine Haut brennt wie Feuer! Spürt Ihr an Eurer Zunge, wie meine Liebesknospe pulsiert!«*

Er: *»Oh ja! Stundenlang wollt' ich in Eurer zitternd feuchten Grube versinken!«*

Sie: *»Oh, oh, wie wundervoll! Und ich spür, wie Euer heißer Stengel an meinem brennenden Körper zur lebensvollen Blüte ersteht!«*

Er: *»Oh ja! Mein erhobenes Schwert ächzt zu erkunden die Tiefen Eurer warmen, feuchten Liebesscheide!«*

Sie: *»Oh nehmt mich, Herr! Spießt mich auf mit Eurem begehrten Schwerte! Reitet mich wie ein wildes Fohlen! Macht aus mir eine einzige Masse heißer, dahinschmelzender Lava!«*

Er: *»Oh ja, mein Weib, ich werde Euch in eine reine Flut der Verzückung verwandeln und Euch mit meinen herrlichen Liebessäften überfluten!«*

Beide: (Stöhnen, Schreie und verschiedene inkohärente Ausdrücke wilder Leidenschaft)

Nachdem Sie die Szene durchgespielt haben, stellen Sie sich vor, Sie wären jetzt die Schiedsrichter des Wettbewerbs und müssten entscheiden, wer von Ihnen dabei am aberwitzigsten, obszönsten, einfallsreichsten oder sonst etwas war. Der Verlierer überlässt dem Gewinner dann den »goldenen Schwanz« bzw. die »goldene Muschi« oder was auch immer Sie zu Ihrem Preis erklärt haben.

Bis jetzt ging es darum, dass Sie sich sicher und wohl dabei fühlen sollten, obszöne, geile oder lüsterne Sprache in Ihr Liebesspiel einzubauen. Solche Ausdrücke können sehr viel Spaß machen, befreiend wirken und in hohem Maße erregend sein. Aber die wirkungsvollsten Formen der erotischen Kommunikation sind doch jene, die, während sie die körperliche Leidenschaft anstacheln, auch die Intimität steigern, die nicht nur Regung in die Genitalien bringen, sondern auch Herz und Geist ansprechen. Bevor wir also das Thema »Dirty Talking« abschließen, müssen wir uns noch damit beschäftigen, wie man beides auf natürliche Art und Weise zusammenbringt.

Explizit sexuelle Sprache und erotische Einkehr

Auch wenn Sie einen Partner haben, sollten Sie die nächste Übung lieber alleine machen. Dann sind Sie frei genug, sich Ihren innersten Gefühlen ganz zu öffnen, ohne darüber nachdenken zu müssen, wie Ihr Partner wohl auf diese Regungen reagiert. Wenn Sie möchten, können Sie später immer noch mit ihr oder ihm darüber sprechen – und wenn nicht, dann lassen Sie's. Und selbst wenn Sie dieses Buch als Paar zusammen lesen – bitte machen Sie *diese eine* Übung jeder für sich. Und nachdem Sie die folgende Anleitung gelesen haben, fahren Sie bitte nicht mit der Lektüre fort, bevor Sie die Übung nicht auch tatsächlich gemacht haben.

Übung: erotische Einkehr – sich den idealen Partner vorstellen

Suchen Sie sich einen bequemen Stuhl an einem ruhigen Ort, wo Sie für etwa eine halbe Stunde ungestört bleiben können. Halten Sie einen Kugelschreiber oder Bleistift und ein Blatt Papier griffbereit. (Wenn Sie möchten, können Sie diese Anweisungen auch zuerst auf Kassette aufnehmen und dann während der eigentlichen Übung abspielen.)

Setzen Sie sich, schließen Sie die Augen und lassen Sie die Außenwelt um sich herum versinken. Machen Sie die Entspannungsübung, die Sie in Kapitel 2 gelernt haben: Richten Sie Ihre Aufmerksamkeit auf jeden einzelnen Teil Ihres Körpers, angefangen bei den Füßen, und achten Sie darauf, wie die verschiedenen Körperteile sich anfühlen und wo möglicherweise irgendwelche Verspannungen sind, ohne diese jedoch bewusst beeinflussen zu wollen. Wenn Sie Ihren Füßen genug Aufmerksamkeit dieser Art entgegengebracht haben, können Sie zu Ihren Beinen, Armen, Ihrem Ober- und Unterkörper übergehen, bis hin zu Ihrem Gesicht. Achten Sie auch auf Ihre Atmung, darauf, ob Sie möglicherweise flach atmen. Wenn dem so ist, lassen Sie ohne jede Anstrengung und ganz ruhig etwas mehr Luft durch Ihre Lungen strömen.

Stellen Sie sich nun vor, Sie lägen neben einem Menschen im Bett, dem Sie sich in hohem Maße körperlich, emotional, mental und spirituell verbunden fühlen: jemanden, den es momentan tatsächlich in Ihrem Leben gibt oder den Sie gern in der Zukunft kennen lernen würden. Wenn es jemanden gibt, den Sie sich unter einem »Seelenverwandten« oder einem »idealen Partner« vorstellen können, umso besser.

Stellen Sie sich außerdem vor, Sie hätten zu diesem Menschen eine Beziehung, in der Sie die Aufgehobenheit und Nähe, die Sie brauchen, ebenso finden wie die Freiheit und die Zeit, die Sie gern für sich selbst haben möchten. Kurz, stellen Sie sich diese Beziehung so harmonisch vor, dass Sie weder Angst davor hätten, verlassen zu werden, noch zu sehr eingeengt zu werden. Und wenn es zwischen Ihnen zu Konflikten kommt, wie es in jeder Beziehung gelegentlich passiert, dann wäre auch das nützlich, denn Sie wüchsen gemeinsam über sich selbst hinaus und entwickelten mehr Aufmerksamkeit füreinander.

Genießen Sie es, wie angenehm und leicht es sich anfühlen kann, so eine wertvolle Beziehung zu haben. Lassen Sie dieses positive Gefühl durch Ihren Körper hindurchströmen, während Sie sich vorstellen, in leidenschaftlicher Umarmung bei diesem Traumpartner zu liegen. Stellen Sie sich vor, er würde zu Ihnen sprechen und Ihnen sagen, wie sehr er Sie liebt, Ihren Körper und Ihre ganze Person, und wie viel Ihre Gegenliebe ihm bedeutet. Vielleicht sagt er Ihnen in Ihrer Phantasie genau das, was Sie schon immer sehnlichst hören wollten, doch nie für möglich gehalten hätten. Lassen Sie es zu, dass die Worte Ihres Liebhabers oder Ihrer Liebhaberin Sie in Ihrem tiefsten Inneren anrühren. Die Gefühle, die Sie dabei empfinden, sollten Sie nun verankern, indem Sie sich die linke Hand kurz fest auf die Brust pressen.

Stellen Sie sich dann vor, diesem wundervollen und unersetzlichen Partner gegenüberzustehen und ihm in die Augen zu sehen. Sie werden sehr leidenschaftlich empfinden, aus tiefstem Herzen lieben und genau spüren, dass eine Macht, die größer ist als Sie beide, Sie zusammengebracht hat. Wenn Sie mit diesem Menschen nun Ihre Gefühle entdecken wollten – welche Worte würden Ihnen in den Sinn kommen? Sehen Sie Ihrem Traumpartner in die Augen, während Sie Ihre Gefühle in Worte fassen, und lassen Sie sich die Wirkung nicht entgehen, die diese Worte auf ihn haben. Und was ist es für Sie selbst für ein Gefühl, Ihre hocherotischen Begierden, Ihre tiefsten Gefühle und innersten Sehnsüchte einem Menschen zu eröffnen, der Sie über alles in der Welt liebt? Genießen Sie das Gefühl, und verankern Sie es, indem Sie sich diesmal kurz die rechte Hand auf die Stirn pressen.

Lassen Sie die Szene langsam verklingen, bis allmählich die Geräusche der Außenwelt wieder zu Ihnen durchdringen und Sie den Stuhl, auf dem Sie sitzen, wieder zu spüren beginnen. Öffnen Sie dann die Augen. (Wenn Sie diese Anleitung auf Kassette aufgenommen haben, schalten Sie das Gerät bitte an dieser Stelle aus und machen Sie die Übung.)

Nehmen Sie nun Stift und Papier zur Hand und schreiben Sie alles auf, was Ihr imaginärer Partner in Ihrer Phantasie gerade zu Ihnen gesagt hat. Wenn Sie sich an den genauen Wortlaut nicht erinnern können, pressen Sie kurz die linke Handfläche auf Ihre Brust. Normalerweise wird Sie dieser Impuls in den Gefühlszustand zurückversetzen, in dem Sie sich auch bei der Übung befanden, so dass Ihnen die Worte von selber wieder einfallen werden. Schreiben Sie dann auch alles auf, was Sie selbst während der Übung zu Ihrem Partner gesagt haben.

Wenn Sie eine Erinnerungsstütze brauchen, legen Sie sich kurz die rechte Hand auf die Stirn. Und wenn Sie fertig sind, legen Sie die Liste zur Seite; wir kommen gleich noch einmal darauf zurück.

Wenn ich diese Übung in meinen Kursen mache, stelle ich immer wieder fest, dass sogar die Teilnehmer, die sonst immer besonders extrovertiert und ungehemmt sind oder am meisten Aufmerksamkeit zu erheischen suchen, ziemlich zurückhaltend dabei sind, vor der Gruppe zu erzählen, welche imaginären Sätze bei ihnen selbst vorkamen.

Während einige dieser Teilnehmer keine Probleme damit haben, erotische Gespräche zu beschreiben, die sie mit einem Partner oder zu Übungszwecken mit anderen Teilnehmern führten, werden sie sehr still, sobald es um eine Erfahrung geht, bei der sie mit Herz und Seele dabei waren. Wie ich schon früher erklärte: In unserer Kultur spricht man zwar leicht über die körperlichen Aspekte der Sexualität, doch die Sehnsucht nach einer erfüllten sexuellen Beziehung, die weit über das Genitale hinausgeht, kommt in aller Regel nicht zur Sprache.

Der Schriftsteller und Philosoph Sam Keen sagte auf einer Konferenz in San Francisco: »Die verdrängte Libido, von der Freud sprach, gibt es heutzutage auf MTV. Die Suche nach dem perfekten Orgasmus ist zur Suche nach dem Heiligen Gral geworden. Was heutzutage psychisch verdrängt wird, ist die spirituelle Dimension der Sexualität. Freud ist sozusagen auf den Kopf gestellt worden!«

Doch bei vielen von uns sind diese Sehnsüchte gar nicht so sehr unterdrückt, dass wir uns nicht mehr vorstellen könnten, wie es wäre, wenn sie Wirklichkeit würden. Und als ich meine Teilnehmer schließlich bat, ihre Sätze aus der Übung zur erotischen Einkehr anonym bei mir einzureichen, erhielt ich eine ganze Reihe hocherotischer Beispiele:

- »Ich will dich voll und ganz, vom Herzen bis zur Muschi.«
- »Ich möchte das Jungfräuliche an dir lieben, das kein Mann je zuvor berührt hat. Ich möchte deine Muschi so lecken, als wäre es das erste Mal. Ich möchte, dass du meinen Schwanz so leckst, als wäre es das erste Mal.«
- »Ich liebe dein Herz und deine Brustknospen, deinen Schwanz und deinen Geist, deine Lippen und deine Seele.«

- »Ich will immer noch mehr von dir: mehr von deiner Muschi, mehr von deinem Herzen und mehr von deinem Geist.«
- »Bitte sieh mir beim Ficken in die Augen. Ich möchte in deinen Augen lesen, wie es auf dein Herz und deine Seele wirkt, wenn ich dich körperlich liebe.«
- »Wenn ich in dir bin, fühlt es sich an, als hätte Mutter Erde mich wieder. Es ist wie eine Heimkehr.«
- »Mir kommt es vor, als würden wir schon ewig so ficken und nie, nie wieder aufhören!«
- »Wenn du so in mir bist, kommt es mir vor, als hielte dein Geist meine Seele umfangen.«
- »Ich wünschte, dein Schwanz hätte Augen, dann könntest du sehen, wie sehr ich dich liebe und wie sehr ich es liebe, dich zu lutschen!«
- »Mit meiner Zunge verteile ich die Worte ›Ich liebe dich‹ auf deinem Schwanz. Kannst du all die Liebe spüren, die aus meiner Zunge kommt?«
- »So wie jetzt will ich wieder und wieder über dich kommen und überall um dich sein!«
- »Ich will mit dir verschmelzen, will eins mit dir sein.«
- »Mir kommt es vor, als wären wir zwei Götter, die zusammen eine ganz neue Welt erschaffen.«
- »Wenn ich mit dir zusammen bin, habe ich das Gefühl, mit dem Schöpfer des Universums in Verbindung zu stehen.«
- »Ich habe das Gefühl, als würde mein innerster Kern erst mit dir verschmelzen und sich dann ins Universum ausdehnen, um sich schließlich mit Gott zu vereinen.«

Lassen Sie diese Ausdrücke und Redewendungen einen Moment lang auf sich wirken. Sind Sätze darunter, die Sie selbst gerne aus dem Mund Ihres Partners hören würden? Wenn ja, setzen Sie diese mit auf die Liste von vorhin, die mit den Worten Ihres Idealpartners. Sind möglicherweise Sätze darunter, die Sie selbst gern zu Ihrem Partner sagen würden? Fügen Sie diese dann der Liste hinzu, auf der Sie Ihre eigenen Worte aus der Übung festgehalten haben.

Erstellen Sie nun innerhalb dieser beiden Listen eine Rangfolge, indem Sie zuoberst denjenigen Satz oder Ausdruck aufführen, bei dem Sie sich mit Ihrem Partner am sichersten fühlen würden, und zuunterst denjenigen, den Sie am problematischsten fänden. Wenn die Liste fertig ist, können Sie sie nutzen, um Ihrer sexuellen Beziehung zu einer neuen geistigen Qualität zu verhelfen.

Stewart hat einige Sätze von seiner Liste zunächst beim Sex mit seiner Freundin Hannah ausprobiert. Als sie positiv und leidenschaftlich darauf reagierte, wurde er noch etwas mutiger und fasste einige Gefühle in Worte, die er zu seinen intimsten und verletzlichsten zählte. Seine Offenheit ermutigte wiederum sie, die Tiefe ihrer Lust und Liebe ebenfalls mit Worten auszuloten. »Was ich wirklich erstaunlich fand, war, dass die Einstellung zu meiner eigenen Sexualität sich mit diesen Übungen völlig verändert hat«, gestand mir Stewart. »Ich glaube, die Übungen haben mir geholfen, in sexueller Hinsicht mit mir selbst ins Reine zu kommen. Ich war immer innerlich hin und her gerissen, weil ein Teil von mir eine geistige Verbindung mit einem anderen Menschen suchte, Liebe geben und bekommen wollte, während ein anderer Teil meiner selbst einfach nur Spaß haben und gut ficken wollte. Jetzt ist mir klar geworden, dass ich beides haben kann – und sogar zusammen!«

Lenore versuchte es mit einer eher indirekten Herangehensweise. Sie hinterließ auf dem Nachttisch ihres Mannes einen Brief: »Lieber Mike, gestern hast du mich gefragt, was ich mir zu meinem Geburtstag nächste Woche am meisten wünsche. Obwohl ich die greifbaren Anzeichen deiner Liebe sehr zu schätzen weiß, Blumen, die romantischen Abendessen bei Kerzenlicht oder Schmuck, gibt es doch eines, was ich mir vor allem von dir zum Geburtstag wünsche: dass du mir sagst, wie sehr du mich liebst und begehrst. Ich habe meine Phantasie ein wenig spielen lassen und darüber nachgedacht, welche Worte ich unendlich gern aus deinem Munde hören würde. Hier meine geheime Liste; niemand außer dir darf sie kennen.« (Es folgen die ersten vier Sätze von ihrer Liste.) »Wenn die einen oder anderen Worte auszudrücken vermögen, was du für mich empfindest oder sie dich auf andere Worte bringen, in denen deine Liebe für mich zum Ausdruck kommt, bitte sag mir diese Worte dann. Es würde unendlich viel für mich bedeuten.«

Am Morgen ihres Geburtstags wurde Lenore von einem Flüstern an ihrem Ohr wach. Es war Mike, der ihr leise ins Ohr sagte, wie sehr er sie liebe und begehre, und er sagte es in Worten, die ganz die seinen waren und doch alle Sehnsüchte erfüllten, die in ihrer geheimen Liste beschlossen gelegen hatten.

Serge und Natasha, die ebenfalls zusammen diese Übung machten, entschieden sich dafür, ihre Listen einander in einem nichtsexuellen Kontext nahe zu bringen. Sie setzten sich in einer ruhigen Stunde entspannt zusammen, nahe genug für körperlichen Kontakt, aber auch in einem gewissen Abstand zueinander, der es ihnen erlaubte, Blickkontakt zu halten. Serge begann dann, Natasha durchs Haar zu streichen, während er gleichzeitig die ersten Worte von seiner Liste zitierte. Sie strich ihm über die Brust, während sie den ersten Satz auf der ihren vorlas. Nach drei solcher Sitzungen, in denen die beiden immer mutiger wurden und einander immer intimere Sehnsüchte und Wünsche gestanden, trauten sie sich schließlich sogar, die Sätze, die sie ganz ans Ende der Liste gestellt hatten, also diejenigen, bei denen sie am meisten Angst hatten, offen auszusprechen.

Wenn Sie und Ihr Partner sich über die Erfahrungen austauschen, die Sie jeweils mit dieser Übung gemacht haben, sollten Sie die Worte des jeweils anderen so intensiv wie möglich auf sich wirken lassen. Führen Sie jede einzelne Art und Weise an, in der sie einander lieben: als sinnliche, instinktgetriebene, wilde sexuelle Tiere; als zärtliche, treue Freunde; als unschuldige, manchmal verspielte, manchmal ängstliche Kinder; als majestätische Göttinnen und Götter und als ebenso heldenhafte wie fehlbare menschliche Wesen.

Wenn manche Worte Ihres Partners Sie erregen, während andere Sie glücklich oder traurig stimmen, sollten Sie versuchen, das Begehren in Ihren Genitalien mit der Freude oder dem Schmerz in Ihrem Herzen zu verbinden. (Das Gefühl, von ganzem Herzen geliebt zu werden, kann tiefe Traurigkeit hervorrufen, besonders, wenn solcher Liebe eine lange Zeit der Entbehrung voranging.) Wenn Sie traurig sind, lassen Sie die Tränen ruhig fließen. Und wenn Sie daran nicht gewöhnt sind, halten Sie sich vor Augen, dass viele Frauen es extrem sexy finden, wenn Männer weinen. Verletzbarkeit ist oft ein erstaunliches Aphrodisiakum. Lassen Sie die Tränen und die Freude ebenso zu wie die sexuelle Gier. Wahre Vertrautheit und eine tiefe erotische Verbundenheit entstehen dann, wenn beide Partner offen für die eigenen reichen, vitalen Ressourcen sind, die sie zu genau den Menschen machen, die sie sind.

9. Phantasie- und Rollenspiele

»Ich möchte mit meiner Liebe bis in die verborgensten Schlupfwinkel deines Wesens gelangen. Ich möchte tief in die geheimen Stätten deines Geistes vordringen, dorthin, wo du deine allerintimsten Phantasien verborgen hältst, jene geheimen Bilder, von denen du nie einem Menschen erzählt hast. Lass mich in die Welt deiner erotischen Träume eintauchen!«

Stellen Sie sich vor, Ihr Partner hätte diese Worte zu Ihnen gesagt. Fänden Sie dieses Ansinnen erregend, aufregend oder bedrohlich? Oder hätten Sie dabei gemischte Gefühle, wären Sie fasziniert, erregt und ängstlich zugleich? Tatsächlich ist es überhaupt nicht ungewöhnlich, bei solchen Worten widerstreitende Gefühle zu empfinden.

Denn obwohl es wunderschön und befreiend sein kann, dem Partner die eigenen sexuellen Phantasien zu enthüllen, gibt man sich dabei auch eine Blöße und riskiert, womöglich kritisiert und abgewiesen zu werden. Aber wenn Sie und Ihr Partner bereit sind, für den Austausch über erotische Träume ein emotionales Sicherheitsnetz zu knüpfen (siehe hierzu Kapitel 2), dann kann Ihnen dieser Austausch sehr viel geben.

»Ich hatte eine Zeit lang oft Phantasien darüber, mit anderen Frauen zu schlafen, obwohl ich Judith, meiner Frau, nie wirklich untreu geworden wäre«, gestand Leo. »Ich hatte sehr große Angst, dass sie schockiert und verletzt sein würde, wenn sie es erführe, also behielt ich es die ersten 20 Jahre unserer Ehe für mich. Als ich es ihr schließlich doch gestand, lachte sie nur und sagte: ›Das wundert mich gar nicht. Nach den ersten sieben Jahren hat es bei mir auch angefangen, dass ich Phantasien über andere Männer hatte. Aber solange es nur Phantasien sind, mache ich mir über so etwas keine Sorgen.‹«

Leo und Judith entwickelten dann eine gemeinsame Phantasie, bei der sie beide so taten, als wären sie jemand anderes. Leo übernahm die Rolle von Judiths früherem Englischlehrer, den sie jahrelang heimlich angehimmelt hatte, während Judith die Klavierlehrerin spielte, in die Leo als Jugendlicher verknallt gewesen war.

»Erst als wir anfingen, mit sexuellen Phantasien zu spielen«, erklärt Judith, »fiel uns auf, wie langweilig unser Liebesleben geworden war. Wir waren schon so viele Jahre verheiratet, dass wir sexuell längst in eine nette und angenehme, aber nicht gerade besonders aufregende Routine verfallen waren. Jetzt können wir alle möglichen aufregenden Freunde und Fremde in unser Bett hineinholen, ohne dass wir unsere Treueschwüre brechen müssten!«

»Ich habe mich selbst immer als eher analytischen Typ gesehen, der mit der linken Gehirnhälfte mehr anfangen kann als mit der rechten«, beschreibt Edwin, von Beruf Chemieingenieur, sich selbst. »Ich dachte auch immer, ich hätte eher wenig Phantasie, aber als Phyllis, meine Partnerin, mich vorsichtig an Spiele rund um sexuelle Phantasien heranführte, entdeckte ich ein Reservoir an erotischem Einfallsreichtum, das ich überhaupt noch gar nicht angezapft hatte.«

»Um ihn ein bisschen aufzulockern und ihn dazu zu bringen, im Bett etwas spielerischer und phantasievoller zu werden, habe ich Ed abends immer etwas vorgelesen«, erzählt Phyllis. »Jeden Abend habe ich eine neue Geschichte herausgesucht, bis wir irgendwo auf eine Figur stießen, die er sehr bewunderte oder beneidete. Dann habe ich ihm gesagt, er solle sich vorstellen, selbst diese Figur zu sein – wie er dann aussehen, sprechen, fühlen und denken würde, und wie er Liebe mit mir machen würde.«

»Das wirkte wie ein Zauber«, berichtet ein sichtlich zufriedener Ed. »Besonders angetan war ich von der Comic-Fassung von *Star Trek: The Next Generation;* das Heft war für Jugendliche gar nicht freigegeben. Als bekennender Trekkie habe ich schon immer den großen, animalisch aussehenden Klingonen Worf bewundert, der mit seinem profunden Sinn für Ehre und Integrität seine primitiven und leidenschaftlichen Emotionen im Zaume hielt. Wenn ich mit Phyllis schlafe und mir dabei vorstelle, Worf zu sein, kann ich diese Qualität des mit höfischen Sitten begabten Tieres auf eine

Art und Weise zum Ausdruck bringen, die sie ganz wild macht. Und mir selbst gibt es nicht nur ein Gefühl von Macht, sondern es bringt mich auch in eine verspielte Stimmung und erregt mich ganz wahnsinnig.«

»Als ich 17 war«, erzählt Courtney, »gelang es meinem Freund und mir, unbemerkt in ein Pornokino hineinzuschlüpfen, und der Film, der dort lief, beflügelt bis heute meine sexuellen Phantasien: Eine nackte Frau saß auf einer großen Schaukel und lehnte sich weit zurück, während einige männliche Bodybuilder um sie herumstanden, die sie überall küssten. Gelegentlich drang auch einer in sie ein, während die anderen sie unablässig weiter liebkosten. Lange habe ich niemandem erzählt, dass ich diese Filmszene wieder und wieder vor meinem inneren Auge ablaufen ließ«, erklärt Courtney. »Ich sagte meinem Freund nichts davon und später meinem Mann auch nicht, weil ich Angst hatte, sie könnten denken, ich wollte Sex mit mehreren Partnern zugleich haben oder auch im wirklichen Leben an solchen Orgien teilnehmen. Ich habe aber keinerlei Bedürfnis nach so etwas. Lediglich in der Phantasie macht mich die Szene ganz heiß.«

Sich mit dem Partner über erotische Phantasien auszutauschen, kann also sehr gewinnbringend sein, selbst wenn ihnen etwas Verbotenes, Unmoralisches anhaftet oder sie ein Tabu brechen. Genauso wie Leo, Judith und Courtney haben wir zudem vielleicht kein Interesse daran, solche Phantasien im richtigen Leben zu verwirklichen, aber mit einem Partner darüber zu sprechen, konfrontiert uns mit einem Teil unserer selbst, mit dem wir uns aus Angst oder Scham bisher vielleicht nicht beschäftigen wollten. Die Erfahrung, dass der Partner diese Phantasien akzeptiert (und vielleicht sogar selbst davon erregt wird), kann uns dabei helfen, diese Aspekte der eigenen Persönlichkeit leichter zu akzeptieren. Gleichzeitig wird dabei auch unsere emotionale und erotische Verbundenheit mit dem Partner erneuert.

Sich über erotische Phantasien austauschen – ein Sicherheitsnetz knüpfen

Wenn Sie anfangen, einander zu enthüllen, was für Szenen und Figuren bei Ihren sexuellen Phantasien wichtig sind, ist es entscheidend, dass Sie beide eine tolerante Haltung einnehmen. Hören Sie einander offen und interessiert, mit möglichst großer Neugier zu. Stellen Sie sich vor, Sie wären Alice (oder Alex) im Wunderland und würden gleich durch den Spiegel steigen und einen Garten voll neuer erotischer Freuden betreten.

Manche Ihrer sexuellen Lieblingsphantasien sind womöglich gar nicht tabu oder besonders ordinär. Vielleicht haftet ihnen sogar etwas Spielerisches, Romantisches oder Spirituelles an. Aber falls sie sich doch um Dinge drehen, die einer von Ihnen möglicherweise als verstörend empfindet, sprechen Sie dann am besten vorher darüber und machen Sie miteinander aus, dass Sie mit den Gefühlen, die dabei eventuell hochkommen, in konstruktiver Weise umgehen werden. Wenn Sie zum Beispiel Schwierigkeiten damit haben, dass Ihr Partner es sich gern vorstellt, mit einem schwarzen Hengst oder mit der Mutter Oberin in einem Kloster Sex zu haben, dann sollten Sie ihn deshalb nicht mit Vorwürfen überhäufen oder ihn verachten, sondern die Verantwortung für Ihre eigenen Gefühle dabei übernehmen. Sagen Sie zum Beispiel: »Wenn du diese Szene beschreibst, bringt mich das jedes Mal total auf, denn mir ist immer gesagt worden, es sei schlimm, an Sex mit Tieren (oder mit Angehörigen des geistlichen Standes) auch nur zu *denken*. Vielleicht brauche ich auch erst noch eine Weile, bis ich mich daran gewöhnt habe. Ich hoffe, du hast ein wenig Geduld mit mir.«

Sie können natürlich auch die positive Erfahrung machen, dass Sie beide dieselben oder zumindest ähnliche sexuelle Phantasien haben, oder dass bestimmte Elemente Ihrer beider Lieblingsphantasien sich sehr nahe kommen. Wenn dem so ist, können Sie diese Elemente auch in einer gemeinsamen, neuen Phantasie zusammenbringen, die für Sie beide gleich erregend ist. Wie das gehen kann, werde ich später noch erklären. Jetzt wenden wir uns erst einmal einem lustigen Spiel zu, das es Ihnen und Ihrem Partner erleichtern wird, das erotische Wunderland möglichst leichtfüßig zu betreten.

Wie Sie sich Ihren erotischen Wunschtraum erfüllen

Bei dieser Übung kommen zunächst beide Partner gleichzeitig zum Zug: Suchen Sie sich einen Geburtstag, einen Jahrestag, den Valentinstag oder irgendeinen anderen Anlass heraus, den Sie beide romantisch und für Ihre Beziehung bedeutsam finden. Stellen Sie sich vor, Ihr Partner hätte Ihnen angeboten, Sie aus diesem Anlass an genau dem Ort, zu genau der Zeit und auf genau die Art und Weise zu lieben, wie Sie es am liebsten hätten. Schreiben Sie auf, wie dieser Tag dann verlaufen würde. Wo soll es passieren? (Das Setting kann real oder imaginär sein – wie Sie möchten!) Wie sind Sie beide angezogen? (Soll es bestimmte Kleidung sein, die tatsächlich in Ihrem Schrank hängt; solche, von der Sie schon immer geträumt haben – oder gar keine Kleider?) Was sagen Sie zueinander, oder wie bringen Sie einander in die richtige Stimmung für den Sex? (Sie können auf Ihre Lieblingsformen des Vorspiels zurückgreifen oder sich etwas ausdenken, was Sie nie zuvor getan haben, aber sehr spannend fänden.) Was genau tun Sie dann tatsächlich? (Denken Sie entweder an die aufregendsten sexuellen Erlebnisse zurück, die Ihnen einfallen, oder denken Sie sich neue aus.)

Werfen Sie nun eine Münze, um zu entscheiden, wer damit beginnt, sein Traumszenarium vorzulesen. Entscheiden Sie dann gemeinsam, wieviel Sie in der Realität umsetzen können beziehungsweise möchten. Alles andere können Sie als Material für eine anregende gemeinsame Phantasie benutzen.

Wenn einer von Ihnen zum Beispiel gern Sex im Auto haben möchte, auf dem Parkplatz des Schnellrestaurants um die Ecke, dann können Sie sich spontan entschließen, keine Zeit zu verlieren und die Idee einfach in die Tat umzusetzen. (Verhängen Sie dann aber die Autofenster, um Ihre Privatsphäre zu schützen!) Oder Sie stellen sich beim Sex lediglich vor, Sie wären im Auto und stünden auf dem Parkplatz vom Imbiss um die Ecke, während Sie in Wirklichkeit gemütlich im Bett liegen. Vielleicht haben Sie sich beim Sex auch schon einmal vorgestellt, Sie wären an einem einsamen Strand auf Hawaii. Das können Sie immer wieder tun – oder Sie nehmen sich jetzt vor, den Traum in den nächsten Ferien Wirklichkeit werden zu lassen.

Solange sich das Ganze nur in Ihrer Phantasie abspielt, sollten Sie versuchen, die Szene mit Hilfe von Worten wirklichkeitsnah und lebendig zu gestalten. Wenn zum Beispiel Ihre Partnerin sagt: »Ich stelle mir vor, wie wir im Wald unter dem Sternenhimmel Liebe machen. Du trägst dieses Cowboyhemd, das ich so gern mag, und dazu enge Jeans, während ich mein weißes, schulterfreies Kleid anhabe, das dir so gefällt. Wir ziehen einander langsam im Mondlicht aus, ich beuge mich über einen Baumstamm, und du nimmst mich von hinten.«

Sie können die Szene auch noch weiter »versinnlichen«, also der Vorstellung mit all Ihren Sinnen zu größerer Lebendigkeit verhelfen, indem Sie zum Beispiel sagen: »Ja, ich höre die Grillen im Gras zirpen, und ich rieche dich, und ich sehe den Mondschein auf deiner weichen Haut. Du fühlst dich unwiderstehlich an, und ich will dich einfach nur noch verschlingen.«

Ihre Partnerin könnte darauf antworten: »Komm, wir ziehen uns sofort aus. Bitte hilf mir schnell dabei.« Worauf Sie entgegnen könnten: »Hier, stütz dich auf diesem Baumstamm ab, während ich dir die Strumpfhose und die Schuhe ausziehe. Oh, bleib so! Das ist eine schöne Stellung! Mmmm. Ich glaube, in dieser Stellung nehme ich dich, jetzt sofort!«

Erotisches Vorlesen

Wenn das Improvisieren von Dialog, der sich romantisch oder sexy anhört, nicht Ihre Stärke ist, haben Sie vielleicht Lust, auf andere Weise erotische Phantasien mit Ihrem Partner auszutauschen. Probieren Sie doch einmal erotisches Vorlesen: Schlagen Sie ein besonders erregendes Kapitel oder einen besonders erregenden Abschnitt in Ihrem Lieblingsbuch aus dem Genre der erotischen Literatur auf. Bitten Sie Ihren Partner, Ihnen die Stelle vorzulesen. Danach soll er eine seiner eigenen Lieblingsstellen heraussuchen, die Sie ihm dann vorlesen.

Bemühen Sie sich beim Vorlesen, die eigene Erregung in der Stimme möglichst authentisch durchklingen zu lassen. Nehmen Sie sich gegebenenfalls noch einmal die Atemübungen aus Kapitel 2 vor, damit Sie sich beim Sprechen in Ihrer Haut wohl fühlen. Vielleicht hilft es Ihnen auch, wenn Ihr Partner Sie berührt, Sie streichelt, während Sie vorlesen. Ihr eigenes sexuelles Empfinden verflüchtigt sich dann nicht so leicht.

Als Zuhörender küssen und liebkosen Sie Ihre Partnerin so lange, bis sie vor Erregung einfach nicht mehr weiterlesen kann. Wenn auch Sie angetörnt werden, sei es von der Geschichte an sich oder von der Erregung Ihrer Partnerin, können Sie das Buch einfach in die Ecke werfen und sich ganz der körperlichen Lust hingeben. Wenn nicht, seien Sie geduldig mit Ihrer Partnerin und warten Sie, bis sie einen Höhepunkt erreicht hat oder selbst das Buch wegwirft, um Ihre sexuellen Avancen zu erwidern.

Sie können die Übung variieren. Fangen Sie genau wie eben mit dem Vorlesen an und genießen Sie die Zärtlichkeiten Ihres Partners. Doch diesmal legen Sie an einer geeigneten Stelle das Buch zur Seite und lassen Ihre Phantasie spielen. Machen Sie sich selbst und Ihren Partner zu den Hauptfiguren der Geschichte, während Sie weitererzählen. Erwidern Sie gleichzeitig die Zärtlichkeiten Ihres zuhörenden Partners. Achten Sie auch darauf, welche Ihrer Beschreibungen Ihren Partner besonders erregen, und passen Sie den Plot entsprechend an.

Mario und Michelle haben zum Beispiel immer besonders gern die klassischen erotischen Texte in *The Pearl* zum Ausgangspunkt für ihre eigenen erotischen Höhenflüge genommen. Vielleicht finden auch Sie dieses oder ein anderes der Bücher, die ich im Anhang empfehle, nützlich, um die Phantasie ein wenig anzustacheln. Hier ein Abschnitt aus *The Pearl* und ein Beispiel dafür, wie Sie solche Literatur einsetzen können, um ein imaginäres Szenarium zu entwickeln, das für Sie und Ihren Partner besonders erregend ist. In der folgenden Szene hat Walter ein sexuelles Rendezvouz mit zwei jungen Frauen, Sophie und Annie; die beiden sind Schwestern.

Die erfahrenere Annie drängt die noch jungfräuliche Sophie dazu, sich den sexuellen Freuden mit Walter hinzugeben: »Derart gedrängt, erlaubte sie mir, ihre Kleider nach oben zu schieben und sie darniederzulegen, doch auf diese Weise hätte Annie ihren gerechten Anteil an dem Spiel nicht bekommen. Doch da das Feuer der Leidenschaft nun Besitz von ihr ergriffen hatte, war es ein Leichtes, sie zu überreden, dass sie sich auf mein Gesicht setzte, während ich mich in voller Länge auf dem Sitz ausstreckte. Herrliche Hände nestelten sogleich an meinem erpichten Schwanz und befreiten ihn aus dem engen Gefängnis meiner Hose, und als ich anfing, Sophie begehrlich zu lecken, spürte ich, dass die liebe Annie sich zu ihrem eigenen besonderen Vergnügen meines Schwanzes angenommen hatte.«

Nun können Sie die Geschichte fortsetzen und dabei so tun, als wären Sie Annie und ihr Partner Walter, zum Beispiel so: »Und während ich deinen Schwanz drücke und meine Hand rhythmisch auf und ab bewege, saugst du an Sophies warmer, feuchter Muschi. Und dann fängst du an, ihre festen jungen Brüste zu streicheln, so dass ihre wundervollen rosa Brustknospen sich ekstatisch aufrichten. Sie zittert vor Lust, während ich ihr Gesicht mit brennenden Küssen bedecke, und ebenso ihre Haare, ihre Wangen und ihren Hals, und schließlich teile ich zärtlich ihren Mund mit meiner Zunge. Und während du nun anfängst, meine Brüste zu streicheln, nehme ich Sophies Finger und lege sie auf deine Brustknospen und bringe ihr bei, diese kleinen kreisenden Bewegungen zu machen, bei denen sie sich immer so herrlich aufrichten. Und dann beuge ich mich vor, und wo gerade noch Sophies Hand war, ist nun meine Zunge ... genau wie jetzt ...«

Eine andere aufregende Möglichkeit, mit dem Partner zusammen erotische Literatur zu lesen, sieht so aus, dass Sie das Buch, aus dem Sie Ihrem Partner seine Lieblingsstelle vorlesen, in einer Hand halten, während Sie ihn mit der anderen Hand streicheln. Oder Sie lesen Ihrer Partnerin etwas vor, während sie sich selbst befriedigt. Wenn dies zu einem lustvollen Liebesabenteuer führt, umso besser! Später können Sie die Rollen tauschen, so dass Sie beide die Erfahrung machen, wie es ist, gleichzeitig etwas vorgelesen zu bekommen und gestreichelt zu werden. Für eine gesunde und vertrauensvolle erotische Atmosphäre ist es sehr wichtig, dass beide Partner die Gelegenheit bekommen, den anderen an die eigene erotische Lieblingsliteratur und die eigenen geheimen Phantasien heranzuführen.

Wenn Sie auf Anhieb keine Geschichten finden, die Sie beide erregen, dann kann noch immer der eine die Erregung des anderen genießen oder sich darin üben, die Handlung der Geschichten so abzuändern, dass das Zuhören noch antörnender wird. Gina, die an einem meiner Kurse teilnahm, hatte einen Freund, der von einer Stelle besonders angetan war, die beschrieb, wie verschiedene Figuren, Männer und Frauen, im Rahmen einer Orgie Sex mit der Hauptfigur haben. Er identifizierte sich mit diesem Helden; sie hingegen fand die Vorstellung, dass er einfach so mit allen möglichen Leuten schlief, eher abtörnend, wenngleich sie die Szene ansonsten durchaus erregend fand. Schließlich änderten sie das Szenarium in der Phantasie derart ab, dass die anderen Teilnehmer der Orgie in sexueller Hinsicht alles durften außer mit ihm zu schlafen – ein Privileg, das ihr allein vorbehalten war. Mit dieser leichten Änderung funktionierte die Phantasie für beide Partner.

Wenn Sie selbst nicht besonders erfindungsreich sind oder es schwierig finden, Ihre Phantasien so abzuändern, dass sie für beide Partner erregend sind, dann suchen Sie doch stattdessen nach angemessenem erotischen Material, das Sie einander vorlesen können. Viele Menschen sind begeistert von den Geschichten, Gedichten und Photos in *Erotic by Nature*, das David Steinberg zusammengestellt hat; oder von der Geschichtensammlung *Wildkirschen* von Lonnie Barbach; den sexuellen Phantasien von Männern und Frauen, die Nancy Friday in zwei Bänden versammelt hat; und von der Dornröschen-Trilogie, die Anne Rice unter dem Pseudonym Anne Roquelaure verfasst hat. Bei den Quellenangaben finden Sie detaillierte Angaben zu all diesen Werken.

Ein erotischer Troubadour werden

Wenn die Lektüre erotischer Literatur Ihre Phantasie beflügelt hat oder Sie einfach nur Lust bekommen haben, Ihren kreativen Impulsen noch in anderer Hinsicht nachzugeben, dann ist vielleicht auch die folgende Technik interessant für Sie: Geschichten erzählen. Das Geheimnis großer erotischer Troubadoure besteht darin, dass sie Elemente der erotischen Lieblingsphantasien ihrer Partner aufgreifen und in einer neuen Geschichte verarbeiten, die besonders sexy klingt, wenn man sie leise ins Ohr geflüstert bekommt. Wenn Sie das noch nie ausprobiert haben, ist jetzt der richtige Moment dafür: Erleben Sie die Höhenflüge Ihrer Phantasie gemeinsam!

Wie ich zuvor bereits erwähnte, ist es ausgesprochen wichtig, dass Sie einander vorurteilsfrei zuhören, ohne sich irgendwelche Vorwürfe zu machen. Vielleicht können Sie auch mit dem Ansatz von Jason und Vickie etwas anfangen. Die beiden gingen von der unten stehenden Liste der am weitesten verbreiteten Sexphantasien aus, um ein »Entdeckungsspiel der Phantasie« miteinander zu spielen. Sie übertrugen jeden Punkt dieser Liste zweimal auf verschiedene Karteikarten, so dass sie am Ende beide die komplette Liste vollständig vor sich auf dem Tisch liegen hatten. Nun verteilte jeder für sich die Karten auf vier verschiedene Stapel. Erstens: »Phantasien, die mich erregen und die ich gerne mit meinem Partner teilen würde«; zweitens: »Phantasien, die mich erregen, die ich aber lieber für mich behalten würde«; drittens: »Phantasien, die mich kalt lassen«, und viertens: »Phantasien, die ich abtörnend finde«.

Hier die Liste, mit der die beiden gearbeitet haben:

Die 20 am weitesten verbreiteten Sexphantasien
Aus einer Umfrage bei 200 Männern und Frauen

1. Sex in der Öffentlichkeit
2. Sex mit mehr als einem Partner oder Gruppensex
3. Sex an einem öffentlichen Ort, an dem die Gefahr besteht, von Dritten überrascht zu werden
4. Sex in der Natur oder einer anderen pittoresken Umgebung
5. vergewaltigt, unterworfen oder dominiert werden
6. einen Partner sexuell unterwerfen oder dominieren
7. Sex mit einer Prostitutierten oder einem Callboy
8. eine Prostituierte oder ein Callboy sein
9. Sex mit einer Jungfrau
10. Jungfrau oder sexuell unerfahren sein
11. Sex mit einem Priester, einer Nonne oder einem anderen verbotenen oder unpassenden Partner
12. Sex in der Rolle eines Promis oder einer fiktionalen Figur
13. Sex mit einem Promi oder einer fiktionalen Figur
14. Fetisch-Sex mit einem Kleidungsstück, einem bestimmten Nahrungsmittel oder einem Körperteil, das normalerweise nicht sexuell konnotiert ist
15. ungewöhnliche sexuelle Praktiken oder Stellungen ausprobieren
16. Sex mit Tieren
17. Transvestismus, also die Vorstellung, als Mann Frauenkleider und als Frau Männerkleidung zu tragen, freiwillig oder gezwungenermaßen
18. Umkehrung der Geschlechteridentität, also die Vorstellung, dem anderen Geschlecht anzugehören
19. Sex mit einem Angehörigen des eigenen Geschlechts
20. Sex mit einer Gottheit oder einem spirituellen Leitbild

Nachdem sie die einzelnen Punkte dieser Liste auf Karteikarten abgeschrieben und jeder für sich auf vier Stapel verteilt hatten, zeigten Jason und Vickie einander, welche Phantasien auf Stapel

Nummer eins gelandet waren, bei den »Phantasien, die mich erregen und die ich gern mit meinem Partner teilen würde«. Sie stellten fest, dass sie zweimal übereinstimmten: Beide stellten es sich aufregend vor, an einem ungeschützten Ort in der Öffentlichkeit miteinander zu schlafen, und beide fanden sie Sex in der freien Natur eine anziehende Vorstellung. Dann warfen sie einen Blick auf die Dinge, die sie kalt ließen und die sie abtörnend fanden. Hier gerieten sie in ein schwieriges Dilemma: Sex mit mehr als einem Partner oder Gruppensex fand Vickie ziemlich abtörnend, während John die Karte bei den »Phantasien, die mich erregen, die ich aber lieber für mich behalten würde« eingeordnet hatte!

Tatsächlich hatte Jason sich schon öfter vorgestellt, mit Vickie zusammen an einer Orgie teilzunehmen. Er hatte aber genug Vertrauen zu ihr, um ihr zu gestehen, dass diese für sie so abtörnende Vorstellung für ihn sehr anziehend war. Vickie entgegnete, die Orgien-Phantasie mache ihr Angst. »Als ich 16 war, wäre ich einmal fast zum Opfer einer Gruppenvergewaltigung geworden«, gestand sie, »und bei so viel außer Rand und Band geratener männlicher Energie um mich herum, fühle ich mich immer ganz schutzlos und verletzlich.« Jason hatte Verständnis für das, was Vickie aufgrund ihrer Erfahrung bei der Vorstellung einer Orgie empfand, und wollte zunächst selbst das Bild lieber außen vor lassen, wenn sie über sexuelle Phantasien sprachen. Dann aber fiel ihm eine kreative Lösung ein, die für beide Partner funktionierte:

»Stell dir vor, wir lieben uns in der Öffentlichkeit, irgendwo mitten in der Natur«, schlug er vor. Schon bald versammelt sich eine Menschenmenge, die uns angafft. Darunter sind auch ein paar große, kräftige, rüde Kerle, die sich mit Gewalt in unser Liebesspiel hineindrängen wollen, aber ich wehre sie ab und beschütze dich, ich rufe: ›Finger weg, sie gehört mir!‹ Daraufhin ziehen sie ab. Aber dann kommen ein paar sanftmütige, zärtliche und sinnliche Menschen aus der Menge zu uns herüber, während wir uns lieben, und fragen, ob sie uns küssen und streicheln dürfen, und ich sage: ›Nur, wenn Vickie einverstanden ist; erst müsst ihr sie fragen.‹«

Vickie hatte nichts dagegen, sich mit Jason gemeinsam dieser Phantasie einer »sanften Orgie« hinzugeben, während sie Liebe machten. Zu ihrer Überraschung genoss sie es ebenso sehr wie er. »Es machte einen sehr großen Unterschied zu wissen, dass Jason mich gegen andere Männer, mit denen ich keinen Sex haben wollte, verteidigen wollte und das auch konnte«, erklärte sie.

Nachdem sie diese positive Erfahrung gemacht hatten, vertrauten Vickie und Jason einander genug, um auch die anderen Punkte auf der »Geheimliste« gemeinsam durchzugehen. Sie kamen zu dem Schluss, dass keine dieser Phantasien sich so abwandeln ließe, dass sie für beide gleichermaßen erregend wäre. Fortan ließen sie diese Vorstellungen also außen vor, wenn sie sich gemeinsam sexuellen Phantasien hingaben.

Stellen Sie sich nun vor, Sie und Ihr Partner hätten auch gerade diese Liste zusammen durchgearbeitet, und es wäre nun an der Zeit, den nächsten Schritt zu tun auf dem Wege, an dessen Ende Sie ein großer erotischer Troubadour sein werden. Jetzt sollen Sie nämlich eine »maßgeschneiderte« Bettgeschichte entwerfen.

Wenn es Ihnen leicht fällt, aus dem Nichts heraus Ideen zu entwickeln und sich auf die eigene Spontaneität zu verlassen, dann können Sie sofort anfangen, Ihre Geschichte zu erzählen. Vielleicht möchten Sie aber lieber selbst erst eine Weile darüber nachdenken, was Ihr Partner Sie gerade alles hat wissen lassen – und was Sie davon besonders erregend fanden. Sie können sich in Ruhe eine erotische Geschichte ausdenken, die Sie Ihrem Partner ein anderes Mal erzählen. Jedenfalls sollten Sie nicht vergessen, dass die Sinnlichkeit, die in den Worten liegt, auch in Ihrer Stimme zum Ausdruck kommen muss.

Hier ein Beispiel für eine Geschichte, die eine Teilnehmerin eines meiner Kurse mir anonym zukommen ließ. Sie enthält vier wichtige Elemente aus den erotischen Phantasien ihres Partners: Voyeurismus, Nahrungsmittel, hochhackige Schuhe und Dominanz:

»Es war einmal ein junger Mann, der sehr sexy, aber auch sehr sensibel war, genau wie du. Eines Tages sah er aus seinem Schlafzimmerfenster hinaus in den Garten des Nachbarn und entdeckte dort eine Frau, die sich auf ihrer Terrasse sonnte und sehr viel Sinnlichkeit ausstrahlte. Neben ihr stand ein Tisch mit einem kleinen Fläschchen und einer Obstschale. Während sie sich mit den Fingern durch ihr langes, seidiges, kastanienbraunes Haar fuhr, rutschte langsam das Handtuch herunter, das ihren Körper bedeckt hatte. Statt es wieder über sich zu drapieren, ließ sie es liegen und bot ihren wunderschönen, bronzefarbenen Körper der Sonne und seinen unbemerkten Blicken dar.«

(An dieser Stelle wechselt die Erzählerin ins Präsens, um die Geschichte für ihren Zuhörer unmittelbarer zu machen. Ich würde vorschlagen, dass Sie beides einmal ausprobieren: Erzählen Sie einen Teil Ihrer Geschichte in der Vergangenheit und einen Teil in der Gegenwart, und finden Sie heraus, worauf Ihr Partner mehr anspricht.)

»Sie nimmt das Fläschchen vom Tisch und trägt eine Lotion auf ihre üppigen Brüste auf, so dass sie in der Sonne glänzen. Dann tupft sie ein wenig Lotion auf jede ihrer Brustknospen und verreibt die Flüssigkeit mit kleinen kreisförmigen Bewegungen, damit sie in die Haut einzieht.

Dabei wirft sie den Kopf zurück, als würde sie den Vorgang unendlich genießen. Du spürst, wie dein Schwanz steif und hart wird, so hart, dass du damit in einer unwillkürlichen Bewegung plötzlich einen Blumentopf vom Fensterbrett stößt, der klirrend zu Boden fällt.

Das Geräusch lässt die Frau aufblicken. Sie sieht zu dir hinauf und erblickt dich flüchtig, weil du dich nicht so schnell zurückziehen kannst. Du wartest einen Augenblick und spähst dann vorsichtig durch einen Spalt der Jalousie, um zu sehen, ob sie noch da ist und ob sie wütend aussieht.

Zu deiner Überraschung ist sie sehr wohl noch da, und sie schaut zu dir hoch und lächelt, während sie langsam und auf sinnliche Weise ihren nackten Körper weiter einreibt. Du nimmst wieder deinen vorherigen Platz am offenen Fenster ein, und sie begrüßt dich mit einem breiten Lächeln und einem schelmischen Augenzwinkern.

Dann nimmt sie eine Mandarine aus der Obstschale und fängt an, mit den Zähnen die Schale abzuziehen. Als sie fertig ist, zerquetscht sie die Frucht in der Hand und beträufelt mit dem Saft ihre Brustknospen. Ein Teil der Flüssigkeit läuft zwischen ihren Brüsten hinunter und sammelt sich in einer kleinen Kuhle über ihrem Bauchnabel. Sie taucht die Fingerspitze hinein und führt sie an die Lippen, leckt die Flüssigkeit mit schnellen Zungenbewegungen ab. Dann umfasst sie mit beiden Händen ihre rechte Brust und bringt sie an ihren Mund. Während sie den Saft von ihrer Brustknospe absaugt, schaut sie wieder zu dir hoch. Der Anblick deines harten Schwanzes scheint sie zu erregen, und für einen Augenblick saugt sie etwas heftiger.

Dann lässt sie ihre Brust wieder zurücksinken, denn sie hat gerade etwas anderes in der Obstschale entdeckt. Mit einer trägen Bewegung streckt sie ihren langen, wohlgeformten Arm nach der Schale aus und greift nach einem reifen, saftigen Pfirsich. Wieder schaut sie hoch, ob du sie auch ansiehst, während sie langsam den Pfirsich über ihren Hüften zerquetscht, so dass der Saft an deren Innenseiten hinunterläuft.

Dann steht sie aus ihrem Sonnenstuhl auf und nimmt eine Banane aus der Fruchtschale. Sie schlüpft in zwei hochhackige schwarze Stilettos und geht langsam ganz an den Rand der Terrasse, bis sie direkt unter deinem Fenster steht. Sie schaut zu dir hoch, während sie langsam mit Mund und Zähnen die Banane schält. Sie reibt damit leicht über ihre Lippen und schiebt sie sich vorsichtig in den Mund, bewegt sie hin und her, ohne davon abzubeißen.

Während sie dir genau in die Augen sieht, krümmt sie den Zeigefinger, macht eine lockende Geste und sagt: »Ich möchte, dass du für einen kleinen Nachmittagssnack zu mir herunterkommst. Du hast zwei Minuten Zeit. Wenn du zu spät kommst, wirst du bestraft. Komm so, wie du bist!«

Weiter kam die Erzählerin nicht, weil die beiden sich entschieden, den Rest der Geschichte lieber in die Praxis umzusetzen.

Wenn Sie und Ihr Partner erst einmal einige Erfahrungen damit gemacht haben, die Phantasien des anderen für maßgeschneiderte erotische Geschichten »auszuschlachten«, können Sie sich auch zusammentun und *gemeinsam* eine sinnliche, erotische Geschichte erfinden. Paare, die dies regelmäßig tun, haben festgestellt, dass es eine äußerst wirkungsvolle Methode ist, mehr Spontaneität und Kreativität in den Sex einzubringen. Die nächste Übung wird Ihnen dabei helfen, einen Sinn für diese Art von »Teamwork« zu entwickeln, so dass Sie noch leichter und schneller gegenseitig erotisch aufputschen können.

Der erotische Kettenbrief

Erzählen Sie eine Geschichte, bei der Sie auch ein paar der Szenen und Figuren einbauen, die Ihre erotischen Phantasien ausmachen. Beginnen Sie mit »Es war einmal« und führen Sie diesen ersten Satz zu Ende. Dann soll Ihr Partner die Erzählung fortführen und jeweils einen weiteren Satz hinzufügen. Und so geht es weiter: Abwechselnd fügen Sie jeweils einen weiteren Satz hinzu, der an den vorherigen anschließt. Wenn Sie möchten, können Sie auch Elemente aus Ihren erotischen Lieblingsbüchern einfließen lassen. Partner eins kann zum Beispiel so anfangen: »Es war einmal ein sinnliches, noch unberührtes junges Mädchen, das gerade erst zur Frau geworden war.« Partner zwei kann nun beispielsweise hinzufügen: »Da sie musikalisch sehr begabt war, stellte ihr Vater, der König, einen jungen Mann ein, der ihre Stimme und ihre Finger auf der Tastatur des Klaviers schulen sollte.«

Partner 1: *»Jeden Nachmittag stand der Musiklehrer hinter dem Mädchen am Klavier, während sie die Übungen spielte, die er für sie entworfen hatte.«*

Partner 2: *»Sie konnte seinen warmen Atem in ihrem Nacken spüren und wie er seinen Körper leicht im Takt wiegte, den er zugleich mit einem Lineal auf seine Handfläche schlug.«*

Partner 1: *»Sie spürte, wie ihr das Blut dabei heiß durch die Glieder schoss.«*

Partner 2: *»Überall in ihrem Körper kribbelte es, so dass sie schließlich beim Spiel Fehler machte.«*

Partner 1: *»Der Lehrer, den ihre Reaktionen sowohl amüsierten als auch erregten, schützte Verärgerung vor und schalt sie: »Wenn du weiter Fehler machst, lege ich dich übers Knie, ziehe dir dein Höschen herunter und versohle dir tüchtig den Hintern.«*

Während Sie die Geschichte zusammen weiterspinnen, können Sie sich zugleich auch körperlich erregen (vielleicht sogar in genau der Weise, die Sie gerade beschreiben). Probieren Sie einmal aus, wie lange Sie eine kohärente erotische Geschichte erzählen können, bevor Sie so erregt sind, dass Ihnen die Worte wegbleiben!

Erotische Rollenspiele

Im Rahmen von Rollenspielen in die Haut der Figuren zu schlüpfen, die in unseren erotischen Träumen die Hauptrollen spielen, ist eine wundervolle Möglichkeit, den Spieltrieb und die Spontaneität aus unserer Kindheit wieder aufleben zu lassen. Mit einer spielerischen Grundhaltung lassen sich auch allzu große Ernsthaftigkeit und Versagensängste beim Sex leichter überwinden. Wenn wir die Rollen historischer, zeitgenössischer oder fiktionaler Figuren spielen, können wir einander als Götter und Göttinnen, als Erdlinge und Außerirdische, als schüchterne und zügellose Menschen lieben – ganz wie es unserer Phantasie beliebt.

Wenn Sie und Ihr Partner sich bereits erotische Geschichten vorgelesen haben, sind diese vielleicht ein guter Ausgangspunkt: Fangen Sie doch damit an, in die Haut der Figuren aus diesen Geschichten zu schlüpfen. Oder Sie greifen auf die Situationen und Rollen zurück, die Sie aus den erotischen Phantasien kennen, die Sie einander gestanden haben – jene, die Sie besonders erregend fanden.

Das Sexleben von Barrett und Amanda, die seit 14 Jahren verheiratet sind, hat eine aufregende neue Dimension hinzugewonnen, seit sie angefangen haben, die Rollen aus ihren erotischen Lieblingsphantasien nachzuspielen. »In einer meiner Lieblingsphantasien war ich immer die Darstellerin in einem Pornofilm«, erzählt Amanda.

»Als Amanda mir das erzählte, war ich zugleich amüsiert und auch begeistert«, ergänzt Barrett. »Ich arbeite als Werbetexter, aber heimlich wollte ich schon immer gerne das Drehbuch für einen Film schreiben und ihn dann inszenieren. Die Vorstellung, mit meiner Frau als Schauspielerin an einem erotischen Film zu arbeiten, sprach mich sehr an, auch wenn sie natürlich nie Wirklichkeit werden wird.«

Als Amanda und Barrett die Szene schließlich tatsächlich spielten, gab er ihr ein extra zu diesem Zwecke verfasstes Drehbuch mit jeder Menge Sexszenen und stellte als Requisit eine Videokamera auf, die allerdings keine Kassette enthielt. Außerdem spielte er nicht nur den Regisseur, sondern auch den männlichen Hauptdarsteller des Films.

Beim nächsten Mal tauschten sie die Rollen und hielten sich an ein von ihr vorgegebenes Skript, oder sie schrieben das Drehbuch vorher zusammen. Irgendwann nahmen sie die Szene dann auch tatsächlich auf Video auf. Die Kassette sehen sie sich seither manchmal zusammen an, als eine Art Vorspiel in heißen Sommernächten.

Wie Sie Ihren eigenen Porno drehen

Wenn Sie die Vorstellung anziehend finden, einen Pornofilm oder ein Pornovideo zu drehen, dann ist dieses Rollenspiel vielleicht auch etwas für Sie.

Einer von Ihnen kann bei diesem Streifen den Hauptdarsteller und der andere den Regisseur spielen. (Wenn Sie beide eine Schwäche für dieselbe Rolle haben, können Sie ja beim nächsten Mal tauschen.) Der Regisseur denkt sich den schlüpfrigen Dialog und die entsprechenden Handlungen aus, die der Schauspieler ausführen muss. Sie können eine Attrappe oder eine echte Kamera benutzen, aber legen Sie keinen Film ein, wenn Sie sich damit nicht *beide* wohl fühlen.

Als Regisseur können Sie dem Darsteller zum Beispiel Anweisungen dafür geben, vor der Kamera zu strippen, Reizwäsche vorzuführen, mit einer Reihe von Sexspielzeugen und anderen Requisiten zu spielen, die Sie zur Verfügung stellen, ein erotisches Gedicht aufzusagen, aufreizend zu tanzen oder ein zweideutiges Lied zu singen. Als Schauspielerin oder Schauspieler ist Ihre Aufgabe vor allem, diese Anweisungen zu befolgen.

Wie alle Schauspieler dürfen aber selbstverständlich auch Sie Ihre Phantasie ins Spiel einbringen und der Szene etwas Eigenes hinzufügen. Es ist Sache des Regisseurs zu entscheiden, ob er damit einverstanden ist, ob Sie es lassen oder anders machen sollen. Sie haben auch das Recht, seine Vorschläge abzulehnen, zumindest wenn Sie eine andere brauchbare Idee haben. Und natürlich dürfen Sie beim nächsten Mal selbst die Rolle des Regisseurs übernehmen.

Eine andere Möglichkeit, auf Ideen für erotische Rollenspiele zu kommen, besteht darin, eine Liste prominenter und historischer Personen anzufertigen, die für Sie etwas sexuell Erregendes haben. Fiktionale und symbolische Figuren können Sie ebenfalls mit auf diese Liste setzen. Aber vielleicht reizt es Sie auch mehr, die clowneske Version dieses Spiels auszuprobieren:

Das Spiel von den Paaren, die nicht zusammen passen

Machen Sie beide je eine Liste von zehn unwahrscheinlichen Liebespaaren, wobei jedes Paar eine einzelne Karte oder einen einzelnen Zettel bekommt. Denkbar sind zum Beispiel Paare wie der tapfere Soldat und die schüchterne Bibliothekarin, der eifrige Evangelist und die exotische Tänzerin, die Oberstudiendirektorin und der Ölscheich, Cleopatra und Hamlet, Mae West und Groucho Marx, Madonna und Harald Schmidt.

Wenn Sie zehn solch grotesker Paare zusammengestellt haben, falten Sie die Zettel zusammen und sammeln sie sie in einem Hut oder einer Dose. Werfen Sie eine Münze, um zu bestimmen, wer beginnt. Der Gewinner zieht mit geschlossenen Augen einen Zettel, liest laut vor und entscheidet, welche der beiden Figuren er spielen möchte. Der Partner übernimmt die andere Figur und fängt mit der Gestaltung der Szene an.

Nehmen wir an, Sie haben die Kombination Groucho und Mae West gezogen und sich für Groucho entschieden. Ihre Partnerin, also Mae West, fängt die Szene an, indem sie sich aufreizend räkelt und etwas sagt wie: »Warum kommst du nicht gelegentlich mal herüber und gibst mir einen Kuss? Zum Beispiel jetzt sofort, wie wär s?«

Sie als Groucho könnten daraufhin mit den Augenbrauen wackeln und sagen: »Wo soll ich meine Zigarre deponieren, während ich mit meinem Schnurrbart an deinen Brustwarzen nestele?«

Dieses Spiel funktioniert auch, wenn Sie jeweils nur den Namen einer Person auf eine Karteikarte schreiben. Dann ziehen beide Partner eine Karte aus dem Hut und versuchen, zwischen den beiden Figuren, die dabei herauskommen, spielerisch eine sexuelle Beziehung zu etablieren. Wenn Sie möchten, können Sie sich auch für jedes Mal, das Sie dieses Spiel spielen, ein anderes Thema ausdenken, zum Beispiel nur Figuren aus Fiktion und Mythologie oder nur lebende Prominente oder nur stereotype Figuren. Die folgende Liste von Stereotypen können Sie nach Belieben verwenden, aber auch unendlich erweitern:

die exotische Tänzerin, der Patient, der Schlangenbeschwörer, der Gangster, der Pirat, die Studentin, die Hure, der Polizist, der Sultan, der Lehrer, der Pornostar, der Hypnotiseur, die Krankenschwester, der Magier, die Jungfrau, der Sextherapeut

Dieses Spiel bietet übrigens auch die interessante Möglichkeit, dass Sie beide dieselbe Rolle übernehmen. Wenn Sie beispielsweise beide die Jungfrau spielen, können Sie so unschuldig miteinander Liebe machen, als täten sie es zum ersten Mal. Oder wenn Sie sich beide den Sextherapeuten aussuchen, können Sie zusammen die vielfältigen Therapiemöglichkeiten ausprobieren, die Sie zur Behandlung von Impotenz oder anderen sexuellen Dysfunktionen entwickelt haben.

Vielleicht haben Sie zur Abwechslung auch Lust, einmal in tierische statt menschliche Rollen zu schlüpfen. Giraffen, Delphine, Schlangen und Stachelschweine stellen interessante Herausforderungen für die sinnliche Phantasie dar, insbesondere, wenn die verschiedenen Arten untereinander in Kontakt treten und zusammenpassen sollen.

Stellvertreter-Sex

Claude und Gaby haben immer besonderen Spaß daran, sich die sexuellen Eskapaden ihrer Freunde und Kollegen vorzustellen. Wenn sie merken, dass es zwischen zweien ihrer Freunde knistert oder dass jemand aus dem Bekanntenkreis möglicherweise heimlich in jemand anderen verliebt ist, dann heizen die beiden damit ihre erotischen Phantasien an. »Letzte Woche ist mir zum Beispiel aufgefallen«, erzählt Gaby, »dass der Dekan der Universität, an der Claude und ich unterrichten, ganz rot wurde, als er der Asta-Vorsitzenden vorgestellt wurde. Also haben Claude und ich uns in jener Nacht beim Sex vorgestellt, er wäre der Dekan und ich die Studentin, und wir wären zum ersten Mal miteinander im Bett.«

Wenn Sie auch Spaß daran haben, gelegentlich stellvertretend für Ihre Freunde und Bekannte »eine heiße Nummer zu schieben«, dann ist womöglich das folgende Spiel etwas für Sie. Einer der Partner weckt die Neugier des anderen mit einer Frage wie: »Weißt du, was ich neulich über (xy) gehört habe?«

Im Folgenden entwirft er dann eine sexuell höchst brisante Szene mit dieser Person. Der Zuhörende darf ihn dabei irgendwann unterbrechen und sagen: »Oh, bitte zeig mir, wie sie das genau gemacht haben«, woraufhin beide den Rest der Szene praktisch durchspielen. Sie könnten beispielsweise so anfangen: »Wusstest du, dass nach der Hochzeit von Jim und Jean gestern Dr. Wilson mit Tammy und Tiffany – du weißt schon, die Tucker-Zwillinge – im Pfarrhaus einen flotten Dreier geschoben hat?« Oder: »Weißt du, was heute bei der Arbeit passiert ist? Der neue Angestellte in der Poststelle hat es in der Kaffeepause mit meiner Chefin auf ihrem Schreibtisch getrieben! Sie waren so beschäftigt, dass sie mich gar nicht bemerkten, als ich hereinkam.«

Mit Akzenten spielen

In meinen Kursen geben stets etwa 50 bis 60 Prozent der Teilnehmenden an, dass sie einen ausländischen Akzent sexy finden. Obwohl Französisch, Italienisch und Spanisch wohl die am stärksten romantisch konnotierten Sprachen sind, gibt es auch immer wieder Menschen, die einen englischen, irischen oder schwedischen Akzent erregend finden. Ein männlicher Teilnehmer erzählte mir einmal, er fände den chinesischen Akzent seiner Freundin sehr sexy, und eine Frau gestand mir, sie habe sich zuallererst wegen seines finnischen Akzents zu ihrem heutigen Mann hingezogen gefühlt. Ich selbst finde den schottischen Akzent besonders sexy. Früher war ich einmal mit einem Mann zusammen, der diese Schwäche von mir kannte und mir als grandioser Sean-Connery-Imitator ins Ohr flüsterte: »My name is Bond, James Bond.« Ich bekam tatsächlich jedes Mal eine Gänsehaut!

Wie man sich auf einfache Weise einen ausländischen Akzent zulegt

Wenn Sie ein halbwegs gutes Gehör haben, dann können Sie Rhythmus und Klang einer Fremdsprache lernen, indem Sie sich einen Sprachlehrgang auf Kassette anhören. Aber vielleicht fällt Ihnen das Erlernen eines bestimmten Akzents auch leichter, wenn die Sprache im Zusammenhang gesprochen wird, wenn Menschen mit anderen Menschen sprechen. Dann sollten Sie lieber einen nicht-synchronisierten Film ausleihen oder einen, in dem die Schauspieler Deutsch mit einem ausländischen Akzent sprechen.

Larry Moss, der als Akzentberater für einige bekannte Hollywood-Stars arbeitet, hat einige gute Tipps, wie man sich einen ausländischen Akzent am leichtesten aneignet. Zunächst soll man sich Tonaufnahmen in der entsprechenden Sprache anhören, sagt er, aber nicht gleich bewusst versuchen, den Akzent zu lernen. Vielmehr soll man die Kassette im Auto laufen lassen oder während man den Haushalt macht. Außerdem kann man beim ersten Mal ruhig absichtlich übertreiben, denn so überwindet man Hemmungen und kann leichter über sich selbst lachen. Wenn Sie also zum Beispiel im Bett zum ersten Mal mit einem ausländischen Akzent zu sprechen versuchen, könnten Sie zum Beispiel sagen: »Cherie, du wirst die plus mauvaise français accent hören die möglisch ist, aber du bekommst den plus erotisch sexe du monde!«

Mit Geschlechterrollenumkehrungen spielen

Seit sie vor ein paar Jahren *Tootsie* und *Yentl* im Kino gesehen haben, hat die Idee der Geschlechterrollenumkehrung Charles und Maggie nicht mehr losgelassen. »Wir kamen zu der Überzeugung, dass es für das gesamte Denken und Fühlen eine große Bereicherung sein müsste, wenn Frauen einmal im Jahr eine Woche lang als Männer leben könnten und umgekehrt«, erklärt Maggie.

Charles stimmt ihr darin ohne Weiteres zu, erklärt aber: »Da wir aber beide berufstätig sind, zusammen drei Kinder haben und jede Menge neugieriger und möglicherweise nicht sehr toleranter Nachbarn, würde es vermutlich ganz schön anstrengend werden, das tatsächlich auszuleben. Also haben wir uns entschieden, lieber in der Abgeschiedenheit unseres Schlafzimmers mit der Idee zu experimentieren.«

Maggie beschreibt das so: »Als wir anfingen, auf diese Art und Weise Liebe zu machen, habe ich versucht, mir vorzustellen, ich hätte den Körper eines Mannes, einen Penis, Hoden, eine flache Brust, Muskeln und Testosteron im Blut. Umgekehrt stelle sich Charles vor, er hätte einen weiblichen Körper, mit den entsprechenden körperlichen und hormonellen Eigenschaften.«

»Den Liebesakt einmal als ein Sich-Öffnen und ein In-sich-Aufnehmen des anderen zu empfinden statt als ein Vorstoßen und Eindringen, war sehr erhellend für mich«, gibt Charles zu. »Dabei wurde mir erst klar, wie verletzlich eine Frau ist, wenn sie einen Mann in ihren Körper eindringen lässt, und wie viel Vertrauen dazu nötig ist. Außerdem habe ich dadurch einen zuwendungsbedürftigen Teil meiner selbst entdeckt, der auch gern einmal umsorgt werden möchte.«

»Und ich habe das Gefühl der Macht bei der Vorstellung genossen, einen Teil meines Körpers in Charles hineinzustoßen, und die Lust, die ich ihm damit bereiten konnte«, gesteht Maggie. »Es kam mir auch so vor, als hätte ich plötzlich besonders viel Verantwortung dafür, dass es für meinen Partner eine so erregende und befriedigende Erfahrung wird wie möglich.«

Vielleicht würden Sie und Ihr Partner nun auch gern ein Rollenspiel ausprobieren, bei dem die Geschlechterrollen vertauscht werden, um zu einem größeren Verständnis für das sexuelle Empfinden des anderen zu kommen. Wie fängt man das an? Um in Stimmung zu kommen, würde ich vorschlagen, dass Sie erst einmal ein nicht zu essentielles Kleidungsstück Ihres Partners anziehen. Er kann zum Beispiel einen Schal oder eine Kette von ihr anlegen und sie einen Gürtel oder ein T-Shirt von ihm. Wenn Sie mit Transvestismus bereits vertraut sind, können Sie auch Ihren Ehrgeiz darauf richten, aus der Garderobe des anderen ein komplettes Outfit zusammenzustellen.

Verbringen Sie zunächst unverfänglich etwas Zeit miteinander, um sich an die getauschten Rollen zu gewöhnen. Sprechen Sie dann Ihren Partner mit Ihrem eigenen Namen an, reden Sie mit ihm und streicheln und liebkosen Sie ihn so, wie er es sonst bei Ihnen tut. Wenn Sie zum Liebesspiel übergehen, können Sie sich vielleicht von einem Dialog inspirieren lassen, wie Sue und Dan ihn bei dieser Art von erotischer Phantasie oft sehr genießen. Der folgende Text ist das Gesprächsprotokoll einer Tonbandaufnahme, die die beiden mit vertauschten Geschlechterrollen gemacht haben. Ich bin ihnen zu Dank dafür verpflichtet, dass ich den Text hier wiedergeben darf.

Sue: *Ich möchte in dich eintauchen und ganz in dir sein.*
Dan: *Oh ja, Liebling! Ich spreize für dich die Beine, damit du deinen Schwanz in mir wärmen kannst.*
Sue: *Oh, ich liebe es, wie du dich mir öffnest. Du bist ganz warm und feucht innen, und ich habe einen unglaublich Steifen!*
Dan: *Oh ja, ich spüre, wie du dich in mir auf und ab bewegst!*
Sue: *Ich möchte zu den allergeheimsten, allerverstecktesten Orten tief in dir vordringen. Hierhin, und dorthin ... und hierhin!*
Dan: *Oooh, das fühlt sich soooo –*
Sue: *Ich will dich bewusstlos vögeln! Ich will dich so gut durchvögeln, dass du es nie wieder vergisst!*
Dan: *Oh, das macht mir Angst, wenn du so redest, aber es erregt mich auch, Schatz. Mein Körper geht immer mehr für dich auf, Stoß um Stoß!*
Sue: *Oh ja – und ich dringe immer tiefer in dich ein und fülle dich immer weiter mit mir aus. Kannst du mich spüren?*
Dan: *Oh, mein Gott, ja! Ich will nie damit aufhören. Ich will dich immer mehr in mich aufnehmen! Ich will dich ganz in mir spüren!*
Sue: *Ich ficke dich, wie du noch nie gefickt worden bist! Ich liebe dich!*
Dan: *Oh, mein Gott!*

Wenn Sie oder Ihr Partner diese Art von direktem Geschlechterrollentausch als zu unangenehm oder bedrohlich erleben, dann können Sie den Effekt etwas abmildern, indem Sie in die Haut fiktionaler Figuren des jeweils anderen Geschlechts schlüpfen. Wenn Sie ein Mann sind, können Sie beispielsweise die Rolle einer Prinzessin, einer Lehrerin, einer exotischen Tänzerin oder eines anderen weiblichen Prototyps übernehmen. Wenn Sie eine Frau sind, können Sie sich vorstellen, ein Ritter zu sein, ein Seemann, ein Cowboy oder eine andere typisch männliche Figur.

Nun hatten Sie also Gelegenheit, mit Hilfe von Geschichten und Rollenspielen die Bandbreite Ihrer erotischen Persönlichkeit mit dem Partner zusammen weiter zu erkunden. Im nächsten Kapitel werden wir uns auf eine ganz besondere Art und Weise des Rollenspiels konzentrieren – eines, das Ihnen und Ihrem Partner neue Perspektiven eröffnen wird. Es geht um Erotik und Macht, aber auch um die Bedeutung gegenseitigen Vertrauens und um das Spiel mit dem Verbotenen. Treten Sie ein in die Welt der Dominanz und Unterwerfung!

10. Worte der Dominanz und Unterwerfung

Dwight und Sonia sind ein verheiratetes Paar, das gern erotische Machtspiele spielt. Viele ihrer sexuellen Phantasien drehen sich darum, dass sie ihm befiehlt, ihre Wünsche zu erfüllen, und er ihr begierig gehorcht. Sie weist ihn beispielsweise an, für sie zu strippen, ihr die Schuhe auszuziehen, das Haar zu bürsten, die Füße zu küssen, ihr in die Augen zu sehen und ihren sexuellen Launen zu Willen zu sein. Kommt er ihren Wünschen nicht nach, »bestraft« sie ihn mit einem Verweis oder versohlt ihm den Hintern.

Wenn Sie in solchen Gefilden der sexuellen Phantasie noch nie unterwegs waren, fragen Sie sich vielleicht: »Was zum Teufel finden diese Leute daran?« Die freimütige Antwort, die Dwight und Sonia auf eine solche Frage geben, hilft Ihnen vielleicht, besser zu verstehen, warum manche Menschen gern erotische Machtspiele spielen.

»Dass ich mich Sonia sexuell unterwerfe, steht in totalem Kontrast zu der realen Macht, die ich in meinem Arbeitsleben habe. Als Geschäftsführer einer großen Firma übe ich eine Menge Einfluss aus und habe enorm viel Verantwortung. Vielleicht ist das einer der Gründe, warum ich es manchmal sehr genieße, Sonia beim Sex diese Macht zu übertragen. Und dieses Spiel hat einen wundervollen Nebeneffekt: Es intensiviert die Leidenschaft und lässt uns emotional noch ehrlicher miteinander umgehen.«

»Ich genieße durchaus das Gefühl von Macht, das ich bei diesen Spielen empfinde«, gibt Sonia zu. Aber am meisten bedeutet es mir, dass Dwight dabei all seine Verteidigungsmechanismen aufgibt und sich mir in einer Weise öffnet, wie er sich nie irgendjemand anderem geöffnet hat. Das stimmt mich immer ganz zärtlich, und ich fühle mich sehr intensiv mit ihm verbunden.«

Carol und Robert finden ihre erotischen Machtspiele hingegen immer dann am aufregendsten, wenn *sie* sich unterwirft, und *er* sie dominiert. Carol, eine erfolgreiche Schriftstellerin, Sextherapeutin und Hardcore-Feministin, erklärt, dass ihr Verlangen, sexuell unterworfen zu werden, keineswegs ihren politischen Überzeugungen zuwiderläuft. »Was soll unfeministisch daran sein, wenn eine Frau es in die Hand nimmt, ihr tiefstes erotisches Begehren mit einem Partner ihrer Wahl auszuleben?«, fragt sie.

In einem ihrer Bücher beschreibt sie, was sie an solchen »ritualisierten Spielen des Besitz-Ergreifens« genießt: »Hilflos ausgeliefert und in Besitz genommen, befinde ich mich auf der Höhe meiner erotischen Souveränität. Das klingt vielleicht paradox, aber es gehört durchaus zur sexuellen Souveränität dazu, verletzlich und passiv sein zu können, machtvolle und überwältigende Zuwendung hinnehmen zu können. Der Reiz dieser Art von Unterwerfung«, fährt sie fort, »besteht darin, in extremer Weise begehrt zu werden – so sehr, dass man sogar in Besitz genommen wird. Nur Sex macht eine solche Erfahrung möglich: einen Zustand höchster Verletzlichkeit und größter Angst derart zu transzendieren, dass man sich am Ende geborgen und geliebt fühlt.«

Robert, der wie Sonia als chiropraktischer Arzt arbeitet, findet großen Gefallen daran, seine Partnerin sexuell und emotional zu kontrollieren. »Aber selbst, wenn ich in der dominanten Position bin und Carol sich mir unterwirft«, so hebt er hervor, »begegnen wir einander sehr respektvoll. Wenn wir eine solche Phantasie ausagieren und ein Partner sich dabei bedroht fühlt, sind wir immer bereit, das Spiel zu unterbrechen. Dann überlegen wir, woran es lag, und bauen erst wieder Vertrauen und Nähe zueinander auf.«

Möglicherweise haben Sie und Ihr Partner ebenso wie Dwight und Sonia oder Robert und Carol entdeckt, dass manche Ihrer sexuellen Phantasien sich um erotische Machtspiele drehen. Solche Phantasien sind sehr weit verbreitet. Denn auch ohne entsprechende Phantasien hat Sex viel mit Forderung und Hingabe zu tun. Es gehört zum natürlichen Fluss sexueller Erregung hinzu. Sätze wie »Du gehörst mir«, »Jetzt bist du mein«, »Ich bin dein«, »Nimm mich«, »Ich tu alles, was du willst« oder ähnliche spontane Äußerungen spiegeln allesamt Gefühle erotischer Dominanz und Unterwerfung wider.

Es gibt verschiedene Möglichkeiten, erotische Machtspiele in das eigene Liebesleben zu integrieren. Wenn Sie sich zum ersten Mal in solche Bereiche hineinwagen, könnten Sie zum Beispiel damit anfangen, mit Ihrem Partner zusammen erotische Literatur zu dem Thema zu lesen. Zu den besten fiktionalen Werken in diesem Bereich gehören die drei Bände der *Dornröschen-Trilogie* von Anne Roquelaure alias Anne Rice (siehe Quellenangaben). Ich würde Ihnen empfehlen, mit dem ersten der drei Bücher anzufangen: *Dornröschens Erwachen*. Lesen Sie sich abwechselnd Passagen daraus vor. Wenn es Ihre Phantasie beflügelt, können Sie diese »inspirierende« Lektüre beim Vorspiel einsetzen.

Sie können auch probieren, Dominanz und Unterwerfung auf verbale Weise in Ihr Liebesspiel einzubringen, indem Sie einander auf zärtliche Weise sinnliche Befehle geben. Gil und Regina genießen es beispielsweise sehr, wenn er Dinge zu ihr sagt wie: »Schatz, leg dich auf den Rücken und verschränke die Arme hinter dem Kopf. Gut so! Halt jetzt weiter meinen Schwanz fest, während ich dir über die Innenarme streiche und mit deinen Brustknospen spiele, so wie jetzt – Nein, nicht die Augen abwenden! Ich will jede kleinste Gefühlsregung darin sehen!«

Sie antwortet in einer Weise, die ihre Unterwerfung zum Ausdruck bringt, etwa so: »Ja, Schatz, ich werde alles tun, was du willst. Es gefällt mir, dir so ganz zu gehören.«

Mit Dominanz und Unterwerfung spielen

Sie können das erotische Machtspiel noch etwas weiter treiben, indem Sie die Rollen einer dominanten und einer untergeordneten Figur spielen. Alicia und Tom stellen sich zum Beispiel gerne vor, sie wäre eine strenge Lehrerin und er ihr Schüler. Der Dialog hört sich dann ungefähr so an:

Lehrerin: *Weißt du, warum ich dich herbestellt habe?*
Schüler: *Ja, ich bin ein unartiger Junge gewesen.*
Lehrerin: *Und weißt du, was ich mit unartigen Jungen mache?*

Schüler: *Ja, Frau Lehrerin, Sie bestrafen sie.*

Lehrerin: *Und womit hast du dir diese Bestrafung verdient?*

Schüler: *Ich habe meiner Lehrerin widersprochen.*

Lehrerin: *Eine solche Frechheit muss unbedingt bestraft werden. Hosen runter!*

Schüler: *Aber Frau Lehrerin, ich …*

Lehrerin: *Keine Diskussion. Du hast die Strafe verdient, und du wirst sie bekommen. Also beug dich jetzt über diesen Stuhl und tu genau, was ich dir sage. Du wirst sieben Schläge mit der flachen Hand bekommen. Und du wirst dich nicht bewegen, ohne um Erlaubnis gefragt zu haben. Und ich erwarte, dass du nach jedem einzelnen Schlag sagst: »Danke, Frau Lehrerin, darf ich noch einen bekommen?«*

Lehrerin (bei jedem Schlag mitzählend)*: Eins … und zwei … und sieben. So, mein Kleiner, und jetzt sagst du bitte: »Danke, dass Sie mir eine Lehre erteilt haben.«*

Schüler: *Danke, Frau Lehrerin, dass Sie mir eine Lehre erteilt haben.*

Lehrerin: *So ist es recht. Du hast deine Strafe tapfer erduldet. Ich bin sehr zufrieden mit dir.*

Wenn Sie irgendeine Art von physischer Züchtigung zum Teil real ausagierter Phantasien machen, dann sollten Sie sich vorher auf jeden Fall auf ein »Sicherheitswort« einigen. Dies kann ein beliebiges Wort oder eine Geste sein, bei der der dominante Partner weiß, dass das Spiel unterbrochen werden muss.

Im Allgemeinen eigenen sich Worte wie »Nein«, »Aufhören« oder »Stopp« nicht als Sicherheitsworte, da der unterworfene Partner sie möglicherweise ja hervorstößt, um zum Ausdruck zu bringen, wie aufregend er es findet, dominiert zu werden. Ein Sicherheitswort eignet sich im Übrigen auch dafür, eine Szene zu unterbrechen, bei der Ihnen lediglich die verbale Komponente unangenehm ist, Sie also nicht so sehr das Körperliche, sondern vielmehr das Verbale bedrohlich finden.

Denn natürlich lässt sich eine Dominanz- und Unterwerfungsphantasie auch ohne jede Form körperlicher Züchtigung als Rollenspiel inszenieren. Matt beispielsweise, der ein ziemlicher Photofreak ist, tut manchmal so, als wäre seine Nikon eine Filmkamera und er ein Pornofilm-Regisseur, während Lianne, seine Frau, einen jungfräulichen Nachwuchsstar spielt. Er weist sie dann an, vor der Kamera zu strippen und weiht sie in die Geheimnisse einer Karriere als Pornostar ein.

Erika hingegen, die sich Nacht für Nacht als Tänzerin abmüht, kehrt in ihren sexuellen Rollenspielen die Verhältnisse gern um. Sie übernimmt den Part einer wohlhabenden Mäzenin, während ihr Freund einen Künstler mit leeren Taschen spielt, der von ihrer Freigebigkeit abhängig ist. Im Rahmen dieser Inszenierung befielt sie ihm etwa, ihren Körper innen wie außen mit der Zunge zu bemalen oder sie in einer bestimmten Art und Weise zu lieben, die sie ästhetisch besonders anziehend findet. Sie belohnt ihn dann, indem sie Dinge sagt wie: »Deine Arschmuskeln bilden sehr schöne Wellen, wenn du dich so bewegst« oder: »Deine Zunge fühlt sich gerade äußerst delikat und reizvoll an.«

Dominanz oder Unterwerfung – Was wäre Ihnen lieber?

Falls Ihre sexuellen Phantasien nicht schon einen eindeutigen Hinweis geben, fragen Sie sich vielleicht, was Sie mehr genießen würden: ihren Partner zu dominieren oder sich ihm zu unterwerfen. Während etwa die Hälfte aller Frauen und Männer, die diese Form von Rollenspiel praktizieren, beides mögen, hat die andere Hälfte eine klare Vorliebe für den dominanten oder den unterworfenen Part.

Interessanterweise scheint passives beziehungsweise aggressives Verhalten außerhalb des Schlafzimmers nicht zu bedeuten, dass die Betreffenden sich beim erotischen Machtspiel bevorzugt genauso benehmen würden. Im Gegenteil, es gibt viele Menschen wie Dwight, die den Kontrast zu ihrem Berufsalltag genießen. Sie bekleiden möglicherweise Führungspositionen und tragen in der Berufswelt große Verantwortung, geben im Schlafzimmer diese Macht aber gerne ab. Umgekehrt genießen Männer und Frauen, die bei der Arbeit keine Macht ausüben und keine Autorität zu beweisen haben, es oft sehr, im Bett dominant zu sein.

Doch selbst wenn die Phantasien, die Sie bei der Selbstbefriedigung oder beim Sex haben, Ihnen klare Anzeichen dafür geben, ob Sie eher dominant oder unterwürfig sein möchten, so bleibt doch der einzige Weg, es wirklich sicher zu wissen, *beide* Rollen auszuprobieren. Hier nun also ein erotisches Machtspiel für Anfänger, bei dem Sie herausfinden können, welche der beiden Rollen für Sie erregender ist oder ob beide in gleichem Maße befriedigend sind. Den unten stehenden Dialog müssen sie natürlich nicht wortwörtlich nachsprechen. Er ist lediglich ein Beispiel, um Ihre eigene erotische Phantasie zu stimulieren.

Übung: Erotisches Machtspiel – Entdecken Sie, welche Rolle Sie am liebsten mögen

Vorbereitende Maßnahmen: Halten Sie ein Glas und ein Getränk sowie ein Zierband, eine Halskette, einen Anhänger, einen Ring, ein Armband oder etwas Ähnliches bereit, womit der devote Partner »gekennzeichnet« werden kann. Der dominante Partner sollte dieses Kennzeichen griffbereit in der Tasche haben. Der dominante Partner, im folgenden »Top« genannt, stellt ein festliches, aber möglichst nicht sehr alkoholhaltiges Getränk für den devoten Partner, hier »Sub« genannt, bereit: ein Glas prickelnden Cidre oder einen Punsch mit tropischen Früchten. Dann sagt er in etwa Folgendes:

Top: *Heute will ich dich auf meine ganz spezielle Weise lieben. Dafür musst du dich mir freiwillig und vollständig unterwerfen. Wenn du einen Schluck von diesem Getränk nimmst, signalisierst du mir damit, dass du bereit bist, dich mir auszuliefern. Von diesem Punkt an wirst du für den Rest des Abends ganz mir gehören.*

Wenn der Sub von dem Getränk genippt hat, kann der dominante Partner ihm befehlen, sich auszuziehen, entweder an Ort und Stelle oder erst im Schlafzimmer. (Wenn das Ritual mit dem Drink schon im Schlafzimmer stattgefunden hat, können Sie den Sub auf einen Stuhl, in einen Sessel oder aufs Bett dirigieren.) Um seine erotische Macht weiter auszubauen, empfiehlt es sich für den Top, dem Sub genaue Vorgaben im Hinblick darauf zu machen, wie er sich ausziehen soll: in welcher Reihenfolge, ob es langsam oder schnell geschehen soll.

Nachdem der Sub alle verlangten Kleidungsstücke ausgezogen hat, gibt der dominante Partner ihm weitere Befehle:

Top: *Ich verbiete dir, die Beine übereinander zu schlagen. Außerdem darfst du nicht deinen Körper mit den Armen zu bedecken versuchen. Und wenn du mich ansprichst, nenn mich ...* (Wählen Sie eine Anrede – die üblichsten sind »Herr«, »Meister« und »Herrin«, aber auch die englischen Begriffe »Master« und »Mistress« werden verwendet.)

Der Top kann nun dem Sub befehlen, auf dem Bett oder einem niedrigen Stuhl Platz zu nehmen oder, noch besser, niederzuknien, um sich »markieren« zu lassen. Der Top holt das Zierband, die Kette oder den Anhänger aus der Tasche und legt ihn dem Sub um Hals oder Handgelenk. Dazu passt folgender Dialog:

Top: *Was bedeutet es, dass du dies* (Name des Gegenstands) *trägst?*

Sub: *Dass ich dich respektieren werde, dir gehorchen und alles tun, was du von mir verlangst, Herr (oder Herrin).* (Dieses Ritual empfiehlt sich, weil dadurch ein freiwilliges Einverständnis mit der ungleichen Rollenverteilung während des Spiels zum Ausdruck kommt.)

Top (in einem Sessel oder auf dem Bett sitzend): *Komm her und beug dich über mein Knie. Ich werde dir eine leichte Tracht Prügel verpassen. Wenn es dir gefällt, sagst du: »Danke, Herr/Herrin«. Wenn du möchtest, dass ich stär-*

ker zuschlage, musst du sagen: »Um mich demütig zu zeigen, will ich gern noch mehr empfangen, Herr/Herrin«, und wenn du möchtest, dass ich aufhöre, benutzt du das Sicherheitswort »Schachmatt«. Hast du verstanden?

Sub: *Ja, Herr/Herrin.*

Top: *Bist du sicher, dass du das Sicherheitswort kennst? Sprich es dreimal nacheinander aus.*

Sub: *Jawohl, Herr/Herrin. Schachmatt, Schachmatt, Schachmatt.*

Top: *Sehr gut.* (Es folgen die Schläge.)

Der Top kann dann fortfahren, seinen Sub zu liebkosen und zärtlich zu ihm zu sein, wobei er zugleich darauf achten sollte, welche Worte und Handlungen die stärkste erotische Reaktion hervorrufen. Bei jeder neuen erotischen Handlung kann der Top den Sub wieder fragen:

Top: *Was gibt mir das Recht, dich so zu berühren?*

Sub: *Ich gehöre ganz dir, Herr/Herrin. Du kannst mit mir tun, was immer dir gefällt.*

Wenn es Zeit ist, die Szene zu einem Abschluss zu bringen, befiehlt der Top dem Sub erneut niederzuknien und entfernt das Band oder den Anhänger. (Dieses Aufhebungsritual ist wichtig, weil es signalisiert, dass das Rollenspiel vorbei ist und Sie nun wieder in einer gleichberechtigten Beziehung zueinander stehen.)

Nachbereitende Maßnahmen: Im Nachhinein empfiehlt es sich, ein gemeinsames Resümee zu ziehen. Es muss nicht gleich sein, sondern kann ruhig bis zum nächsten Tag warten. Erzählen Sie Ihrem Partner, was besonders erregend war und was für Sie überhaupt nicht funktionierte. Gehen Sie jedoch im Hinblick darauf, was es für ein Gefühl war, Top beziehungsweise Sub zu sein, nicht zu sehr ins Detail, bevor nicht jeder von Ihnen beide Rollen einmal innehatte. Es kann auch gar nicht schaden, jetzt schon auszumachen, wann Sie wieder eine Session abhalten und die Rollen tauschen werden.

Bei der zweiten Session können Sie den Dialog ebenso wie das physische sexuelle Spiel durchaus ein wenig variieren, damit es spannend bleibt. Zum Beispiel kann der Top sich entscheiden, das Markierungsritual vorzuverlegen und dem Sub zu befehlen, zu Beginn der Session eine bestimmte Art von Kleidung zu tragen, zum Beispiel nur in einer bestimmten Farbe, und keine Unterwäsche anzuziehen.

Nach dieser zweiten Session können Sie sich nun gegenseitig fragen: »Warst du in der dominanten oder in der devoten Rolle erregter, oder hast du beides in gleichem Maße genossen?«

Angenommen, es stellt sich dabei heraus, dass Sie beide dieselbe Rolle bevorzugen? Was dann? Keine Sorge, Sie sind nun keineswegs dazu verdammt, ewig unbefriedigt zu bleiben. Bei einigen Paaren, die ich für dieses Kapitel interviewt habe, genossen beide Partner die dominante Rolle in stärkerem Maße, während ein anderes Paar mir sagte, sie seien beide eher devot veranlagt. Sie haben sich folglich immer abgewechselt, so dass beide Partner gelegentlich in den Genuss kamen, den Lieblingspart zu übernehmen.

Einige Tipps, wie Sie Ihren Partner verbal dominieren können

Wenn Sie in der dominanten Rolle sind, dann werden Sie während des Rollenspiels die Hauptverantwortung für die erotische Konversation mit Ihrem Sub haben. Um Sie ein wenig zu inspirieren, haben zwei der Paare, die ich für dieses Buch interviewt habe, sich bereit erklärt zu erzählen, wie sie Worte einsetzen, um ihre erotischen Machtspiele zu intensivieren.

Carol und Robert sind der Meinung, dass Sprache bei Spielen rund um Dominanz und Unterwerfung am wichtigsten ist. »Der Klang der Stimme natürlich auch«, betont Robert. »Wenn man zögerlich oder unsicher ist, hört der Sub das heraus, und dann lässt entweder seine Erregung nach, oder er rebelliert und möchte mitbestimmen. Ich habe Carol sogar schon mal ohne jeden physischen Kontakt zum Orgasmus gebracht, allein mit Worten, dem Sprechrhythmus und dem Klang meiner Stimme!«

Als er das näher erläutern soll, erzählt er Folgendes: »Ich fange an mit einer Art von verbalem Fesselspiel. Wenn sie beispielsweise die Hände im Schoß gefaltet hat und sie gerade heben will, sage ich in unnachgiebigem Tonfall: ›Lass deine Hände, wo sie sind!‹ Und vielleicht wecke ich dann absichtlich ihre Scham und schüchtere sie ein, indem ich ihr befehle: ›Sag mir, welche schmutzigen Worte dich besonders erregen!‹«

Carol, die das Buch *Exhibitionism for the Shy* geschrieben hat, ergänzt: »Wir haben abgemacht, dass er im Rahmen solcher Rollenspiele meine Scham- und Verlegenheitsgrenzen in Bezug auf schmutzige Wörter ruhig überschreiten darf. Ich habe nämlich gemerkt, dass beim Aussprechen solcher Wörter umso mehr erotische Energie freigesetzt wird, je intensiver ich mich dafür schäme.« (Scham ist einer unserer Abwehrmechanismen für verbotene Gefühle. Deshalb wird auch das blockierte Gefühl freigesetzt, wenn man die Scham überwindet.)

Carol fährt fort: »Umgekehrt fällt es mir umso leichter, Worte in den Mund zu nehmen, die mich normalerweise schüchtern und verlegen machen, je erregter ich bin. Wenn Robert mir zum Beispiel befiehlt, meine Genitalien zu beschreiben, fällt es mir relativ leicht, Worte wie ›Vagina‹ und ›Muschi‹ auszusprechen, aber um ›Furche‹ oder ›Schlitz‹ zu sagen, muss ich schon ziemlich erregt sein, und erst recht, damit mir ›Fotze‹ oder ›Loch‹ über die Lippen kommen. Der Reiz besteht für mich teilweise auch darin, dass mir befohlen wird, diese unanständigen Wörter auszusprechen, dass ich anscheinend keine Wahl habe.«

Robert fügt hinzu: »Manchmal sage ich ihr auch, sie soll beschreiben, was sie im Bett mit mir macht, oder sie soll alle Arten und Weisen aufzählen, wie ich sie zum Orgasmus bringe. Der Punkt ist dieser: Wenn ich den dominanten Part innehabe, dann etabliere ich meine Machtposition schon sehr früh und sichere sie dann nur noch ab – sowohl verbal als auch körperlich. Ich flüstere Carol zum Beispiel ins Ohr: ›Was würdest du gern in deiner Muschi haben, das da noch nie drin war?‹, und sie antwortet: ›Ich will alles, jeden Teil deines Körpers darin spüren!‹«

Carol nickt, und Robert fährt fort: »Wenn ich Carol ausschließlich mit meiner Stimme zum Orgasmus bringen will, stelle ich ihr in einem fort immer mehr Fragen, bei denen sie sich schämt, oder ich verlange, dass sie auf mein Geheiß hin immer weitermacht, schneller und immer schneller. Ich versuche, ihren logischen Verstand zu überlisten, so dass sie nicht dahinter kommt, wie ich ihre Gefühle manipuliere. Es ist wie Hypnose. Während ihre Leidenschaft immer mehr zunimmt, feuere ich wie aus einem Maschinengewehr Befehle auf sie ab – der Rhythmus ist sehr wichtig dabei, genau wie beim körperlichen Sex. Ich sage zum Beispiel: ›Mach die Beine breit. Beschreib mir, wie es sich anfühlt. Wie fühlt sich diese Berührung an ... und diese...?‹ Oder: ›Wie bringe ich dich dazu, dass du kommst?‹ Sie antwortet dann zum Beispiel: ›Du nimmst mich mit deiner Stimme und mit deinem Schwanz‹, und irgendwann fragt sie dann: ›Darf ich jetzt bitte kommen?‹ Um sie ein bisschen zu quälen, sage ich: ›Nein, noch nicht‹, was ihre Leidenschaft noch mehr anstachelt. Sie fängt an zu betteln: ›Bitte, bitte, bitte!‹ Erst wenn ich merke, dass es kein Zurück mehr gibt, sage ich: ›Ja, ich gebe dir die Erlaubnis, jetzt zu kommen.‹«

Sonia und Dwight, das andere Paar, das bereit war, einen der Wortwechsel preiszugeben, wie er typischerweise zwischen ihnen stattfindet, wenn sie mit erotischer Macht spielen, haben sich besondere Namen für einander ausgedacht, die sie immer nur in diesem speziellen Kontext verwenden. Sie nennt ihn »Jamie« und er sie »Herrin Alexis«.

Zu Beginn befiehlt sie ihm normalerweise, vor ihr auf die Knie zu fallen und stellt ihm schnell hintereinander eine Reihe von Fragen: »Bist du bereit, dich mir zu unterwerfen? Willst du meiner Lust dienen? Schwörst du, nur mir zu gehorchen und zu Diensten zu sein und niemand anderem?« Nach jeder dieser Fragen antwortet er mit »Ja, Herrin!«

Sonia erzählt: »Dann befehle ich ihm, mir die Schuhe auszuziehen und meine Füße zu küssen. Wenn mir die Art und Weise, wie er es tut, nicht gefällt, dann schelte ich ihn ein bisschen und sage: ›Habe ich gesagt, du sollst nur die Zehen küssen und die Sohle nicht?‹ Oder wenn er fragend zu mir aufsieht, ermahne ich ihn, indem ich sage: ›Halte den Kopf gesenkt! Sieh mir nie ohne meine Erlaubnis in die Augen.‹ Und wenn er versucht, mich aus eigenem Antrieb heraus zu berühren, schlage ich ihm ein bisschen ins Gesicht und erinnere ihn daran, dass er mich zwar ansehen, aber nicht berühren darf. Schließlich gebe ich ihm den Befehl, mich langsam auszuziehen und dabei zu streicheln. Wenn es mich erregt, wie er das macht, belohne ich ihn dafür mit Worten, indem ich zum Beispiel sage: ›Ich werde ganz feucht, wenn ich sehe, wie sehr du dich anstrengst, um mir zu Diensten zu sein.‹«

Dwight hört ihrer Beschreibung fasziniert zu, und Sonia fährt fort: »Wenn ich so weit bin, dass ich mit ihm schlafen möchte, befehle ich ihm zum Beispiel, sich rücklings aufs Bett zu legen und die Arme hinter dem Kopf zu verschränken. Ich steige auf ihn und sage ihm, er soll mir in die Augen sehen. Wenn er den Blick abwendet oder die Augen schließt, ohne dass ich es ihm erlaubt hätte, gebe ich ihm eine Ohrfeige oder presse seinen Kopf zwischen meine Hände und sage: ›Tu, was ich dir gesagt habe, schau mich an! Lass mich in deine Augen sehen! Du kannst nichts vor mir verstecken; ich bin deine Herrin!‹«

Die geistige Ebene von erotischen Machtspielen

Auch wenn der Gegensatz von einerseits Dominanz und Unterwerfung und andererseits einer gemeinsamen geistigen Ebene auf den ersten Blick seltsam anmutet, haben doch einige der Paare, die ich dazu befragt habe, angegeben, an erotischen Machtspielen auch deren geistige Qualität zu schätzen. Meredith zum Beispiel, die gern die devote Rolle übernimmt, meint, es sei für sie wie »eine Art von Meditation«, sich ihrem Partner auszuliefern: »Mein bewusstes Denken kommt völlig zum Stillstand, und ich kann ganz intensiv jeden Augenblick des Zusammenseins mit meinem Partner wahrnehmen. Manchmal, wenn ich mich in diesem tranceartigen Zustand befinde, kommt es mir vor, als stünden wir in telepathischer Verbindung zueinander.«

Vanessa und Ted, die ebenfalls regelmäßig sexuelle Machtspiele um Dominanz und Unterwerfung spielen, sind der Meinung, dass es ihnen geholfen hat, eine tiefe Achtung voreinander zu entwickeln. Zudem habe es sie mit einer höheren Macht in Verbindung gebracht hat, die viele Menschen »Gott« nennen. Vanessa beschreibt es so: »Wenn Ted zu mir sagt, dass er mich gleich ganz und gar in Besitz nehmen wird, versetzt mich das in einen Zustand demütigster Selbstauslieferung. Er ist mein Gott oder doch das Werkzeug, durch das ich mit dem wahren Gott in Verbindung trete.« Ted meint, eine Art unermesslicher Ehrfurcht ergreife von ihm Besitz, wenn Vanessa ihm ihre ganze Verletzlichkeit zeigt, indem sie sagt: »Jetzt bin ich ganz dein, Herr, ich liefere mich dir aus, mit all meinen Geheimnissen und allem, was mich ausmacht.«

Weitere Rituale des Besitzergreifens und Sich-Auslieferns

Wie an den in der letzten Zeit erschienenen Filmen, Büchern, Musikvideos und Rocksongs zu dem Thema erkennbar ist, aber auch an der Beliebtheit von Ledermode und gewagten, zweideutigen Accessoires, gibt es anscheinend zahlreiche Leute, die mit den avancierteren Formen sexuellen Machtspiels experimentieren. Die Soziologin Gini Scott, Autorin von *Dominanz und Demut*, ist der Meinung, dass solche Arten des sexuellen Spiels immer normaler werden, weil die Menschen auf der Suche nach neuen Möglichkeiten der sexuellen Befriedigung sind, aber keine gesundheitlichen Risiken eingehen möchten.

Einige Bezeichnungen für diese stärker ritualisierten Formen erotischer Machtspiele klingen zunächst vielleicht erschreckend: BDSM steht beispielsweise für Bondage (erotische Fesselung), Discipline (Strafe, Züchtigung) für Dominanz und Unterwerfung, aber auch für alles, was mit dem unglücklich gewählten, da irreführenden Terminus SM gemeint ist, also für sadomasochistische Aspekte. Wenn Sie etwas von solchen Praktiken hören, sind Sie womöglich besorgt oder verwirrt: Wie steht es dabei mit der Möglichkeit des körperlichen oder seelischen Missbrauchs? Wo verläuft die Linie zwischen einerseits physischen und verbalen Handlungen, die die sexuelle Erlebnisfähigkeit steigern, und andererseits solchen Akten, die bleibende körperliche und emotionale Schäden hinterlassen?

Da es bei diesem Thema so viele Unklarheiten und Missverständnisse gibt, möchte ich nun zunächst die Terminologie erläutern, die im Zusammenhang mit Ritualen des Besitzergreifens und Sich-Auslieferns verwendet wird. Dabei werden Personen zu Wort kommen, die solche Praktiken regelmäßig in ihr Sexualleben integrieren. Im Anschluss werde ich Sie dann auf ein paar Worte, Sätze und verbale Inszenierungen hinweisen, mit deren Hilfe diese Arten des sexuellen Spiels noch lustvoller werden.

Jay Wiseman, Autor von *125 Tipps und mehr, um aus gutem Sex besseren Sex zu machen,* meint dazu Folgendes: »Körperlicher Missbrauch und unfreiwillig erlittene Dominanz werden oft mit sexuellen Machtspielen verwechselt. Wenn SM auf verantwortliche Weise praktiziert wird, findet der Akt jedoch auf der Grundlage emotionaler Sicherheit und Freiwilligkeit statt. Die Macht, die dabei im Spiel ist, wird nicht missbraucht. Ich würde SM von vornherein so definieren, dass psychologische Dominanz und Unterwerfung, körperliche Fesselung, Schmerz und sonstige Praktiken auf der Basis eines klaren Einverständnisses beider Partner stattfinden und mit keinem anderen Ziel als dem der erotischen Erregung.«

Die Bedeutung von »Bondage und Discipline« (B&D) besteht laut Jay darin, dass der dominante Partner den devoten Part in seiner Bewegungsfreiheit einschränkt und ihm befiehlt, sich in einer bestimmten Art und Weise zu verhalten. B&D bezeichnet oft auch einfach eine Light-Version von SM, obwohl es, wie Jay einräumt, keine verbindliche Meinung darüber gibt, wo zwischen beidem die Grenze zu ziehen wäre.

Konsens herrscht in der BDSM-Szene aber durchaus darüber, dass erotische Machtspiele verantwortungsvoll, einvernehmlich und sicher sein müssen. »Ich glaube, viele Leute fühlen sich von SM abgestoßen, weil sie es mit Grausamkeit verwechseln. Das ist es eindeutig nicht. In der SM-Szene sind wir alle vehemente Gegner von Vergewaltigung, Misshandlung, Zwangsunterwerfung oder -entführung und Psychoterror. Mehr noch, wir empfehlen sogar immer, dass man SM nur mit einem Partner praktizieren sollte, den man gut kennt, dem man in hohem Maße vertraut und zu dem man eine sehr gute Beziehung hat.«

Wenn Sie und Ihr Partner Lust bekommen haben, mit diesen avancierteren Formen erotischer Macht zu spielen, wenn Sie also Bondage, Auspeitschung oder ähnliche Dinge ausprobieren möchten, sollten Sie zunächst Jay Wisemans *Grundregeln für erotische Machtspiele* lesen, die Sie hinten in diesem Buch finden (Anhang B). Im Literaturverzeichnis wird weiteres Material zum Thema aufgeführt. Oder Sie lesen, was die folgenden von mir befragten Personen, allesamt erfahrene SM-Profis, zum Thema zu sagen haben.

Professionelle Ratschläge zur Kunst der Dominanz

Lady Green ist eine professionelle Domina, die entsprechende Kurse gibt und das Arbeits- und Übungsbuch *The Sexually Dominant Woman* geschrieben hat. Sie hat eine Menge exzellente Tipps für Anfänger, die gerne ihre Fähigkeiten in Sachen sexueller Dominanz verbessern möchten:

1. Entscheiden Sie, bevor Sie anfangen, welche Art von dominanter und devoter Rolle Sie jeweils einnehmen möchten. Herr/Herrin und Sklave/Sklavin ist am gebräuchlichsten, aber

es gibt auch die Konstellationen Aufseher(in)/Gefangene(r) oder Lehrer(in)/Schüler(in).

2. Wenn Sie sich auf die Rollenverteilung geeinigt haben, sollte der dominante Partner seinem Sub einen Namen geben. »Mein Sklave« oder »meine Sklavin« sind prinzipiell zwar möglich, aber vielleicht möchten Sie auch eine Verkleinerungsform des richtigen Namens verwenden, zum Beispiel Billy oder Sabinchen. Benutzen Sie diesen Namen dann aber nie außerhalb des sexuellen Rollenspiels. Im Gegenteil, schon das Aussprechen dieses Namens sollte ein Zeichen dafür sein, dass Sie bereit sind, das Spiel zu beginnen. Es wird auch Ihrem Sub helfen, in die richtige Stimmung dafür zu kommen, sich Ihnen auszuliefern.
3. Finden Sie heraus, welche Worte und Sätze bei Ihnen besonders starke erotische Reaktionen hervorrufen und bauen Sie diese in Ihr Sexspiel ein. Der devote Partner findet es vielleicht besonders erregend, wenn der Top zu ihm sagt: »Nicht aufhören! Untersteh dich!« Und dem dominanten Partner gefällt es vielleicht, wenn er devote Sätze hört wie: »Du kannst mit mir machen, was dir gefällt, Herr, ich stehe ganz zu deiner Verfügung.«
4. Entscheiden Sie vor dem Beginn des Spiels, ob verbale Züchtigungen in Ordnung sind (zum Beispiel »Schäm dich, du böser, böser Junge«) und Sticheleien Teil des Szenariums werden dürfen. Wenn ja, sollte der Sub im Vorfeld klarstellen, wo seine Grenzen liegen. Allgemein gesagt, sollte sich der dominante Partner bei einem Mann nie über dessen Genitalien, seine Intelligenz oder seine berufliche Karriere lustig machen und bei einer Frau nicht über ihr Äußeres.
5. Wenn verbale Schelte Teil des Spiels wird, darf diese sich nicht auf Bereiche des alltäglichen Lebens beziehen. Sie können den Sub dafür tadeln, dass er Sie nicht mit »Herr« oder »Herrin« angesprochen hat oder einen Befehl nicht zu Ihrer Zufriedenheit ausgeführt hat, aber nicht dafür, dass er vergessen hat, das Geschirr abzuwaschen, den Müll hinauszubringen oder den Fernseher auszuschalten.

6. Verbale Belohnungen sind für den devoten Partner sehr wichtig. Wenn sie Top sind, sollten Sie es Ihren Partner stets wissen lassen, wenn sie oder er etwas tut, was ihnen besonders gefällt. Sie können zum Beispiel Dinge sagen wie: »Es macht mich total heiß, dich so zu sehen« oder »Du bist ein braver Junge, dass du mich so schön leckst.« Dies wird den Sub, dessen eigene Lust bei diesem Spiel davon abhängig ist, wie viel Lust er Ihnen bereitet, erregen.
7. Der dominante Partner sollte dem devoten immer vermitteln, wie anziehend er oder sie in einem bestimmten Aufzug, in seinen Fesseln, mit seinem Halsband, den Handschellen, dem Korsett oder der Augenbinde aussieht. Wenn Sie vorher ausgemacht haben, dass eine Tracht Prügel oder ein paar Schläge mit der Peitsche zum erotischen Spiel dazugehören, können Sie Ihren Partner auch verbal dafür belohnen, dass er so starke körperliche Impulse hinzunehmen bereit ist, indem Sie sagen: »Ich bin stolz auf dich, du hältst deine Strafe wirklich tapfer aus!«

Sybil Holiday, eine professionelle Domina und Sextherapeutin, stellt richtig, was es bedeutet, die dominante Rolle zu übernehmen: nämlich keineswegs, dass man nun alles zu seinem Partner sagen kann, wozu man gerade Lust hat. Denn auch wenn es ihn nicht emotional verletzt, ist es schließlich nicht notwendigerweise erregend für ihn. »Als Domina kann ich meinem Partner umso mehr Lust bereiten, je besser ich seine SM-Phantasien und seine sexuellen Bedürfnisse kenne und je genauer ich weiß, welche Art von erotischer Sprache und welche Art von Szene ihn am meisten anmacht. Wenn ich zum Beispiel eine Phantasie entwerfe, in der er mein gefangener Sklave ist, während er in Wirklichkeit gerne möchte, dass ich ihn wie einen ungezogenen kleinen Jungen behandele, dann kann er die Szene unter Umständen nicht richtig genießen und kommt nicht zum Höhepunkt. Deshalb empfehle ich immer, dass derjenige, der den dominanten Part übernimmt, seinen Partner *vor* dem Spiel ausfragen soll, um herauszufinden, worauf der andere anspricht, welche Worte und Gesten ihn besonders anmachen.«

Vor allem in einem Punkt stimmen Lady Green und Sybil Holiday überein: Der Partner, der die devote Rolle einnimmt, vertraut dem anderen sein emotionales und körperliches Wohlbefinden an. Er begibt sich in eine besonders verletzliche Position und ist deshalb in herausragender Weise schutzbedürftig.

Darum ist es unerlässlich, dass das Sicherheitswort auch tatsächlich sofort zu einer Beendigung der Szene führt. Und selbst wenn der Partner es noch nicht ausgesprochen hat, Sie aber das Gefühl haben, dass einer von Ihnen in Bereiche hineinschlittert, die als unangenehm oder bedrohlich empfunden werden, zum Beispiel aufgrund von Erfahrungen aus der Vergangenheit oder weil Sie einfach zu weit gegangen sind, dann sollten Sie sofort unterbrechen und sich einander vertrauensvoll zuwenden. Vertrauen und Verständigung sind das die Grundlagefür alle Rollenspiele, die auf Macht und Unterwerfung basieren. Vergessen Sie das nicht. Dann werden Sie sich bei SM-Liebesspielen völlig frei und sicher fühlen können.

Eröffnung des erotischen Machtspiels mit einer sprachlichen Zeremonie

Ich habe ein paar Seiten zuvor bereits das Ritual der »Markierung« des Partners, der die devote Rolle einnimmt, mit einem Band oder Anhänger beschrieben. In der SM-Szene beginnen viele Paare ihr Rollenspiel mit dem Anlegen eines Halsbands beziehungsweise von Handschellen oder indem sie ein entfernbares Tattoo auftragen, wofür sich Henna oder eine entsprechende Klebevorlage anbietet. Hier geht es nun um ein paar sprachliche Muster für ein solches Ritual.

Übung: Das Markierungsritual sprachlich begleiten

Der Top legt dem Sub ein Halsband oder eine Sklavenkette an oder bringt ein entfernbares Tattoo auf dessen Brust oder Rücken an und sagt dazu: »Mit diesem Halsband übergibst du mir, deinem Herrn/deiner Herrin, das Recht, nach Belieben über dich zu verfügen, über deinen Körper und deine ganze Person. Sprich mir nach …« Der Sub wiederholt jede der folgenden Abmachungen:

1. »Ich erkläre mich bereit, was immer du mir befiehlst, unverzüglich so gut wie möglich auszuführen.«
2. »Ich erkläre mich bereit, jeden Teil meines Körpers in den Dienst des Vergnügens meines Herrn/meiner Herrin zu stellen.«
3. »Ich werde Strafe ebenso hinnehmen wie lustvolle Belohnung, wenn mein Herr/meine Herrin sie mir bestimmt.«
4. »Ich erkläre mich bereit, dieses Symbol meiner Leibeigenschaft zu tragen und mich meinem Herrn/meiner Herrin mit Leib und Seele auszuliefern.«

Auch der dominante Partner kann im Rahmen dieses Rituals eine Reihe von Schwüren leisten um sich selbst und den anderen an die Grenzen und die Sicherheitsvorkehrungen des Spiels zu erinnern. Er kann zum Beispiel sagen: »Als Gegenleistung dafür, dass ich diesen Sklaven als mein Eigentum betrachten und nach Gutdünken benutzen darf, gelobe ich,

1. während des Spiels nichts zu unternehmen, was seine/ihre geistige oder körperliche Gesundheit beeinträchtigt,
2. die Grenzen des Spiels diesem Vertrag gemäß zu akzeptieren,
3. im Falle eines Gebrauchs des Sicherheitsworts unverzüglich das Spiel zu unterbrechen und jede weitere Machtausübung zu unterlassen, bis beide Partner einvernehmlich entscheiden weiterzumachen,
4. während und nach dem Spiel in Liebe und Zuneigung für den anderen da zu sein.«

Am Ende der Szene kann der dominante Partner dem Unterworfenen dafür danken, ihm so treu gedient zu haben, und der Unterworfene kann dem Herrn oder der Herrin für das Vergnügen danken, das die Erfüllung der Wünsche des anderen ihm bereitet hat. Wichtig ist nun auch, dass der Top das Halsband, die Handschellen oder das Tattoo entfernt, um symbolisch zu verdeutlichen, dass beide Partner nun wieder gleichberechtigt sind.

In diesem Kapitel haben wir einige Möglichkeiten ausgelotet, wie ungefährliche und einvernehmliche Formen des verbalen Machtspiels die Lust am Sex intensivieren und die sexuelle Kreativität vergrößern können. Solche sexuellen Spiele führen oft auch zu größerer Intimität und haben im emotionalen Bereich einen kathartischen Effekt. Falls Sie und Ihr Partner noch alte Verletzungen mit sich herumtragen, die davon herrühren, dass Ihr Vertrauen enttäuscht wurde oder Sie sich geschämt haben, so haben Sie vielleicht diese Erfahrung als heilsam empfunden. Auf den nächsten Seiten wird es weiter um genau solche heilsamen Auswirkungen erotischen Sprechens gehen.

11. Lustvolle Worte mit heilsamer Wirkung

Manchmal, wenn wir mit der Welt und mit uns selbst nicht ganz im Reinen sind und uns deshalb auch nicht besonders sexy fühlen, können liebevolle Worte aus dem Munde eines Partners in hohem Maße dazu beitragen, unser Begehren neu zu entfachen. Das beschreiben auch die drei Paare, die ich zu diesem Thema interviewt habe.

Jenny und Jeff sind Mitte vierzig, haben beide bereits eine Scheidung hinter sich und erwachsene Kinder. Als sie einander kennen lernten, waren sie beide beruflich erfolgreich und wurden sich schnell darüber einig, dass sie alle Ausgaben, die mit ihrem angenehmen Lebensstil zusammenhingen, einfach halbieren würden. Nach etwa einem Jahr Ehe jedoch musste Jenny mit einer Reihe von Krisen fertig werden: mit dem Tod ihres Vaters, der Scheidung ihres Sohns und einem Feuer, das die Wohnung ihrer besten Freundin zerstörte.

Unter diesen emotional extrem belastenden Umständen weiter ihrer Arbeit nachzugehen, laugte sie völlig aus. Mit Jims Einverständnis entschied sie, ihr Geschäft drei Monate lang ruhen zu lassen, um sich besser auf die Lösung dieser Probleme konzentrieren zu können. Nach diesen drei Monaten hatte sie die Dinge zwar wieder halbwegs im Griff, fühlte sich aber immer noch nicht wieder in der Lage zu arbeiten. Bald waren sechs Monate daraus geworden, und sie saß untätig zu Hause herum. Gleichzeitig ließ die Intensität des gemeinsamen Sexlebens, das bisher immer sehr befriedigend gewesen war, nach, es war nicht mehr so aufregend wie sonst.

»So sensibel und aufmerksam Jeff auch war, ich konnte einfach nicht mehr die Leidenschaft aufbringen, die ich bisher immer für ihn empfunden hatte«, beschreibt Jenny die Situation. »So ging es etwa vier Monate lang. Ich habe schon ernsthaft darüber nachgedacht, zu einem Sextherapeuten zu gehen, als mir plötzlich etwas klar wurde: Ich fühlte mich schuldig, weil ich meine Abmachung nicht eingehalten und nicht wieder zu arbeiten angefangen hatte, nachdem mein Leben sich normalisiert hatte – daran lag es! Also sagte ich abends im Bett zu Jeff: ›Weißt du, Schatz, als du mich geheiratet hast, bist du davon ausgegangen, dass du dein Leben mit einer Frau teilen würdest, die ökonomisch auf sicheren Beinen steht, nicht mit jemandem, den du aushalten musst. Und dass es jetzt doch so ist, tut mir sehr Leid.‹

Er antwortete: ›Liebling, es war zwar schön, ein zusätzliches Einkommen zu haben, aber wir kommen schließlich auch so über die Runden. Meinetwegen musst du also nicht so schnell wie möglich wieder arbeiten. Ehrlich gesagt, genieße ich es auch, für dich zu sorgen und für dich da zu sein, wenn du mich brauchst. Ich bin sehr froh, dass ich das für dich tun kann. Es ist meine Art und Weise, dich zu lieben.‹

Diese Worte ließen mich alles andere als kalt«, gibt Jennie zu. »Irgendwo tief in mir drin ging dabei ein Schleusentor auf, und ein enormer Schub von Liebe und Leidenschaft für meinen Mann durchströmte mich. Er spürte es ebenfalls auf Anhieb, und seither sind unsere Liebesnächte noch viel reicher und wilder als zuvor. Es war eine ganz erstaunliche Veränderung!«

Warum hatten Jeffs Worte eine solche Auswirkung auf Jennys Libido? Wie viele Menschen ist sie in einer Umgebung aufgewachsen, wo es bedingungslose Liebe so gut wie gar nicht gab. Schon als kleines Mädchen hatte sie gelernt, dass sie sich die Liebe und Anerkennung, die sie sich so sehr wünschte, *verdienen* musste, indem sie stets vorbildlich für andere da war. Unbewusst hatte sie die Botschaft verinnerlicht, dass für Liebe immer ein Preis zu bezahlen ist. Der Preis bestand darin, immer für andere da zu sein und ihnen nicht zur Last zu fallen.

Als Jeff ihr erzählte, wie viel Spaß es ihm bereite, für sie zu sorgen, berührte sie das so tief in ihrem Inneren, dass ihre negative Grundeinstellung von ihr abfiel. Jemand, dessen Liebe sie brauchte, hatte ihr signalisiert: »Du musst mir nichts vorspielen, um von mir geliebt zu werden. Deine Bedürfnisse sind mir sehr wichtig.«

Wie man am Fall von Jeff und Jenny sehen kann, können Stress und Probleme imLeben eines der Partner auch die gesundesten, leidenschaftlichsten und liebevollsten Beziehungen beeinträchtigen. Wenn wir uns mit uns selbst nicht wohl fühlen, neigen wir dazu zu glauben, und sei es auch nur unbewusst, dass wir die sexuelle Lust, die uns der Partner bereiten möchte, nicht verdienen. Dieser Selbstzweifel kann, wie bei Jenny, in Form von Schuldgefühlen zum Ausdruck kommen. Er kann sich aber auch als Ärger einen Weg an die Oberfläche bahnen: Ärger darüber, dass der Partner so nett zu einem ist, während man selbst diese Zuwendung gar nicht verdient zu haben meint.

Joanna hatte mit 19 als Fotomodell gearbeitet und den ersten Platz in einem Schönheitswettbewerb belegt. Während ihrer zweiten Schwangerschaft aber nahm sie 15 Kilo zu, und nachdem ihr Sohn zur Welt gekommen war, fand sie es sehr schwierig, wieder abzunehmen. Vielmehr legte sie sogar noch mehr zu, und je mehr sie auf die Waage brachte, desto mehr nahm ihre Libido ab. Eines späten Abends, als sie mit einem Buch im Bett lag, schlug Earl, ihr Mann, ihre Decke zurück und fing an, ihren Körper zu liebkosen.

»Wenn du jetzt so anfängst, kannst du besser erst das Licht ausmachen«, zischte Joanna ihm zu. Als Earl sie daran erinnerte, dass sie es doch immer gemocht habe, beim Sex das Licht anzulassen, entgegnete sie gereizt: »Das war, als ich noch nicht so eine fette Sau war wie jetzt! Wenn du mich nur lange genug ansiehst, törnt dich das wahrscheinlich total ab, also fangen wir lieber gleich im Dunkeln an!«

Daraufhin richtete Earl sich auf und fasste Joanna an den Schultern. »Hör mal, Schatz, wenn du dich mit deinem Körper nicht wohl fühlst, helfe ich dir gerne dabei abzunehmen«, versicherte er ihr. »Doch das hat nichts mit meinen Gefühlen für dich zu tun. Mein Verlangen nach dir ist nicht geringer geworden, seit du zugenommen hast. Wir sind jetzt schon acht Jahre lang zusammen, und du machst mich noch immer ganz heiß. Daran ändern auch ein paar zusätzliche Kilos nichts. Ich wünschte nur, du könntest zu dir selbst auch so gut und lieb sein wie zu mir und den Kindern.«

Dann fing er an, zärtlich Joannas Bauch zu küssen, ihre Hüften und die anderen Bereiche, wo man ihr zusätzliches Gewicht besonders deutlich sehen konnte. Dabei brach Joanna in Tränen aus und gestand ihm, sie habe große Angst gehabt, er könnte sie verlassen, da sie nicht mehr die grazile Badeschönheit war, die er geheiratet hatte. Es dauerte auch danach noch eine Weile, bis sie daran glauben konnte, dass Earls Liebe zu ihr stark genug war, der Veränderung ihres Körpers zu trotzen. Doch da er nicht müde wurde, ihr seine Liebe zu versichern, drang die Botschaft schließlich zu ihr durch, und langsam bekam sie wieder Spaß daran, im Hellen Sex zu haben.

Unsicherheit und verringertes Selbstbewusstsein kommen manchmal in Apathie und Mangel an sexuellem Interesse zum Ausdruck. Ross hatte seinen Job verloren, und obwohl er intensiv gesucht und viele Anstrengungen unternommen hatte, war er auch ein Jahr später noch arbeitslos. Also blieb er zu Hause und kümmerte sich um die Kinder, während seine Frau Norma wieder anfing, als Lehrerin zu arbeiten, was sie aufgegeben hatte, um ihre beiden Töchter zur Welt zu bringen und großzuziehen.

Obwohl das Paar ein aktives Liebesleben geführt hatte, verlor Ross mit der Zeit fast vollständig sein sexuelles Interesse. Eine Zeit lang ging Norma darüber hinweg, weil sie annahm, er habe nur eine schlechte Phase, und es würde sich von selber geben. Doch als keine Besserung eintrat, entschloss sie sich, das Thema anzusprechen. Sie war klug und sensibel genug zu wissen, dass Beschwerden oder Schuldzuweisungen nichts bringen würden, weil er sich dann nur noch mehr in sein Schneckenhaus zurückziehen würde.

Sie ging das Thema also einfühlsam an: »Schatz, ich weiß, du bist nicht gut drauf, weil du schon so lange keinen Job mehr gefunden hast. Aber du solltest wissen, dass ich trotzdem sehr stolz auf dich bin. Ich finde es toll, wie gut du dich um die Kinder kümmerst und wie viel Mühe du dir gibst, so viel wie möglich zum Familienleben beizutragen. Du hast so lange gearbeitet und mich ausgehalten. Da kannst du doch diese Phase jetzt mal als eine Pause betrachten, in der du dich ausruhst, während ich eine Weile arbeite und dich ernähre. Mit oder ohne Arbeit bist du schließlich mein Mann, und ich liebe dich noch immer sehr.«

Derart bedingungslos von Norma als Mensch akzeptiert, konnte Ross schließlich zugeben, dass er sich sehr unmännlich dabei vorkam, seine Frau und die Familie nicht ernähren zu können. Als sie ihm jedoch klar gemacht hatte, dass er für sie und die Kinder mehr war als jemand, der nur das Essen auf den Tisch brachte, konnte er sein Selbstbild korrigieren. Sich wieder vergegenwärtigt zu haben, wie viel er den Menschen bedeutete, die er aus tiefstem Herzen liebte, tat nicht nur seinem Ego sehr gut, sondern auch seiner Libido.

Wie wir bei Jenny, Joanna und Ross gesehen haben, ist es wichtig zu begreifen, dass unser Partner gern und freiwillig für uns da ist. Ängste und Verdächtigungen, die womöglich dem Ausdruck unserer tiefsten Gefühle im Weg stehen, werden dann gegenstandslos, und wir können die Liebe, die uns entgegengebracht wird, wieder mehr genießen. Und umgekehrt empfinden wir oft auch selbst wieder mehr Leidenschaft und sexuelle Lust, wenn wir sehen, wie diejenigen, denen wir unsere Liebe schenken, in ihr gedeihen und durch sie wachsen.

Zuneigung und Begehren spielerisch zum Ausdruck bringen

Natürlich brauchen Sie nicht darauf zu warten, dass Sie oder Ihr Partner in schwierige Umstände geraten, bevor Sie liebevolle Zuwendung zu einem Teil Ihres Liebeslebens machen. Es gibt vielmehr einige ganz leichte und einfache Möglichkeiten, dem anderen warmherzige Zuneigung zu bezeugen – selbst wenn Ihre Beziehung noch jung ist.

Richard und Elizabeth haben in einem Workshop eine Technik gelernt, die sie seither immer einsetzen, um einander auf liebevolle, vertrauensvolle Weise nahe zu kommen. Sie nennen diese Übung »die Kinder zur Ruhe bringen«, und sie geht so: Die beiden setzen sich einander gegenüber, sehen sich in die Augen und atmen langsam ein und aus. Abwechselnd streicheln sie das Gesicht und das Haar des anderen und sagen: »Ich liebe dich, kleiner Ricky« (so wurde Richard in seiner Kindheit immer genannt) oder: »Ich liebe dich, kleine Betty« (für Elizabeth).

»Wir versuchen, das unschuldige Kind im anderen zu sehen«, erklärt Elizabeth, »und dieses Kind direkt anzusprechen.«

»Dann küssen wir uns gegenseitig ganz leicht auf die Wangen, die Stirn, die Augenlider und die Nasen«, fügt Richard hinzu. »Und wir flüstern dem kleinen Kind im anderen beruhigende Sätze zu, so wie ›Ich hab dich sehr lieb, Bethie‹ oder ›Ricky, du bist mein kleiner Schatz‹. Und dann gehen wir langsam zu einem ganz sanften, zärtlichen Liebesspiel über.«

Es gibt viele spielerische Wege, wie zwei Partner einander zugleich Zuneigung bekunden und sich gegenseitig erregen können. Manche Paare denken sich erotische Fütter-Rituale aus und stecken einander kleine Häppchen in den Mund. Meist haben die dabei verwendeten Lebensmittel eine besonders sinnliche Textur. Populär sind zum Beispiel Erdbeeren mit Schlagsahne, Pralinen oder saftige kleine Stückchen Melone. Während die Partner einander langsam kleine Bissen in den Mund stecken, sagen sie Dinge wie: »Ich finde es toll, dich so zu füttern«, »Es ist so schön, wenn ich dich füttere« oder »Ich will dir gern alle Nahrung und alles andere geben, die du brauchst.« Manche Paare lassen auch erotische Fragen in dieses Ritual einfließen, zum Beispiel: »Soll ich mich noch anderen Teilen deines Körpers zuwenden außer deinem Mund?« oder: »Das scheint dir ja zu gefallen, was würde dir denn jetzt noch gefallen?«

Noah und Maddy genießen es sehr, sich gegenseitig die Füße zu massieren. »Ein interessanter Nebeneffekt dieses Spiels«, erklärt Noah, »ist, dass ich seither nicht mehr so kitzlig an den Zehen bin. Am Anfang musste ich immer gleich die Füße wegziehen, wenn Maddy anfing, sie zu küssen und zu streicheln, weil der Reiz so stark war, dass ich es einfach nicht aushielt. Aber je mehr sie von den herrlichen Dingen erzählte, die sie noch mit mir vorhatte, umso weniger kitzlig wurde ich, und umso größer wurde meine Erregung. Jetzt werde ich immer schon am Anfang ganz heiß. Maddy hat meine Zehen richtiggehend erotisiert!«

Für den anderen da sein

Wenn Ihr Partner einen schlechten Tag bei der Arbeit hatte, die Kinder anstrengend waren oder er schlichtweg in einer etwas trübseligen Stimmung ist, dann ist er möglicherweise gar nicht in der richtigen Stimmung für die Liebe. Sie können ihm aber auch über diese Flaute hinweghelfen, indem sie die beruhigende und wohltuende Wirkung Ihrer Berührungen und Streicheleinheiten in den Vordergrund stellen.

Verbalmassage

Eine wundervolle Möglichkeit, dies zu tun, besteht darin, den Partner sinnlich zu massieren und ihm gleichzeitig beruhigend zuzureden. Clark und Ingrid, die dies oft tun, sagen beim Massieren zum Beispiel Sätze wie: »Entspann dich, Schatz, und genieß es, dass ich dich massiere« oder: »Du bist hier am Hals ganz verspannt. Atme einfach ruhig weiter und überlass mir den Rest, meine Finger kümmern sich schon darum.«

Doktorspiele

Andere Paare spielen bewusst Rollenspiele, die von vornherein auf die wohltuenden, lindernden Aspekte der sexuellen Beziehung eingehen. Perry und Melinda spielen beispielsweise gerne eine Erwachsenenversion der Doktorspiele, von denen viele Kinder so begeistert sind.

»Wie viel so ein Spiel bringen kann, haben wir eines Abends gemerkt, als Perry in einer sehr romantischen Stimmung, ich aber ziemlich gestresst und irgendwie neben der Kappe war«, erzählt Melinda. »Ich wollte mir gerade eine Aspirintablette holen, als er mich zurückhielt, mich auf seinen Schoß zog, mir übers Haar strich und sagte: ›Erzähl mir, wo es wehtut, Schatz, Doktor Perry wird schon wissen, wie er dir helfen kann.‹

Ich habe ihm gesagt, ich hätte Kopfschmerzen, und er hat angefangen, meine Stirn zu massieren. Dabei fragte er: ›Ist es jetzt schon besser?‹, und das wiederholte er immer wieder, während er mit der Hand überall über meinen Körper strich. Und wenn ich verneinte, sagte er: ›Zeig mir, wo es weh tut‹ oder: ›Wo soll ich mit meiner Hand hin?‹. Innerhalb von zehn Minuten waren meine Kopfschmerzen wie verflogen – und ich war sehr erregt!«

Vielleicht hilft ein solches Doktorspiel ja auch Ihnen, sich zu entspannen und einander zu erregen. Im weiteren Verlauf können Sie einander auch erotische Heilmethoden beschreiben und körperlich aktiver werden. Sie können zum Beispiel Dinge sagen wie: »Diese Medizin wird dir ein total gutes Gefühl geben, mach deinen Mund ganz weit auf.« Oder: »Hier kommt deine Wundermedizin, Schatz, soll ich sie dir injizieren?«

Ammenspiele

Ammenspiele sind eine weitere phantastische Möglichkeit, der Liebe neben der sexuellen auch eine fürsorgliche Dimension zu verleihen. Es ist kein großes Geheimnis, dass Männer gern an den Brüsten einer Frau saugen. Es fühlt sich gut an, und es ist sexuell erregend. Aber auch für Frauen hat es etwas Beruhigendes und Tröstendes, an den Brustknospen eines Mannes zu saugen. Es war auch tatsächlich ein Freund, der mir erzählte, seine Frau seufze immer ganz verzückt auf, wenn er ihr »die Brust gebe« und ihr mit den Worten zuspreche: »Trink von meiner Brust, Schätzchen, es macht mir Freude, dich zu ernähren.«

Das Ammenspiel lässt sich noch dadurch intensivieren, dass Sie den Namen Ihres Partners ständig wiederholen, dass Sie ihm sagen, wie kostbar er Ihnen ist und wie viel Freude es Ihnen bereitet, ihn zu umsorgen. Sie können zum Beispiel sagen:

- »Ich fühle mich so wohl mit dir an meiner Brust.«
- »Dein Haar riecht so gut.«
- »Das kleine Kind, das ich jetzt in dir sehe, ist mir entsetzlich lieb.«

Die Fehler des anderen lieben

Ein besonders wirkungsvoller Weg, dem Partner beim Sex auch Zuneigung zu bezeugen, besteht darin, ihm zu sagen, wie sehr Ihnen gerade jene Teile seines Körpers gefallen, die er selbst gar nicht mag. Die wenigsten von uns sehen so aus wie die Männer und Frauen in den Illustrierten, und sogar diejenigen, die tatsächlich so aussehen, machen sich oft Gedanken über irgendeinen kleinen Schönheitsfehler, den sonst vermutlich noch nicht einmal jemand wahrnimmt.

Es ist zwar völlig normal, körperliche Schönheit anziehend zu finden, aber wenn man über längere Zeit hinweg eng mit einem Menschen verbunden ist, passiert ironischerweise oft etwas ganz Seltsames: Die kleinen Schönheitsfehler, die wir anfangs vielleicht eher unattraktiv fanden, werden im Laufe der Zeit zu etwas sehr Anziehendem und sogar Erregendem.

Jemand, der Sie wirklich liebt, wird auch Ihre Falten und die schlaffe Haut lieb zu gewinnen wissen, jene Anzeichen des fortgeschrittenen Alters. Meine beiden Lieblingssätze, die solche Gefühle zum Ausdruck bringen, stammen zufällig aus einem Theaterstück und einem Kinofilm. Das Stück heißt *Poetomachia* und wurde 1993 von Amy Freed geschrieben, einer talentierten jungen Dramatikerin. Darin geht es um eine Dichterin Mitte fünfzig, die daran denkt, wie warm es ihr ums Herz geworden ist, als ihr Geliebter zu ihr sagte: »Die kleinen Stellen, an denen dein Zerfall sichtbar wird, sind voller Licht. Ich liebe diese kleinen Falten in deiner Haut.« Der Film ist ein alter Streifen mit Barbara Stanwyck und Henry Fonda. Als die Figur, die Stanwyck spielt, darüber klagt, dass sie immer mehr Falten bekommt, antwortet Fonda, indem er ihr zärtlich über das Gesicht streicht: »Es hat so lange gedauert, bis wir uns gut genug kannten, dass du sie bekommst. Jetzt will ich auch etwas davon haben!«

Auch besonders große oder kleine Körperteile können für einen Partner, der das zu schätzen weiß, eine besondere Quelle der Entzückung sein. Ein Freund erzählte mir einmal, er sei ganz versessen auf die großen Hängebrüste seiner Frau: »Es sind wundervolle, weiche Kissen, und sie schenken mir immer Trost, wenn ich gestresst oder traurig bin.« Eine Teilnehmerin eines meiner Kurse erzählte mir, sie sei sehr erleichtert gewesen, als ihr Mann ihr gesagt hatte, er fände ihren vorstehenden Bauch und ihren großen Hintern sehr sexy. Eine andere Teilnehmerin, die während ihrer gesamten Jugend Komplexe wegen ihres flachen Busens gehabt hatte, meinte, sie mache sich darüber keinerlei Sorgen mehr, seit ihr Freund ihre Brustknospen als »absolut sexy, die besten der ganzen Welt« bezeichnet habe. Und in einem Workshop, zu dem ich selbst als Teilnehmerin gekommen war, erzählte ein Mann, seine Freundin habe seinen sehr kleinen Penis den »sinnlichsten und sensibelsten Zauberstab, den ich je gesehen habe« bezeichnet und geschworen, sie würde ihn nie gegen ein größeres Modell eintauschen wollen.

Achten Sie einmal darauf, welche körperlichen Eigenheiten Ihres Partners möglicherweise nicht dem gängigen Schönheitsideal entsprechen, und denken Sie darüber nach, ob Sie manche davon nicht trotzdem sexuell erregend, liebenswert oder auch schön finden. Widmen Sie diesen Teilen des Körpers Ihres Partners besondere Aufmerksamkeit, wenn Sie das nächste Mal zusammen sind, und lassen Sie den anderen wissen, wie gut Ihnen diese Eigenheiten gefallen.

Vielleicht fällt es Ihnen auch leichter, den Anfang mit einem kleinen Schönheitsfehler zu machen oder mit irgendeiner Eigenschaft, die Ihren Partner zu etwas Besonderem macht. Clay hat zum Beispiel ein dreieckiges Haarbüschel auf der Brust, und seine Freundin Cindy liebt es, ihre Nase dort hineinzustecken, seinen Duft einzusaugen oder die Stelle auch nur anzusehen. Für sie ist dieses kleine Haarbüschel geradezu ein Kunstwerk – es sieht hübsch aus, es fühlt sich gut an, und es riecht sehr sinnlich. »Clay scheint sich immer besonders darüber zu freuen, wie sehr mich diese körperliche Besonderheit bei ihm fasziniert«, erzählt Cindy im Vertrauen, »besonders, wenn ich ihm sage, wie sexy und liebenswert ich diesen pelzigen Fleck mittlerweile finde.«

Danach fällt es Ihnen vielleicht schon leichter, auf einen Körperteil Ihres Partners Bezug zu nehmen, den er selbst nicht mag. Fangen Sie an, indem Sie jenen Körperteil streicheln und zum Ausdruck bringen, wie anziehend und erregend sie ihn finden. Sie können zum Beispiel sagen: »Ich liebe es, wie warm, glatt und weich sich deine Beine anfühlen, wenn ich so darüber streiche. Mmmm, Schatz, merkst du, wie mich das antörnt?«

Wenn Sie die Lust, die Sie empfinden, aufrichtig in Worte kleiden, können Sie Ihrem Partner leicht dabei helfen, Probleme mit seinem Selbstbewusstsein, wie sie im Zusammenhang mit Körperlichkeiten oft vorkommen, zu überwinden. Ich kannte sogar einmal ein Paar, dass – nachdem es gewöhnt war, nur nachts und im Dunkeln Sex zu haben – nach dieser Therapie dazu überging, sich auch tagsüber, wenn es hell war, zu lieben.

Seelische und sexuelle Vereinigung

Da seelische und sexuelle Bedürfnisse eng zusammenhängen, können Paare ihre vertraute Verbindung gerade dadurch festigen, dass sie das Bedürfnis nach Vertrautheit und Nähe auch während des Liebesakts selbst zum Ausdruck bringen. Manchmal weckt die Art und Weise, wie Ihr Partner Sie berührt, in Ihnen vielleicht nicht nur sexuelles Begehren, sondern auch ein Bedürfnis nach Trost. Oder Ihr Wunsch, mit Ihrem Partner Sex zu haben, geht mit dem Bedürfnis einher, ihm gleichzeitig Trost zu spenden. Beiden Bedürfnissen auch tatsächlich Ausdruck zu verleihen, kann eine sehr befreiende Erfahrung sein und zu einer tiefen erotischen Vereinigung führen.

Wenn es Ihnen schwer fällt, sich in Ihrer Beziehung schutzbedürftig zu fühlen, oder Sie es leichter finden, dem anderen aufmerksame Zuneigung zu erweisen, als solche zu empfangen, dann stellen Sie sich vor, Sie und Ihr Partner wären für lange Zeit getrennt gewesen. Stellen Sie sich vor, Sie hätten in dieser Zeit keinen Sex und nur wenig Kontakt zu anderen Menschen gehabt. Sie hätten also die süße Erregung, den Trost und die Liebe, die eine vertrauensvolle Bindung an einen anderen Menschen uns geben können, lange entbehren müssen. Nun aber sind Sie wieder mit diesem geliebten Menschen zusammen, und zum ersten Mal seit Ihrer Trennung werden Sie gleich miteinander schlafen. Wie würden Sie in einer solchen Situation Ihrer Sehnsucht, Ihrem Begehren, Ihrer Verletzlichkeit Ausdruck verleihen?

Vielleicht finden Sie es inspirierend, welche Worte einige Männer und Frauen gefunden haben, die so freundlich waren, es mich in diesem Buch abdrucken zu lassen:

- »Schatz, bitte halt mich fest und liebe mich, es bedeutet mir so viel.«
- »Danke, dass du mir so gut tust. Es fühlt sich so wundervoll an, wenn du mich berührst.«
- »Ich will deine Brüste an meinem Körper spüren. Ich möchte sehen, wie dein langes Haar über meinen Schwanz fällt.«
- »Bitte geh nicht von mir fort, mein Herz braucht dich so sehr, meine Muschi braucht dich, und ich brauche dich auch.«
- »Fass meinen Schwanz ganz zart und liebevoll an. Ich will einfach nur mit dir zusammen sein und dein Herz schlagen hören, ohne an ein Ende zu denken.«
- »Süße, was ich jetzt am meisten will und brauche, ist an deiner Brust zu saugen, während du meinen Schwanz festhältst.«
- »Ich fühle mich so geborgen und sicher, wenn du mich fickst. Ich fühle mich dir so nahe.«
- »Nimm mich in dich auf, ich möchte ganz bei dir sein.«

Wenn es nicht Ihre Stärke ist, Ihre Zuneigung in Worte zu kleiden oder Sie es schwierig finden, zum Ausdruck zu bringen, dass Sie gern für Ihren Partner da sein möchten und er Ihnen viel bedeutet, dann stellen Sie sich die folgende Situation vor: In Ihrem Leben läuft alles prima, Sie fühlen sich souverän und sind voll Zutrauen. Ihr Partner hingegen macht eine schwere Phase durch, ist traurig und leicht verletzlich. Sie fangen an, Liebe zu machen, und währenddessen wird Ihnen klar, wie viel er Ihnen bedeutet, wie sehr Sie ihn begehren und wie gern Sie seinen Schmerz lindern würden. Mit welchen Worten würden Sie in einer solchen Situation zugleich Ihre Liebe ausloten und Ihr sexuelles Begehren zum Ausdruck bringen? Vielleicht sind die folgenden Gefühlsbekundungen hilfreich für Sie:

- »Mein Körper ist ganz für deine Lust da, Süße, ich bin immer ganz für dich da.«
- »Ich möchte dich beschützen und mit meinen Fingern deine Tränen wegwischen können – etwa so –«
- »Alles ist gut, ich bin bei dir, du kannst dich ganz fallen lassen.«
- »Ich möchte dich in mich aufnehmen und all deine Wunden heilen.«
- »Du bist jetzt ganz tief in mir. Du hast den Ort gefunden, wo du hingehörst.«
- »Ich möchte, dass mein Schwanz der Zauberstab ist, der dir alles gibt, was du brauchst.«
- »Süße, stell dir vor, wir wären verbunden wie siamesische Zwillinge. Wir wären immer füreinander da. Du könntest jederzeit meinen Schwanz haben, und ich hätte deine Muschi immer bei mir, wohin ich auch gehe, so wie jetzt.«

Sich dem neuen Partner nähern, der erotische Zuneigung braucht

Wenn Sie erst seit kurzem ein Paar sind oder damit beschäftigt herauszufinden, ob mehr aus Ihrer Beziehung werden soll, finden Sie es vielleicht ein wenig beängstigend, sich die Blöße erotischer Schutzbedürftigkeit zu geben. Aber lesen Sie, wie Derek und Jan, die ebenfalls noch in der Kennenlernphase stecken, damit umgehen:

»Bevor wir miteinander schlafen oder darüber sprechen, worauf wir mit unserer Beziehung hinauswollen«, erklärt Derek, »kleiden wir erst einmal den Respekt und das Verständnis in Worte, die wir beide für die Wünsche, Bedürfnisse und Standpunkte des jeweils anderen empfinden.«

Jan fährt fort: »Bevor wir uns gegenseitig das Herz ausschütten oder miteinander schlafen, sagen wir zum Beispiel zueinander: »Ich weiß, dass du nicht alle meine Bedürfnisse befriedigen kannst, genauso wenig wie ich die deinen, aber ich möchte, dass du weißt, wie wichtig mir deine Bedürfnisse sind. Ich werde mein Bestes tun, für dich da zu sein, wenn du mich brauchst, aber ich möchte auch, dass du umgekehrt meine Bedürfnisse akzeptierst und Rücksicht auf sie nimmst, auch wenn du mir nicht alle Wünsche erfüllen kannst. Und ich möchte dir dafür danken, dass du mir tatsächlich jetzt schon so vieles von dem gibst, was ich brauche: körperlich, geistig, seelisch und emotional.«

Wenn Ihr Partner dieses Buch nicht gelesen hat, oder es Ihnen schwer fällt, explizit zu verlangen, dass er sich Ihnen nicht nur sexuell, sondern auch mit liebevoller erotischer Zuneigung nähert, finden sie vielleicht den folgenden Ansatz hilfreich: »Es gibt etwas, was ich gern von dir bekommen würde, und es fällt mir sehr schwer, dich darum zu bitten. Auch wenn es etwas ist, womit du dich nicht wohl fühlst, hör mich bitte bis zu Ende an.«

Und vergessen Sie nicht: Ihre eigenen Wünsche und Bedürfnisse verdienen genauso viel Respekt und Rücksicht wie die Ihres Partners. Die Wahrscheinlichkeit, dass er negativ auf Ihr Anliegen reagiert, ist im Übrigen viel geringer, wenn Sie gleichzeitig die Botschaft vermitteln: »Meine Bedürfnisse sind mir zwar wichtig, und wenn du mich in dieser Hinsicht enttäuschst, bin ich vielleicht traurig, aber ich werde dir keinen Vorwurf oder ein schlechtes Gewissen machen.« Viel wahrscheinlicher wird Ihr Partner dankbar sein, dass Sie ihm die Gelegenheit bieten, für Sie da zu sein. Wundern Sie sich also nicht, wenn er sagt: »Danke, dass ich dich so lieben und so für dich da sein kann.«

Ob Sie nun in einer langfristigen Beziehung leben oder gerade erst jemanden kennen gelernt haben – je mehr Vertrauen Sie zueinander aufbauen, umso mehr Schutzwälle werden Sie abbauen, und die Geheimnisse aus der Tiefe Ihrer Seele werden ans Licht des Tages kommen. Aber gerade dadurch stärken Sie die Bande, die eine intime Beziehung ausmachen, immer mehr. Indem Sie sich einander nicht nur sexuell, sondern auch mit Fürsorglichkeit, Zuneigung und Vertrauen zuwenden, machen Sie es möglich, so füreinander da zu sein, dass Sie die profunde, glückliche Erfahrung bedingungsloser Liebe zusammen machen können.

12. Erotischer Ausklang: Vorfreude auf das nächste Mal wecken

Sie liegen im Zustand höchster Glückseligkeit auf den Kissen ausgestreckt, mit einem zufriedenen Lächeln auf den Lippen. Was sagen Sie, wenn Sie nun Ihren Liebesakt noch mit ein paar ganz besonderen Worten krönen möchten, bevor Sie sich zum Einschlafen umdrehen, oder während Sie sich postkoital aneinander kuscheln? Schon ein kleiner Hinweis auf Ihre Dankbarkeit oder eine verlockende Anspielung auf ein neues Rendezvous sorgt vielleicht dafür, dass Ihr Partner diesem nächsten Mal schon jetzt ebenso erfreut wie ungeduldig entgegenfiebert. Und wenn Sie kurz davor sind, voneinander Abschied zu nehmen, für ein paar Stunden, ein paar Tage oder sogar mehrere Wochen, welche Abschiedsworte geben Sie Ihrem Partner dann mit auf den Weg, um ihn immer wieder an Ihre besondere erotische Bindung zu erinnern?

Das Geheimnis, den Liebesakt auf wunderbare Weise ausklingen zu lassen, basiert auf drei Prinzipien. Das erste besteht darin, dem Partner für die Lust, die er Ihnen bereitet hat, zu danken. Außerdem geht es darum, eine anreizende Stimmung freudiger Erwartung oder sogar erotischer Spannung aufzubauen, etwa mit Andeutungen über die Art und Weise künftiger sexueller Begegnungen. Und das dritte besteht darin, den Partner, wenn Sie nicht zusammen sind, immer wieder auf die besondere sexuelle Beziehung hinzuweisen, die Sie miteinander haben – per Post, am Telefon, per Fax, mit Videokassetten, per E-Mail, mit Brieftauben oder auf irgendeine andere Art und Weise, die Ihnen vielleicht noch in den Sinn kommt.

Lust, Befriedigung und Genuss in Worten ausdrücken

Wenn Sie und Ihr Partner Ihren Gefühlen füreinander bereits beim Geschlechtsakt selbst ausgiebig stimmlichen oder verbalen Ausdruck verliehen haben, fragen Sie sich vielleicht, warum es wichtig sein soll, überhaupt noch etwas zu sagen, nachdem Sie beide einen Orgasmus hatten. Diese Phase ist aber besonders wichtig, weil sie genau auf den Augenblick folgt, in dem Sie zusammen die tiefste Lust erlebt und sich besonders viel Blöße gegeben haben. In einer solchen Stimmung können aufrichtige Bekundungen von Liebe und Zuneigung am leichtesten aufgenommen und so verstanden werden, dass sie zur Selbstsicherheit des anderen, zu seiner Entspannung und Befriedigung beitragen.

Ob Sie nun das Gefühl haben, auf angenehme Weise Ihren sexuellen Hunger gestillt zu haben, oder sich vor lauter Lust gar körperlich, emotional und geistig erschöpft fühlen – ein paar wenige Worte reichen aus, Ihrem Partner dafür zu danken, dass er Ihnen solche Lust bereitet hat.

Hier nun ein paar geistreiche, witzige und zärtliche Sätze, die von Männern und Frauen in meinen Kursen verwendet wurden, um solche Gefühle zum Ausdruck zu bringen:

- »Mmmmm, das war wunderbar!«
- »Wo hast du gelernt, so zu lieben?«
- »Das ist noch viel besser als im Kino!«
- »Das war absolut köstlich!«
- »Wenn ich das Gefühl, das du mir gibst, in Flaschen abfüllen und verkaufen könnte, würde ich ein Vermögen machen!«
- »Was hast du mit mir gemacht? Ich bin dahingeschmolzen!«
- »Danke, Schatz, das war wundervoll, und du *bist* einfach wundervoll!«
- »Nach dir kann man abhängig werden, ich bin schon ganz süchtig!«
- »Ich geh mit dir, wohin du willst, wenn du mich nur weiter so liebst!«
- »Ich bin so froh, dass wir zusammen sind!«
- »Danke, dass ich dich lieben darf, jeden Zollbreit deines Körpers!«
- »Es kommt mir vor, als hättest du jeder kleinsten Zelle meines Körpers Lust bereitet!«

Vorschau kommender Sensationen

Liam ist ein junger Krimiautor, der viel darüber weiß, wie man Spannung aufbaut. Dieses Wissen wendet er auch im Schlafzimmer an, wenn er seiner Freundin Penny ins Ohr flüstert, wie ihre nächsten erotischen Zusammenkünfte aussehen werden. Eines Abends, nachdem sie gerade zusammen geschlafen hatten, flüsterte er ihr zum Beispiel ins Ohr: »Wenn wir uns nächstes Wochenende sehen, Schatz, nehme ich dich in einen ganz heißen Film mit, den du bestimmt sehr genießen wirst. Und wenn wir in dem dunklen Saal sitzen, werde ich mit deinen Ohren und deinen Brustknospen etwas machen, was dich total antörnt!«

Nachdem Penny mehrere solcher postkoitaler Vorschauen kommender Sensationen aus seinem Munde angehört hatte, war schließlich auch ihre Phantasie angestachelt. Stellen Sie sich vor, was für eine freudige Überraschung es für ihn war, als sie eines Abends den Spieß umdrehte und zu ihm sagte: »Liam, Schatz, bevor du mir jetzt wieder erzählst, was wir nächstes Mal zusammen machen werden, möchte ich dir auch etwas sagen. Nächstes Mal werde ich dir nämlich die Augen verbinden und dann über jeden Zollbreit deines nackten Körpers streichen: mit meinen Haaren, meinen Fingerspitzen, meiner Zunge, einem Staubwedel, einem Pelzhandschuh und einigen Überraschungsgegenständen. Und du musst raten, was es ist, womit ich dir diese Lust bereite. Wenn du richtig rätst, bekommst du eine besondere Belohnung. Aber verraten werde ich dir nichts. Du magst doch Sachen, die spannend sind, oder, Schatz?«

Viele Paare haben die Erfahrung gemacht, dass diese Art von spielerischen erotischem Austausch ihrem Liebesleben eine aufregende sexuelle Spannung hinzufügen kann. Andere, besonders wenn sie in festen Beziehungen leben, haben auf diese Art und Weise nachlassendes sexuelles Interesse überwunden und den Reiz aus den frühen Phasen ihrer Beziehung wiederbelebt.

Wenn Sie diese Herangehensweise mit Ihrem Partner ausprobieren möchten, können Sie zum Beispiel so anfangen wie Liam und

Penny, indem Sie beschreiben, wie Sie dem anderen beim nächsten Mal Lust bereiten werden. Zum Beispiel könnten Sie ein neues Sexspielzeug beschreiben, das Sie zu kaufen vorhaben, oder eine erotische Massagetechnik, die Sie gelernt haben. Oder wie wäre es mit einem neuen heißen Video oder Buch, das Sie gern zusammen ansehen würden? Stellen Sie sich auch einmal folgendes Szenarium vor: »Wenn ich morgen Abend nach Hause komme, möchte ich, dass du mich in deinem langen Gewand empfängst, worunter dein herrlicher Körper ganz nackt ist. Dann kannst du nämlich umso leichter über den sexy Teddy herfallen, den ich dir mitbringen werde. Und wir können mit dem neuen Vibrator experimentieren, der gerade mit der Post gekommen ist. Das nächste Mal, wenn wir zusammen sind, werde ich dich ganz lange und sinnlich massieren, so dass jeder Nerv deines Körpers für meine Berührungen sensibilisiert wird. Und dann werde ich jeden Zollbreit deines Körpers mit meinen ›Venus-Schmetterlings-Küssen‹ bedecken – eine Geheimtechnik, die ich in einem alten, mystischen Buch über die Kunst des Liebesspiels gefunden habe.«

Oder Sie versprechen Ihrem Partner, seine Lieblingsphantasie mit ihm zusammen durchzuspielen oder Ihre Partnerin für das Rendezvous an einen besonders romantischen, gewagten oder sinnlichen Ort mitzunehmen. Und sorgen Sie auch dann dafür, dass der andere nicht mehr als einen Vorgeschmack bekommt.

Zum Beispiel so: »Beim nächsten Mal werde ich ein schwarzes Korsett und hochhackige Schuhe tragen, genau wie die, die wir letzte Woche in deinem Lieblingsvideo gesehen haben. Und wenn du nicht alles, was ich dir befehle, zu meiner Zufriedenheit ausführst, werde ich dich genauso bestrafen müssen wie neulich in deiner erotischen Phantasie.«

»Wenn wir nächsten Sonntag zum Picknick rausfahren, möchte ich gern, dass du etwas anziehst, was es mir leicht macht, an deinen nackten Körper heranzukommen. Etwa einen halben Kilometer von dem Picknickplatz entfernt gibt es nämlich eine verlassene Scheune mit einem großen Heuvorrat, und ich habe vor, daraus einen gewissen Nutzen zu ziehen.«

Worte der Lust und sinnliche Körperpflege

Ein besonderer Tip: Wenn Sie Ihre Vorschau kommender Sensationen damit verbinden, Ihren Partner im Bad abzuschrubben oder ihm beim Ankleiden zu helfen, dann können Sie die Wirkung Ihrer Worte sogar noch intensivieren. Einer meiner Kollegen bürstet zum Beispiel nach dem Sex immer die langen Haare seiner Frau und reizt sie dabei mit Beschreibungen davon, wie er das nächste Mal über ihren Körper herfallen wird. An diese erotischen Beschreibungen muss sie nun immer denken, wenn sie sich die Haare bürstet, was ihr Verlangen nach ihm immer wieder neu weckt.

Ein anderer guter Freund von mir badet nach dem Sex gern mit seiner Partnerin und lässt sich von ihr versorgen. Bei jedem Körperteil, das sie abschrubbt, sagt sie ihm, wie gern sie es mag. Wenn Sie zusammen unter die Dusche passen oder Ihre Wanne groß genug für zwei Personen ist, können Sie durchaus ein erotisches Gespräch führen, während sie einander mit dem Schwamm zu Leibe rücken. Es ist sogar eine ideale Gelegenheit dafür, sowohl erotisches Feedback zu geben als auch Vorfreude auf den nächsten Sex zu wecken.

Während Sie zum Beispiel die Brüste Ihrer Partnerin einseifen, können Sie sagen: »Hmmmm, was kann ich wohl nächstes Mal hiermit machen, damit sie sich noch besser anfühlen?«

Oder wenn Sie den Schwanz Ihres Partners waschen, können Sie fragen: »Wenn wir das nächste Mal zusammen im Bett sind, soll ich dann lieber langsam von unten nach oben streicheln, so wie jetzt – oder magst du es lieber in kleinen Kreisen – zum Beispiel so?«

Induktion erotischer Träume

Wäre es nicht schön, wenn Sie und Ihr Partner nachts innig miteinander verbunden sein könnten, ohne ein Jota Schlaf missen zu müssen? Sie können diese Erfahrung machen, indem Sie gegenseitig den Inhalt Ihrer jeweiligen Träume beeinflussen. Am einfachsten geht das, indem Sie Ihrem Partner kurz vor dem Einschlafen eine bestimmte Szene suggerieren. Wechseln Sie sich ab: Lassen Sie sich einen Traum einflößen, um beim nächsten Mal der- oder diejenige zu sein, der ihn initiiert.

In der Rolle des Trauminitiators müssen sie ganz leise und rhythmisch sprechen und dabei ein langsames, gleichmäßiges Tempo einhalten. Verwenden Sie keine ungewöhnlichen, intellektuellen oder zweideutigen Worte, die Ihren Partner aus seinem tranceartigen Zustand aufschrecken könnte könnten. Versuchen Sie vielmehr, einen Zauber in Ihre Stimme zu legen, der es Ihrem Partner erleichtert, langsam in einen seligen Traumzustand hinüberzugleiten. Es kann auch nicht schaden, zu diesem Zwecke einige Schlüsselsätze zwei oder dreimal zu wiederholen, zum Beispiel so: »Schatz, entspann dich und mach es dir in unseren kuscheligen Laken ganz herrlich bequem. Lass die Anspannung sich lösen, entspann dich – entspann dich einfach – werde ganz leicht – werde ganz entspannt und leicht. Und genieße den Klang meiner Stimme, die über dein Ohr streicht und dir wohl tut, während du dich immer mehr entspannst –«

Wenn Sie mit der Trauminduktion beginnen, hilft es Ihnen vielleicht, sich die Szene zunächst visuell vor Augen zu rufen und sich darüber klar zu werden, welches Ihre Rolle darin ist. Dann werden die Worte Ihnen leichter und authentischer von der Zunge gehen. Suchen Sie sich eine Szene aus oder erfinden Sie eine, die bei Ihrem Partner das Gefühl erotischer Vertrautheit, sexueller Gewogenheit oder spielerischer Sinnlichkeit zu steigern geeignet ist. Es kann auch eine Szene sein, die Sie aus den Phantasien des Partners kennen.

Sie müssen nicht einen ganzen Traum von Anfang bis Ende erzählen. Es genügt, wenn Sie Ihrem Partner einen Ansatz dazu vermitteln. Sein Unbewusstes wird den Rest ergänzen. Hier einige Beispiele:

- »Stell dir vor, wir liegen zusammen in einem wundervollen Kornfeld, und die Sonne wärmt unsere nackten Körper. Der Himmel ist strahlend blau, und die Wolken sind strahlend weiß und flauschig. Und während wir einander in den Armen liegen, verschmelzen unsere Körper in friedlicher Hingabe miteinander, bis sie ganz eins geworden sind.«

- »Wir liegen an einer Lagune auf einer herrlichen tropischen Insel. Dem Wasser dieser Lagune werden magische Heilkräfte nachgesagt. Du treibst im Wasser, während ich dich mit der rechten Hand von unten abstütze. Deinen Kopf hast Du in die Beuge meines linken Arms gebettet. Ab und zu beuge ich mich zu dir hinunter und küsse dein Haar, deine Lippen, deine Brust, deinen Bauch und deine Genitalien. Und währenddessen spürst du, wie die Heilkraft des Wassers und meine Liebe in jede Zelle deines Körpers eindringen.«
- »Du befindest dich auf einem kleinen Piratenschiff. Die See ist ruhig, die Wellen wogen friedlich um den Schiffsrumpf. Plötzlich merkst du, dass du an einen Mast festgebunden bist, die Hände hinter dem Rücken, und die Beine gespreizt – an deinen Knöcheln befinden sich ebenfalls Fesseln, die links und rechts an zwei kleineren Pfosten befestigt sind. Dann tauche ich auf, mit nacktem Oberkörper, lediglich mit schwarzen Lederhosen bekleidet. Ich trage eine Augenklappe, und in meinem einen Ohr funkelt ein Ohrring. Dir wird klar, dass ich der Kapitän des Schiffs bin und dich gefangen genommen habe. Ich trete vor dich, nehme dein Gesicht in meine Hände, hefte meinen Blick auf deine Augen und frage: »Weißt du, wem du jetzt gehörst?« Du antwortest: »Ich gehöre dir, Herr«, und ich schlitze die Schnüre deines Oberkleids auf, hebe deinen Rock und presse den Körper an dich. Du stöhnst vor Erregung, während du dich mir hingibst.«
- »Wir sind in einer sternenhellen Nacht am Strand. Du liegst auf dem Rücken, und ich sitze rittlings auf dir. Erst bewege ich mich nur langsam auf und ab, während du tief in mir bist. Doch je intensiver unsere Lust wird, desto leichter scheinen wir zu werden, und schon bald heben wir vom Boden ab und treiben nach oben. Je größer unsere Leidenschaft wird, desto weniger scheint uns die Schwerkraft anhaben zu können. Wir

ficken und treiben dabei langsam den Sternen entgegen. Bald schon fühlen auch wir uns wie Himmelskörper, die teilhaben an der Erschaffung des Universums.«

Entspannen Sie sich auch selbst, während Sie liebevoll solche lustvollen Szenarien für Ihren Partner entwerfen. Und wenn Sie das Gefühl haben, dass es Ihnen hilft, wiederholen Sie ruhig all die Worte und Satzteile, die Ihren Zusammenhalt und Ihre Hingabe in dieser Traumwelt zum Ausdruck bringen, zum Beispiel: »Wir treiben dahin, treiben dahin, zusammen«, oder: »Unsere Körper verschmelzen, verschmelzen in friedlicher, friedlicher Seligkeit.«

Phantasien zum Mitnehmen

Auch wenn Ihr Partner sich schon vom Sex erholt hat, frisch geduscht ist, sich wieder angezogen und seine Siebensachen zusammengesucht hat, können Sie das erotische Zusammensein noch weiter ausklingen lassen: indem Sie ihm nämlich eine Phantasie darüber mit auf den Weg geben, wie Sie ihm Lust bereiten, während er seinen täglichen Beschäftigungen nachgeht. Zum Beispiel so:

- »Wenn du heute Nachmittag deine Sitzung hast, möchte ich, dass du dir vorstellst, ich kauerte heimlich unter dem Tisch. Und während dein Chef die neue Marketingstrategie eurer Firma erklärt, ziehe ich vorsichtig den Reißverschluss deiner Hose auf und blase dir einen.«
- »Wenn du bei deinem Arbeitsessen heute Abend aufstehst, um deine Rede zu halten, dann stell dir einfach vor, ich stünde unsichtbar hinter dir. Und wenn du auch nur im geringsten nervös wirst, spürst du sogleich, wie meine Hände über dein Kleid streichen, deine Brüste streicheln und mit deinen Brustknospen spielen, so dass dein Lampenfieber sofort verfliegt und du dich ganz wunderbar fühlst.«
- »Wenn du morgen Abend im Flugzeug sitzt, stell dir dann vor, ich würde neben dir sitzen, und wir hätten zusammen eine gro-

ße Decke über uns ausgebreitet. Ich bitte dich, den Sitz so weit wie möglich zurückzustellen, und während du das tust, knöpfe ich dein Hemd auf und öffne deine Hose, und langsam streichle ich deine Brust, deinen Bauch und deine Schenkel. Und gerade als ich ganz leicht mit meinen Fingerspitzen über deinen Penis streiche, kommt die Stewardess und fragt, ob wir noch einen Wunsch haben. Ich sage ihr, meine Hände seien sehr trocken und bitte um etwas Creme oder Öl. Sie bringt mir eine kleine Dose mit weißer Creme und lächelt zweideutig, bevor sie wieder geht. Ich öffne die Dose und reibe mir mit der Flüssigkeit, die sich weich wie Seide anfühlt, die Hände ein. Dann bahnt sich meine Hand den Weg unter der Decke in deine Hose und langsam schließe ich die Hand um deinen Schwanz. Ich bewege die Hand rhythmisch auf und ab, und während dein Schwanz immer größer und härter wird, gleitet das Flugzeug durch die Nacht dahin.«

Shanna und Blaine sind auf die Idee gekommen, Phantasien zum Mitnehmen dadurch noch spannender zu machen, dass der Partner, dem sie mit auf den Weg gegeben werden, im Nachhinein berichten muss, wie diese heißen, sexualisierten Bilder bei ihm gewirkt haben. Wenn Blaine also Shanna sagt, dass sie sich morgens in der U-Bahn auf dem Weg zur Arbeit vorstellen soll, seine warmen Hände auf ihrem Körper und seinen heißen Atem an ihrem Ohr zu spüren, dann sagt sie vielleicht abends zu ihm: »Ich hatte heute einen wundervollen Weg zur Arbeit. Ich habe in der U-Bahn die Augen geschlossen und mir vorgestellt, du würdest mich streicheln und mir ins Ohr atmen. Als ein Kontrolleur kam und die Fahrkarten sehen wollte, hast du unter meinen Rock und in mein Höschen gegriffen, und als er fragte: ›Was machen Sie denn da?‹, hast du geantwortet: ›Ich hole nur die Fahrkarten hervor. Ich bewahre sie immer an einem besonders sicheren Ort auf, zu dem niemand anders Zugang hat.‹ Der Kontrolleur und einige andere Männer in der U-Bahn tauschten Blicke aus und unterhielten sich darüber, was für ein Glück du hättest, zu diesem besonderen Ort Zugang zu haben.«

Solche Variationen auf die ursprüngliche Phantasie zum Mitnehmen benutzen Blaine und Shanna als Vorspiel für eine neue Runde Sex. »Das Tolle daran«, so Shanna, »ist, dass die Phantasie zum Mitnehmen oft zur Grundlage einer noch viel heißeren und erregenderen Szene wird, die der jeweilige Partner wieder mit nach Hause bringt. Eine von Blaines Phantasien haben wir sogar über drei Monate hinweg immer weiter ausgebaut, weil sie so gut funktionierte. Für uns sind Phantasien zum Mitnehmen eine ideale Möglichkeit, gegenseitig unsere erotische Phantasie anzufachen.«

Rendezvous am Telefon und Telefonsex

Obwohl »Rendezvous am Telefon« zunächst vielleicht wie ein romantischer Euphemismus für Telefonsex klingt, gefällt mir der Begriff, denn er impliziert viel mehr als nur »Dirty Talking« übers Telefon. Auch wenn die erotischen Telefongespräche mit Ihrem Partner durchaus Elemente des explizit lüsternen Dialogs beinhalten, den man von kommerziellen 0190-Nummern kennt, gibt es dabei doch viel mehr Nuancen und Facetten. Telefonische Rendezvous können ein Vehikel sein, um romantische Gefühle am Leben zu erhalten, Intimität zu steigern, erotische Vorfreude aufzubauen und zugleich Ihre sexuellen Phantasien zu beflügeln. In diesen Gesprächen kann durchaus auch erotische Nähe zum Ausdruck kommen, wodurch das geistige Band, das zwischen Ihnen und Ihrem Partner besteht, gefestigt wird.

Mitzi und Dex leben mehr als drei Stunden Autofahrt voneinander entfernt und werden beide beruflich so stark beansprucht, dass sie einander nur am Wochenende sehen können. Wohl aber telefonieren sie jeden Abend vor dem Schlafengehen miteinander. Und oft enden ihre Gespräche damit, dass einer von beiden einen erotischen Traum induziert und so dem anderen dabei hilft, auf sinnliche Weise in den Schlaf hinüberzugleiten.

Dex gibt ein Beispiel dafür, was er bei solchen Telefonaten zu Mitzi sagt:

»Liegst du auf dem Rücken, Schatz? Dann bleib jetzt so liegen, und während du langsam wegsinkst, stell dir vor, ich wäre leicht wie eine Feder und könnte mühelos in deinen Körper hinein- und wieder hinaustreiben. Jetzt bin ich unter dir, liege auf dem Rücken und schlinge meine Arme und Beine um dich. Ich fange an, dich zu massieren und widme mich dabei besonders aufmerksam jenen Stellen, von denen ich schon weiß, dass sie besonders viel liebevolle Fürsorge nötig haben – deinem Nacken, deinen Schultern und dieser empfindlichen Stelle in der Innenfläche deiner Hand. Wenn ich spüre, wie du dich allmählich entspannst, komme ich über dich und fange an, ganz langsam und zärtlich deine Brustknospen zu streicheln, deinen Bauch und deine Muschi. Und wenn du noch ein wenig lockerer lässt, öffne ich ganz vorsichtig deine Hüften und schiebe dir meinen Schwanz hinein. Ganz langsam und zärtlich wiege ich dich in den Schlaf, und die ganze Zeit bin ich in dir, streichle deine Brust und küsse deinen Hals. Ich bewege mich in dir vor und zurück, bis du ganz in seligen Schlaf versunken bist.«

Haben Sie gemerkt, wie Dex explizit sexuelle Beschreibungen mit Worten zusammengebracht hat, die Zärtlichkeit ausdrücken? Wie er Mitzi langsam dazu verführt hat, sich immer mehr zu entspannen? Solche beruhigenden Worte sind besonders wichtig, wenn Träume übers Telefon induziert werden sollen, denn dann sind Sie nicht persönlich anwesend und können Ihren Partner beispielsweise nicht beruhigend in die Arme nehmen.

Und haben Sie auch bemerkt, wie persönlich Dex' Worte waren, als er beispielsweise über »jene Stellen« sprach, von denen er schon wisse, »dass sie besonders viel liebevolle Fürsorge nötig haben«, oder über die empfindlichen Stellen an ihren Handinnenflächen? Der Schlüssel zu gutem Telefonsex ist eine intime Kenntnis des Körpers jenes Menschen, der am anderen Ende der Leitung ist. Nur dann können Sie so erregend wie möglich sprechen und gleichzeitig bekunden, dass Sie mit dem anderen in besonderer Weise verbunden sind. Ein anderes Geheimnis von großartigem Telefonsex ist es, sich selbst in eine sexy Stimmung zu versetzen, schon bevor Sie den Hörer abnehmen. Das kann besonders hilfreich sein, wenn

Sie ein wenig schüchtern am Telefon sind oder sich unwohl dabei fühlen, es als erotisches Instrument einzusetzen. Manche Menschen finden es hilfreich, ein wenig leise, sinnliche Musik laufen zu lassen und sich eine Weile selbst über das Haar oder die Haut zu streicheln, bevor sie ihren Partner anrufen. Eine warme Dusche oder sogar ein Schaumbad sind auch gut, um über Verlegenheiten hinwegzukommen und sich auf die angenehmen Seiten der eigenen Körperlichkeit zu konzentrieren. Wenn Sie ein schnurloses Telefon haben, können Sie auch direkt aus der Wanne heraus telefonieren. Die körperliche Entspannung, die heißes Wasser normalerweise bewirkt, kann Ihrer Stimme eine sinnliche Qualität verleihen, die Ihr Partner vielleicht besonders sexy findet.

Sie können Ihre Ängstlichkeit auch in erotische Spannung verwandeln, indem Sie sich ein paar Minuten Zeit nehmen, um die positiven Nachwirkungen Ihrer letzten Liebesnacht Revue passieren zu lassen. Was haben Sie noch davon in Erinnerung, wie Ihr Partner aussah, sich anhörte, sich anfühlte, wie er schmeckte oder roch? Setzen Sie diese wundervollen Erinnerungen bewusst ein, um sich zu entspannen, um auf Ideen zu kommen und natürlich auch, um schließlich die erotische Konversation mit Ihrem Partner zu initiieren:

- »Hallo, Schatz, ich muss immer daran denken, wie reizend du letzte Nacht im Bett ausgesehen hast. Ich wünschte, du wärest jetzt hier.«
- »Gerade muss ich daran denken, wie gut es sich angefühlt hat, mit den Fingern durch dein Haar zu fahren und über deine weiche Haut zu streichen. Kannst du dir vorstellen, wie gern ich dich immer berühre?«
- »Ich kann immer noch die Wärme deiner Hände auf meinem Körper spüren. Ich vermisse deine Berührungen wirklich sehr.«
- »Ich kann noch immer hören, wie du in mein Ohr flüsterst: ›Bitte, Schatz, hör nicht auf.‹ Oh, ich kann es gar nicht erwarten, wieder mit dir zusammen zu sein.«
- »Ich habe immer noch deinen Geschmack und deinen Geruch auf der Haut, und mir wird ganz schwindlig, so gierig bin ich nach dir.«

Nachdem Sie einander ein wenig damit erregt haben, Ihr Gedächtnis in dieser Weise aufzufrischen, und über anfängliches Unbehagen hinweggekommen sind, haben Sie vielleicht Lust, ein bisschen mehr ins Detail zu gehen. Konzentrieren Sie sich dann einfach auf einen besonders lustvollen Moment miteinander, der Ihnen noch lebhaft vor Augen steht, und beschreiben Sie Ihrem Partner diese Vorstellung:

- »Schatz, ich weiß nicht, was gestern Abend in dich gefahren ist! Wie du mich festgehalten und meinen Namen geschrien hast – ich habe dich noch nie so wild erlebt! Auf meiner Schulter sind noch immer die Abdrücke deiner Zähne zu sehen. Jedes Mal wenn ich sie sehe, muss ich wieder daran denken, wie sexy du bist!«
- »Ich fand es großartig, wie du ganz, ganz langsam mit der Zunge über meinen ganzen Körper gefahren bist. Und wie du dann langsam mit der Zungenspitze meine Schenkel auseinandergetrieben und ein paar Mal ganz leicht über meinen Kitzler geleckt hast, bis ich es vor Erwartung kaum noch aushielt. Allein schon, dir jetzt davon zu erzählen, macht mich wieder total geil!«
- »Es hat mir solchen Spaß gemacht, gestern Abend die Schlagsahne von deinem Schwanz zu lecken. Weißt du, was ich jetzt gerade mache? Ich sprühe mir den ganzen Mittelfinger voll Schlagsahne, und wenn ich ihn ablecke, stelle ich mir vor, es wäre dein Schwanz! Mmmm, das schmeckt so gut!«

Haben Sie bemerkt, wie in einigen dieser Gespräche die Anrufenden erst eine Situation aus der Vergangenheit heraufbeschworen haben, dann aber zu ihren erotischen Empfindungen in der Gegenwart übergegangen sind? Vielleicht wäre so ein geschmeidiger Übergang auch etwas für Sie. Wenn Telefonsex übrigens ein wichtiger Teil Ihres Liebeslebens ist und Sie ihn öfter praktizieren, sollten Sie darüber nachdenken, ob Sie sich nicht vielleicht ein Headset kaufen. Das ist nicht nur komfortabler, sondern Sie haben auch die Hände frei, um Ihre erregenden Gespräche auf inspirierte Weise zu begleiten.

Telefonstriptease

Jack und Christy beginnen ihre Telefonsex-Sessions am liebsten, indem sie einander verbal auskleiden. Manchmal belassen sie es bei einem reinen Phantasiespiel. Manchmal ziehen sie sich aber auch tatsächlich aus und folgen dabei den gegenseitigen Anweisungen. (Bei diesem Paar hat sich die Anschaffung eines Headsets jedenfalls gelohnt.) »Wir haben eine Menge unterschiedlicher Varianten dieses Telefon-Strip-Spiels entwickelt«, erklärt Jack. »Manchmal weisen wir uns gegenseitig an, uns in einer bestimmten Art und Weise auszuziehen. Dann wieder macht einer für den anderen Striptease und beschreibt dabei genau, was er gerade tut.«

Christy fährt fort: »Wenn wir einander befehlen, einen Striptease hinzulegen und dem anderen den Vorgang zu beschreiben, versuchen wir immer, von allen Sinnen Gebrauch zu machen, auch jenen, die am Telefon gar keine Rolle spielen. Bilder, Gerüche, Geschmacks- und Berührungswahrnehmungen – alles versuchen wir einfließen zu lassen. Jack sagt also zum Beispiel zu mir:

›Schatz, ich möchte gerne, dass du deine Bluse ausziehst, jetzt sofort. Und während du das tust, möchte ich, dass du ganz zärtlich die Innenseite deiner Arme bis zu den Handgelenken hinauf streichelst. Beschreib mir, wie dein Arm aussieht und wie er sich anfühlt, wenn du ihn berührst. Jetzt möchte ich, dass du an deinen Achselhöhlen riechst und mir deinen Körpergeruch beschreibst. Und jetzt öffne bitte ganz langsam und spielerisch deinen BH. Nimm deine linke Brust in die Hand, spiel ein wenig mit der Warze und stell dir dabei vor, es wären meine Lippen.‹«

»An dieser Stelle lasse ich dann vielleicht eine kleine erotische Befragung einfließen«, unterbricht Jack ihre Beschreibung, »um ein wenig Feedback darüber zu bekommen, wie die Dinge auf ihrer Seite stehen und ob es ihr Spaß macht. Ich sage also: ›Erzähl mir, was das für ein Gefühl ist, Schatz‹, oder: ›Fühlt sich das gut an, Süße, oder brauchst du noch irgendetwas anderes, bevor wir weitermachen?‹«

»Jedes Mal, wenn wir einander übers Telefon ausziehen, läuft es ein kleines bisschen anders ab«, erzählt Christy. »Jack hat es besonders gefallen, als ich die Sache mit der Fußmassage ausprobiert habe. Ich habe gesagt: ›Jack, mein Liebling, stell dir vor, ich knie vor dir, nehme deinen linken Fuß in die Hände und fange vorsichtig an, ihn zu massieren. Ich drücke ein wenig auf den Spann, den Ballen und zwischen die Zehen. Wie fühlt sich das an, Schatz? Jetzt nehme ich deinen großen Zeh in den Mund und sauge daran. Und währenddessen möchte ich, dass du deinen Hosenschlitz aufmachst und dir die Hose herunterziehst. Oh, ich mag dieses Geräusch vom Reißverschluss so gern. Und jetzt komme ich hinter dich und helfe dir dabei, die Unterwäsche auszuziehen. Spürst du, wie meine Hand vorne in deine Jockeyshorts hineingleitet? Genießt du meine Berührung? Was möchtest du jetzt gern als Nächstes, Schatz?‹

Wenn Jack dann sagt: ›Zieh du dich auch aus, Christy, und beschreib mir genau, was du im Einzelnen machst‹, dann sage ich vielleicht: »Ich streichle mir gerade mit meinem schwarzen, glänzenden Teddy über die Brüste. Du weißt schon, der Teddy, den du mir zum Geburtstag geschenkt hast. Ich wünschte, du könntest ihn selbst auf der Haut spüren. Und jetzt streiche ich damit über die Schultern und den Kopf. Mmmm, er riecht nach mir, kannst du es auch riechen?‹«

Wenn Sie sich schließlich auf eine so spielerische und phantasievolle Weise gegenseitig ausgezogen haben, haben Sie vielleicht auch Lust bekommen, übers Telefon Liebe zu machen. Sie können zu dieser reizvollen Unternehmung etwa in der folgenden Weise übergehen:

- »Ich wünschte, ich könnte dich jetzt berühren, Süße. Aber da das nicht geht, möchte ich gern, dass du dich selbst berührst. Streich zunächst einfach mit deinen Fingern um deine Lippen herum und saug ein bisschen an ihnen. Ich bin neugierig, wie sich das anhört. Danach möchte ich, dass du mit einem deiner nassen Finger über deine Muschi streichst. Und stell dir währenddessen vor, ich wäre bei dir und würde dein Haar streicheln und dir mit Liebe in die Augen sehen.«

- »Schatz, ich möchte gerne, dass du jetzt mit den Fingern eine lange, sinnliche Linie von deiner linken Wange über den Hals und deine linke Brustknospe hinweg nach unten beschreibst, bis du das Schamhaar und schließlich deinen Schwanz berührst. Fühlt sich das gut an? Okay, dann streichle jetzt deinen Schwanz langsam auf- und abwärts und press dabei mit der anderen Hand die Brustknospen fest zwischen die Finger.«

Wenn Sie an einem bestimmten Punkt so erregt sind, dass es Ihnen schwer fällt weiterzusprechen, lassen Sie Ihren Partner dann daran teilhaben: Atmen Sie in den Hörer hinein, stöhnen Sie oder geben Sie andere Laute der Leidenschaft von sich. Vergessen Sie nicht: Das Einzige, was Sie jetzt mit Ihrem Partner verbindet, ist Ihre Stimme, also überfluten Sie ruhig die Telefonleitung mit der sexuellen Energie, die durch Sie hindurchströmt!

Telefonsex mit Profis: ein Beispielgespräch

Was auch immer Sie von der Telefonsexindustrie halten – Fakt ist, dass viele Menschen es genießen, auf eine so risikolose Art und Weise aufgestaute sexuelle Energie abzubauen. Über die Kunst explizit erotischer Konversation am Telefon können wir vermutlich am meisten lernen, wenn wir den Gesprächen lauschen, die diese Telefonsex-Damen mit ihren Kunden führen. Einige sind erstaunlich begabt dafür, den physischen Akt sprachlich zu beschreiben. Auch wenn Sie mit Ihrem Partner eine persönlichere und liebevollere Herangehensweise bevorzugen, sind Teile eines typischen 0190er-Nummern-Dialogs für Sie vielleicht eine gute Inspirationsquelle. Hier folgt deshalb ein Beispiel, das in Wirklichkeit aus mehreren solcher Gespräche zusammengestellt wurde.

Wir belauschen hier ein Gespräch zwischen einem 28-jährigen Mann und einer Telefonsex-Dame. An dem Punkt, an dem wir einsteigen, haben die beiden sich einander vorgestellt, die Dame hat dem Anrufer ihre Maße bekannt gegeben [ein Standard, der beim professionellen Telefonsex immer dazugehört], und der Anrufer ist nun bereit, in sinnlichen Kontakt mit ihr zu treten.

Sie: *Süßer, stell dir jetzt vor, ich wäre bei dir zu Hause in deinem Wohnzimmer.*
Er: *Und wir küssen uns.*
Sie: *Ja, ich küsse für mein Leben gern. Spürst du, wie ich mit meiner Zunge über deine Lippen fahre und über deine Wangen, und spürst du jetzt meine Lippen und meinen heißen Atem in deinem Nacken und an deinem Ohrläppchen?*
Er: *Mmmm, ja, ich spüre das.*
Sie: *Dann hebe ich jetzt das Kinn, so dass du mich küssen und mit dem Mund langsam an meinem Hals hinunterwandern kannst, bis zu meiner Brust. Ich strecke den Rücken durch, weil sich das so gut anfühlt. Und ich küsse dein Gesicht und deinen Mund. Ich habe meine Hände in deinem Haar, und ich drücke deinen Kopf hinunter, so dass du deinen Mund auf die Knospe meiner linken Brust drücken kannst. Ich trage keinen BH, und meine Bluse ist offen. Ich will, dass du meine Brustknospe in den Mund nimmst, sie mit der Zunge umspielst und daran saugst. Oh, das gefällt mir!*
Er: *Oh, mir gefällt das auch!*
Sie: *Und während du das tust, streife ich mit meinen Zehen an der Innenseite deiner Beine entlang, immer höher, und schließlich streichle ich deine Eier und deinen Schwanz mit der Spitze meines Fußes. Ich möchte, dass du deine Hände auf meine Brüste legst, sie zusammendrückst und mit deiner Zunge durch die Furche dazwischen fährst.*
Er: *Das ist phantastisch!*
Sie: *Oh, das fühlt sich so gut an! Oh, meine Muschi wird ganz feucht, Baby!*
Er: *Du bist so geil!*
Sie: *Ich drücke dich weiter runter, bis unter meinen Minirock. Und ich habe darunter nichts an, nur die Strapse, die meine Strümpfe hochhalten. Kannst du meine Muschi sehen? Oben*

sind ein paar blonde Kräusel, und unten bin ich rasiert. Gefällt dir das?

Er: *Ja, sehr!*

Sie: *Küss mich dort unten. Oooh, phantastisch! Das ist unglaublich gut! Jetzt ziehe ich dich auf das Sofa und setze mich rittlings auf dich. Ich stülpe meine Schamlippen direkt über deinen Mund, und gleichzeitig ziehe ich dir die Hose runter. Oh, du bist wahnsinnig hart! Ich muss wissen, wie du schmeckst, ich nehme ihn in den Mund. Oh, das schmeckt so gut, das ist so schön! Oh, und jetzt streichle ich ihn und reibe ihn an meinen Nippeln. Und meine Schamlippen sind total geschwollen! Ich lecke jetzt die Stelle zwischen deinen Eiern und deinem Arsch, ich kitzle dich ein wenig mit meiner Zunge. Und weißt du, was ich jetzt gleich mache?*

Er: *Was?*

Sie: *Ich drehe mich um, richte mich an der Lehne des Sofas auf und hocke mich über dich. Ich ziehe mir das T-Shirt über die Taille, und mit der anderen Hand greife ich unter mich und ziehe meine Muschilippen auseinander. Ich möchte dass du deinen Schwanz an meine Schamlippen presst. Komm, reib meinen Schlitz mit deinem Schwanz.*

Er: *Oh, ich will dich zum Stöhnen bringen!*

Sie: *Oh, Baby, oh, steck ihn mir rein! Oh, jetzt bist du in mir! Es ist so eng, ich spüre ihn ganz fest! Steck ihn ganz tief rein, ich will deine Eier an meinen Arsch klatschen fühlen! Oh ja!*

Er: *Oh, ich komme in dir!*

Sie: *Oh, ja, ich kann spüren, wie du in mir abspritzt! Oh, oh, das ist so unglaublich guuuut!*

Er: *Oh, vielen Dank! Gute Nacht.*

Sie: *Gute Nacht, ruf bald wieder an.*

Bevor wir zu einem anderen Thema übergehen, möchte ich Ihnen gern noch eine weitere Möglichkeit vorstellen, das Telefon als erotisches Instrument einzusetzen. Gehen Sie aber vorsichtig und diskret damit um. Es geht nämlich um eine erotische Nachricht auf dem Anrufbeantworter Ihres Partners. Vorher sollten Sie sich auf jeden Fall vergewissern, dass außer Ihrem Partner niemand anders die Nachrichten abhört. Und selbst wenn dem so ist, sollten Sie jede Ihrer erotischen Botschaften mit den Worten beginnen: »Diese Nachricht ist vertraulich« oder: »Diese Nachricht ist nur für dich persönlich bestimmt.«

Wenn sich beim Abhören der Nachrichten noch jemand anders im Raum befindet, kann Ihr Partner das Gerät ausschalten und es später abhören, in einer ungestörten Minute.

Wenn die Bedingungen so sind, dass Sie Ihrem Partner problemlos erotische Nachrichten hinterlassen können, dann finden Sie es vielleicht anregend zu lesen, wie die von Brenda Coopersmith aussehen. Sie hat sich auf telefonisches Vorspiel geradezu spezialisiert:

- »Hallo, Schatz, es ist jetzt gegen sechs Uhr abends, und ich wollte gerade aus der Tür schlüpfen, weil wir ja noch zum Essen verabredet sind. Mmmmm, aus der Tür schlüpfen, das ist eigentlich genau der richtige Ausdruck. Ich fühle mich auch schon ganz schlüpfrig, wenn ich daran denke, dass wir heute Abend zusammen sein werden. Ich bin schon ganz feucht und kann es kaum erwarten, meinen Körper langsam über dich zu schieben. Lass uns das Essen kurz halten, ja?«
- »Hi, Süße, ich habe gerade von einem Film gehört, den ich gern mal aus der Videothek holen und mit dir zusammen anschauen würde. Ein lateinamerikanischer Film mit heißer Musik und Nackttanz. Wir können im Dunkeln kuscheln, während wir uns den ansehen. Und du kannst mit meinem Popcorn spielen. Und ich mit deinem.«
- »Hi Baby, es ist gerade neun Uhr morgens, und ich werde hier fast wahnsinnig! Erst morgen sehen wir uns wieder, wie soll ich das aushalten? Obwohl ich die Vorfreude irgendwie auch genieße. Die Nachrichten, die du auf meinem Anrufbeantworter hinterlassen hast, höre ich immer wieder ab, und deine Stimme macht mich ganz heiß. Oh, Schatz, wir werden morgen eine wundervolle Nacht miteinander verbringen!«

Eine räumliche Trennung mit Leidenschaft überbrücken

Wenn Sie und Ihr Partner über längere Zeit räumlich voneinander getrennt sind, interessieren Sie sich vielleicht auch noch für andere Möglichkeiten, auf aufregende Weise erotisch miteinander verbunden zu bleiben. Briefe schreiben ist eine wundervolle bewährte und sehr romantische Art und Weise, den Kontakt aufrechtzuerhalten. Und vor allem kann Ihr Partner Ihren Brief immer wieder lesen und immer wieder genießen.

Stefan, der als Berater arbeitet und deshalb ständig in der Weltgeschichte unterwegs ist, hat die Kunst des erotischen Briefeschreibens zur höchsten Vollendung gebracht. Bevor er eine Reise antritt, hat er die Briefe alle schon geschrieben und hinterlässt sie Olivia, seiner Geliebten, in der Schublade ihres Nachttisches oder unter ihrem Kopfkissen – zusammen mit einer Anweisung, wann und wie sie diese Botschaften lesen soll, um sie voll auszukosten. Hier einige Ausschnitte aus diesen Sendschreiben der Liebe:

»*Meine liebste Olivia,*
da ich dich leider schon wieder verlassen muss, möchte ich, dass uns selbst in der Zeit, die wir räumlich voneinander getrennt sind, ein festes Band miteinander verbindet. Deshalb habe ich die Briefe geschrieben, die du anbei findest. Ich werde eine Kopie auf meine Reise mitnehmen, dann können wir sie gleichzeitig lesen, auch wenn wir nicht beieinander sind. Zu wissen, dass wir im selben Moment die gleichen Worte lesen, wird uns im zeitlosen, grenzenlosen Raum der Liebe aneinander binden.

Ich habe auch einige Briefe geschrieben, die du jederzeit lesen kannst, wenn du das Bedürfnis verspürst, mir nahe zu sein. Und auch ich werde sie lesen, wenn ich daran denken möchte, wie es ist, mit dir zusammen zu sein und dich zu lieben. Und wenn wir dann zufällig im selben Moment die gleichen Briefe lesen, werden wir die Energie zwischen uns aufbrausen spüren, genauso als wären wir zusammen und streckten im Moment der größten Sehnsucht die Arme nacheinander aus. Genieße diese Briefe, meine Liebe, und lass uns bis zu unserem sehnlichst erwarteten Wiedersehen so weit wie möglich in der Liebe zueinander aufgehen.«

»*Meine süße Geliebte,*
es ist Abend, ich liege in meinem Hotelzimmer auf dem Bett und muss daran denken, wie seltsam es ist, dich nicht an meiner Seite zu spüren. Wie viele Betten haben wir nicht zu den unseren gemacht, indem wir zwischen ihren Laken zueinander fanden? Kann ich auch dieses Bett zu unserem machen, indem ich alleine Liebe mache und dabei an dich denke? Kannst du deine Energie zu mir strömen lassen, so dass ich dieses Bett für uns erobern kann?

Ich werde spüren, dass dies unser Bett ist, wenn ich mitten in der Nacht aufwache, nachdem mir träumte, wir wären zusammen und hätten zusammen geschlafen. Dieses Bett hat uns rechtmäßig angenommen, werde ich dann denken – der Beweis ist, dass es mich von dir hat träumen lassen. Wieder werden wir uns ein Stück Welt zu Eigen gemacht haben.«

»*Meine Liebste,*
gleich nach dem Aufwachen habe ich eine Bitte an dich: Benutz heute nach dem Duschen nicht dein eigenes, sondern mein Handtuch. Es wird noch ein wenig nach mir riechen. So wie unsere Erinnerungen aneinander nie ganz verblassen werden, so wird auch mein Geruch auf deiner Haut nie mehr ganz verfliegen. Als wir uns liebten, umgaben wir uns mit unseren Düften. Weder Zeit noch räumliche Entfernung wird diese Spuren unserer Leidenschaft je unkenntlich machen können.

Trockne dir mit meinem Handtuch den Rücken ab. Merkst du, dass es noch mehr nach mir riecht, jetzt, da es feucht ist? Streichle dich selbst damit. Berühr zärtlich deine Brüste und diese besonders weiche Stelle bei deinen Achselhöhlen. Spiel ein wenig mit deinen Brustwarzen, so wie ich es immer tue, und spüre, wie sie zum Leben erwachen. Spreiz langsam die Beine und denk daran, wie ich immer einen Steifen bekomme, wenn du das tust. Riech noch einmal an dem Handtuch, damit ich dir durch meinen Geruch noch gegenwärtiger werde. Stell dir vor, wie ich in dich eindringe, während du mich voll Sehnsucht mit deiner Schönheit umschließt. Jetzt bewegst du dich in meinem Rhythmus mit und ich mich in deinem, bis ein gemeinsamer Liebestanz daraus entsteht. Und wenn du schließlich vor Lust explodierst, saug dann tief diesen Geruch ein, der unsere Liebe selbst ist. Und wenn du dich endlich vom Genuss erschöpft entspannst, sieh dann, wie ich neben dir liege, mit leuchtenden Augen.«

Eine andere effektive Möglichkeit, die Flamme des Verlangens nicht erlöschen zu lassen, während Sie räumlich voneinander getrennt sind, besteht darin, Ihrem Partner eine romantische oder erotische Tonbandkassette zu schicken. Der Klang Ihrer Stimme, in dem Liebe und Begehren zum Ausdruck kommen, berührt Ihren Partner vielleicht fast so sehr wie Ihre physische Anwesenheit. Wenn Ihnen Schreiben leichter fällt als freies Sprechen, können Sie auch erst aufschreiben, was Sie sagen möchten, und es dann während der Aufnahme vorlesen.

Oder vielleicht haben Sie auch Lust, eine Kombination aus Aufgeschriebenem und spontanen Einfällen auf Band aufzunehmen. Und wenn Sie nur eine Kurzbotschaft hinüberschicken möchten, brauchen Sie gar keinen Kassettenrekorder, sondern Sie können eine dieser neuartigen Grußkarten mit den kleinen integrierten Aufnahmechips kaufen. Stellen Sie sich die Überraschung Ihrer Partnerin vor, wenn sie die Karte aufklappt und Sie sagen hört: »Nur ein kleiner Gruß, damit du weißt, wie sehr es mir fehlt, an deinen Brustknospen zu knabbern!«

Darcy und Troy schwören auf Tonbandkassetten. Sie führen schon seit längerem eine Fernbeziehung und sind außerdem beide berufstätig. Als Schauspielerin verbringt sie den größten Teil ihrer Zeit in Hollywood, während er als Licht- und Setdesigner beim Film arbeitet und insofern an New York gebunden ist. Weil die beiden unterschiedliche Arbeitszeiten haben, ist es auch mit dem Telefonieren schwierig. Deshalb tragen sie immer ein Mini-Kassettenaufnahmegerät mit sich herum, und jedes Mal, wenn er sehnsuchtsvoll an glücklich miteinander verbrachte Zeiten zurückdenken muss oder sie von Vorfreude auf ein baldiges erneutes Zusammensein gepackt wird, sprechen sie auf Band, was ihnen jeweils durch den Kopf geht. Mindestens einmal pro Woche schicken sie die Kassetten hin und her.

»Wenn ich Dreharbeiten habe, sehe ich Troy manchmal gleich zwei oder drei Monate lang nicht«, erklärt Darcy. »Also versuche ich, die Wartezeiten zwischen den Filmszenen zu nutzen, indem ich diese besonderen Kassetten für ihn aufnehme. Wenn ich in der Natur spazieren gehe oder ein Bad nehme, hole ich auch oft das Gerät hervor. Auf einer dieser Kassetten habe ich ihn ein bisschen aufzureizen versucht, ich sagte: ›Schatz, ich sitze gerade in diesem warmen Schaumbad, das nach Jasmin riecht, und die Spitzen meiner Brustwarzen ragen wie Rosenknospen aus dem Schaum heraus. Ich wünschte, du wärest hier und könntest daran saugen! Ich vermisse dich so sehr.‹«

Troy hört sich Darcys Kassetten immer morgens nach dem Aufwachen an, bevor er seine Yoga- und Gymnastikübungen macht. »Weil ich tagsüber so wenig Zeit habe, verbinde ich meine Antwortkassette immer mit meinen morgendlichen Übungen. Das hört sich dann zum Beispiel so an: ›Süße, kannst du die sinnliche Musik hören, die leise im Hintergrund läuft? Jetzt im Augenblick mache ich meine Übungen und stelle mir vor, du wärest hier und würdest deinen Körper zusammen mit meinem bewegen, und wir verwandeln die Übung langsam in einen sinnlichen Tanz. Ohne aus dem Rhythmus zu kommen, recke ich den Hals, presse meine warmen Lippen an deine Brust und nehme deine Knospen in den Mund. Du fährst mir mit der Hand durchs Haar und stöhnst leise, während wir langsam auf den Boden gleiten. Unsere Körper bewegen sich in perfekter Harmonie zu der Musik, die sich in einem Crescendo langsam ihrem Höhepunkt nähert. Kannst du sie hören? Wenn du wieder nach Hause kommst, möchte ich als Allererstes diese Musik laufen lassen und den Tanz in der Wirklichkeit mit dir wiederholen!‹«

Bei den Kassetten, die Sie einander schicken, brauchen Sie sich aber nicht auf Beschreibungen imaginärer Sexszenen zu beschränken. Sie können auch Wärme, Zärtlichkeit und Zuneigung zum Ausdruck bringen. Oder Sie können Begehren und Liebe, Lust und Sehnsucht zusammenbringen, etwa so:

- »Schatz, ich vermisse dich so sehr! Ich vermisse die Art und Weise, wie du mich ansiehst, mit so viel Liebe in deinen leuchtenden Augen. Ich vermisse den Klang deiner Stimme und wie du leise seufzt, wenn ich dich streichle, und wie du schmeckst und riechst. Und ich vermisse deinen Hüftschwung und wie du deinen Rücken durchstreckst und dich mir ganz öffnest, körperlich und seelisch. All meinen Sinnen ist die Erinnerung an dich gegenwärtig, und ich werde diese liebevollen Gefühle in jeder Zelle meines Körpers nähren, bis wir wieder zusammen sind.«
- »Liebster, erst jetzt, wo du so weit weg bist, wird mir klar, was für ein Vorrecht es ist, dich lieben zu dürfen. Von ganzem Herzen danke ich dir für dein Vertrauen, deine Liebe, deine Zärtlichkeit und deine Leidenschaft. Du hast so viele Gefühle in mir entfesselt, erst bei dir habe ich meine Weiblichkeit und meine Sinnlichkeit in vollen Zügen zu genießen gelernt. Ich vermisse es so, mit dir zusammen zu sein. Mein Körper und meine Seele warten voll Ungeduld darauf, dass du zurückkommst.«
- »Als wir neulich telefoniert haben, habe ich eine Sehnsucht in deiner Stimme gehört, die auch mir nicht fremd ist, wenn ich von dir getrennt bin. Ich wollte dir nur sagen, wie sehr ich dich vermisse, Baby, und dass ich dich liebe und brauche. Jeden Abend, wenn ich schlafen gehe, stelle ich mir vor, wir lägen hier zusammen und ich wäre in dir. Dann entspanne ich mich und fühle mich ganz glücklich und geborgen in deiner Liebe. Danke, dass du mir dabei hilfst, mich selbst zu entdecken. Du bist ein Teil von mir geworden, untrennbar mit meinem Körper, meinem Herzen und meiner Seele verbunden.«

Sie sehen, Sie können Worte der Lust in die Textur Ihrer Liebe einweben, wenn Sie gerade kurz vor dem Liebesakt sind, wenn Sie auf dem Höhepunkt der Leidenschaft stehen oder wenn Sie gerade den Ausklang eines glücklichen Zusammenseins genießen. Und selbst wenn Sie einen Tag, eine Woche, einen Monat oder gar länger von Ihrem Partner getrennt sein müssen, braucht der sinnliche Fluss der Gefühle zwischen Ihnen nicht zu versiegen.

Eine letzte Bemerkung

Ich hoffe, Sie haben entdeckt, welche Möglichkeiten Ihnen die erotische Kommunikation bietet, nämlich den sexuellen Kontakt mit Ihrem Partner persönlich zu gestalten und zu individualisieren. Durch lustvolles Sprechen können Sie nun gemeinsam einige der versteckten und oft überraschenden Facetten der Sexualität entdecken. Ich wünsche Ihnen viel Glück bei Ihren zukünftigen Expeditionen in die sonderbaren, wilden und geheimnisvollen Winkel des Herzens und der Seele. Wenn Sie diese Entdeckungsreisen weiterhin unternehmen, wird Ihre Sexualität keine bloße Routine sein, sondern ein Weg hin zu persönlicher Ganzheit.

Zum Abschluss würde ich Ihnen gerne noch eine Definition von erotischem Sprechen an die Hand geben, die über das hinausgeht, was ich am Anfang dieses Buches niedergelegt habe. Anfangs habe ich darunter »jeden verbalen Ausdruck oder stimmlichen Laut« verstanden, der »Leidenschaft weckt oder intensiviert«. Bitte stellen Sie sich die »Worte der Lust« von nun an als ein Elixier vor, einen Liebestrank, der Sie und Ihren Partner mit jenen Aspekten Ihres sexuellen Selbst in Verbindung bringt, die sonst stumm und unentdeckt geblieben wären. Und ich möchte Ihnen für Ihre weiteren Erfahrungen noch ein Letztes wünschen: ein erfülltes Liebesleben angefüllt mit köstlichen Überraschungen und unendlicher Lust!

Anhang

Was ist Safer Sex?[6]

Die folgenden Praktiken werden als quasi risikolos angesehen:
- trockene Küsse
- Umarmungen
- Massage
- gegenseitige Masturbation
- Spiele um Macht und Unterwerfung, bei denen es zu keinen Verletzungen der Hautschicht kommt
- (einvernehmlicher) Exhibitionismus und Voyeurismus
- Telefonsex
- Aneinanderreiben der Körper
- Sexstoys, die nur von einem einzelnen Partner benutzt werden

Die folgenden sexuellen Verhaltensweisen werden als »einigermaßen sicher« angesehen:
- Zungenküsse (vorausgesetzt, keiner der beiden Partner hat Herpes oder eine Hautverletzung im Mundbereich)
- Oralsex mit Schutz (also mit Kondom beziehungsweise Dental Dam mit Spermizid und Fellatio Interrupta – also dem Herausziehen des Penis vor der Ejakulation). Spermizide mit Nonoxynol 9 sind die Gleitmittel erster Wahl, denn diese Substanz greift das Aids-Virus ebenso an wie die Herpeserreger und die Bakterien, die Gonorrhöe und Syphilis auslösen.
- Vaginalverkehr mit Kondom und wasserbasiertem spermiziden Gleitmittel (ölbasierte Gleitmittel wie Vaseline und Massageöle können ein Kondom beschädigen und durchlässig machen).
- Analverkehr mit Kondom und wasserbasiertem spermizidem Gleitmittel
- Außergeschlechtliches Urinieren auf unverletzte Haut

---

6 *Quellen: Institute for the Advanced Study of Human Sexuality, San Francisco, und Center for Disease Control, California Division, 1994*

Die folgenden Sexualpraktiken gelten derzeit als »unsicher« wegen ihres großen Potenzials für eine Übertragung des Aids-Virus sowie anderer Erreger:

- Analverkehr ohne Kondom
- Vaginalverkehr ohne Kondom (Viele Menschen sind sich der Tatsache nicht bewusst, dass weltweit der Vaginalverkehr, nicht der Analverkehr der hauptsächliche Übertragungsweg des Aids-Virus ist. Wenn eine Frau auch nur mikroskopisch kleine Verletzungen an den Geschlechtsorganen hat, kann das Aids-Virus im Samen eines infizierten Partners leicht in ihren Blutstrom geraten. Sie kann das Virus dann einem anderen Partner übertragen, der in Kontakt mit ihrer Körperflüssigkeit kommt.)
- Oralverkehr (Fellatio und Cunnilingus) ohne Kondom oder Dental Dam
- Faustfick (anal-manueller oder vaginal-manueller Verkehr) ohne Gummihandschuhe
- Rimming (mit der Zunge den Anus lecken) ohne Dental Dam
- Urin trinken
- Blutkontakt (Verletzungen der Haut an *jedwedem* Körperteil und auch am Zahnfleisch sind besonders gefährlich, weil das Aids-Virus durch Blut übertragen wird.)
- gemeinsame Nutzung von Sexspielzeug

Grundregeln für erotische Machtspiele[7]

1. Die Übernahme der Macht durch einen der Partner darf nur mit dem vollen Einverständnis des anderen erfolgen. Besonders der Partner, der die devote Rolle inne hat, muss jederzeit die Möglichkeit haben, in das Spiel einzugreifen, es zu verlangsamen oder zu unterbrechen, aus welchem Grund auch immer.
2. Der dominate Partner darf – selbst mit dem Einverständnis des devoten Partners – nichts vornehmen, das womöglich blei-

7 *Quelle: Wiseman, Jay: S/M 102. A Realistic Introduction. San Francisco, CA: Greenery Press 1992.*

bende körperliche oder seelische Schäden hinterlassen könnte. (Viele Paare, die SM-Sex praktizieren, sprechen vor dem Spiel ausführlich darüber, welche psychologischen Bereiche tabu bleiben sollen.)

3. Die Partner sollten sich auf ein »Sicherheitswort« oder ein nonverbales Signal einigen, mittels dessen einer dem anderen zu verstehen geben kann, dass die Handlung verlangsamt, verändert oder unterbrochen werden muss. Im Allgemeinen eignen sich Worte wie »Nein«, »Aufhören« oder »Stopp« nicht als »Sicherheitsworte«, da sie auch als unwillkürliche Ausrufe des devoten Partners in Folge seiner Erregung verstanden werden können. Nehmen Sie lieber ein im sexuellen Kontext ungewöhnliches Wort wie »Fallschirm«.
4. Fesseln Sie keinen Körperteil so eng, dass er gefühlstaub wird; schlagen Sie nie so fest zu, dass Blutergüsse oder Wunden entstehen würden, und bleiben Sie immer genauso nahe bei Ihrem gefesselten Partner, wie Sie bei einem kleinen Kind bleiben würden, das man Ihrer Obhut anvertraut hat.
5. Nehmen Sie keine Drogen und keinen Alkohol zu sich, wenn Sie SM-Spiele spielen, vor allem nicht, wenn Sie die dominante Rolle einnehmen.

Quellenangaben & Literaturverzeichnis

Alman, Isadora: *Ask Isadora*. New York: Masquerade Books 1992.

Alman, Isadora: *Let's Talk Sex*. Freedom, CA: The Crossing Press 1993.

Anand, Margo: *Tantra oder die Kunst der sexuellen Ekstase*. Aus dem Amerikanischen von Karin Petersen. Mit Zeichnungen von Leandra Hussey. München: Orbis-Verlag 1998.

Anon.: *The Erotic Reader* (Vols. I, II, III) New York: Carroll & Graf 1988.

Anon.: *The Pearl. A Journal of Facetiae and Voluptuous Reading*. New York: Caroll & Graf Publishers 1999. [Urspr. Zeitschrift, die zwischen Juli 1879 und Dezember 1886 monatlich erschien und als Veröffentlichungsort »Oxford: printed at the University Press« angab.]

Baker, Nicholson: *Die Fermate*. Aus dem Amerikanischen von Eike Schönfeld. Reinbek: Rowohlt 1994.

Barbach, Lonnie: *Mehr Lust. Gemeinsame Freude an der Liebe*. Deutsch von Karin Petersen. Reinbek: Rowohlt 2003.

Barbach, Lonnie: *Wildkirschen. Erotische Phantasien*. Aus dem Amerikanischen von Helge Marquard. Berlin: Ullstein 1999.

Barbach, Lonnie und David Geisinger: *Zusammenbleiben wäre eine gute Alternative*. Aus dem Amerikanischen von Maren Klostermann. Hamburg: Kabel 3. Aufl. 1996.

Brauer, Alan P. und Donna J. Brauer: *ESO, extensiver Super-Orgasmus*. Aus dem Amerikanischen von Dagmar Hartmann. München: Heyne 2. Aufl. 1994.

Breitman, Patti, Kim Knutson und Paul Reed: *How to Persuade Your Lover to Use a Condom*. Rocklin, CA: Prima Press 1994.

Bright, Susie (Hrsg.): *The Best American Erotica 1993*. New York: Collier Books/Macmillan 1993.

Chang, Jolan: *Das Tao der Liebe. Unterweisungen in altchinesischer Liebeskunst*. Vorw. und Nachw. von Joseph Needham. Aus dem Amerikanischen von Lilith Tannebaum. Reinbek: Rowohlt 1998.

Comfort, Alex: *New Joy of Sex*. Aus dem Englischen von Wilhelm Thaler. Mit Illustrationen von John Raynes. Bearb. und Erg. der deutschen erweiterten Ausgabe von Karin Weingart. München: Heyne 2. Aufl. 2003.

De Angelis, Barbara: *Happy Together. Liebe beginnt im Kopf – der mentale Weg zu mehr Harmonie und sexueller Erfüllung*. Aus dem Amerikanischen von Maria Zybak. München: Heyne 1992.

Eisler, Riane: *Sacred Pleasure: Sex, Myth and the Politics of the Body*. San Francisco, CA: Harper 1995.

Ellenberg, Daniel und Judith Bell: *Lovers for Life: Creating Lasting Passion, Trust and True Partnership*. Lower Lake, CA: Aslan Publications 1995.

Engel, Beverly: *Raising Your Sexual Self Esteem: How to Feel Better About Your Sexuality and Yourself*. New York: Fawcett Columbine 1995.

Finz, Iris und Steven Finz: *So gut war's noch nie. Sexuelle Erfüllung in der Partnerschaft*. Aus dem Amerikanischen von Astrid Werner. München: Goldmann 1993.

Fox, Siv. C: *Joys of Fantasy: The Book for Sexual Couples*. New York: Scarborough House 1978.

Friday, Nancy: *Die sexuellen Phantasien der Frauen*. Aus dem Amerikanischen von Antonia Rühl. Reinbek: Rowohlt 1995.

Friday, Nancy: *Die sexuellen Phantasien der Männer*. Aus dem Amerikanischen von Jan van Groot. Reinbek: Rowohlt 1995.

Friday, Nancy: *Verbotene Früchte. Die geheimen Phantasien der Frauen*. Aus dem Amerikanischen von Silvia Sernau. München: Goldmann 1994.

Gray, John: *Mars, Venus & Eros. Männer lieben anders, Frauen auch*. Aus dem Amerikanischen von Uta Steffens-McKechneay. München: Goldmann 2003.

Green, Lady: *The Bottoming Book*. San Francisco: Greenery Press 1994.

Green, Lady: *The Sexually Dominant Woman: A Workbook for Nervous Beginners*. San Francisco: Greenery Press 1994.

Grogan, Ann und Walt Kleine: *Romantic Restraint: A Guide to Bondage, Equipment and S/M Games*. San Francisco: The Hot Stuff Press 1995.

Grosz, Kathryn: *The Art of Extended Orgasm for Men and Women* (Videotape). Ben Lomand, CA: Freedom Enterprises.

Harper, Ann: *The Ultimate Sex Book: A Therapist's Guide to Sexual Fulfillment*. New York: Dorling Kindersley 1992.

Henkin, Bill und Sybil Holiday: *Introduction to S/M: Communication and Safety*. Los Angeles: Daedalus 1996.

Jakubowski, Maxim (hrsg.): *The Mammoth Book of Erotica*. New York: Carroll & Graf 1994.

K., Kathleen: *Sweet Talkers*. New York: Masquerade Books 1994.

Keesling, Barbara: Sexual Pleasure: *Reaching New Heights of Sexual Arousal and Intimacy.* Alameda, CA: Hunter House 1993.

Landolphi, Suzi: *Hot, Sexy and Safer.* New York: Perigee/Berkeley Publishing Group 1994.

Love, Patricia und Jo Robinson: *Heiße Liebe in festen Partnerschaften.* Aus dem Amerikanischen von Inge Holm. München: Droemer Knaur 1995.

Ted McIlvenna und Clark Taylor (Institute for the Advanced Study of Human Sexuality, hrsg.): *The Complete Guide to Safer Sex.* New York: Barricade Books 1992.

Milonas, Rolf (hrsg.): *Fantasex: A Book of Erotic Games for the Adult Couple.* New York: Berkeley Books 1983.

Ogden, Gina: *Ich liebe Sex. Die Kraft der weiblichen Sexualität.* Reinbek: Rowohlt 1997.

Page, Susan: *Endlich verheiratet, warum bin ich nicht glücklich? Acht Wege zum dauerhaften Eheglück.* Aus dem Amerikanischen von Monika Seeger. München: Droemer Knaur 1996.

Pearsall, Paul: *A Healing Intimacy: The Power of Loving Connections.* New York: Crown 1994.

Queen, Carol: *Exhibitionism for the Shy. Show Off, Dress Up and Talk Hot.* San Francisco: Down There Press 1995.

Ramsdale, David Alan und Ellen Jo Dorfman: *Sexuelle Energie und Ekstase. Der Weg zu höchstem Glücksgefühl.* Aus d. Amerikan. von Ralph Tegtmeier. München: Goldmann 1987.

Reynolds, Margaret (hrsg.): *Erotica: Women's Writings from Sappho to Margaret Atwood.* New York: Fawcett/Columbine 1991.

Rhys, Natalie: *Call Me Mistress: Memoirs of a Phone Sex Performer.* Novato, CA: Miwok Press 1993.

Roquelaure, Anne (Pseudonym von Anne Rice): *Dornröschen-Trilogie. Erotische Abenteuer einer Prinzessin (Dornröschens Erwachen / Dornröschens Bestrafung / Dornröschens Befreiung).* München: Goldmann Verlag [Diese Trilogie steht in Deutschland auf dem Index jugendgefährdender Schriften, Anmerkung d. Übers.]

Sachs, Judith: *The Healing Power of Sex.* Englewood Cliffs, NJ: Prentice-Hall 1994.

Schwartz, Bob M.: *The One-Hour Orgasm*. Houston: Breakthru Publishing 1989.

Scott, Gini Graham: *Dominanz und Demut. Die dunklen Seiten der Erotik*. Aus dem Amerikanischen von Annelie von Könemann. München: Droemer Knaur 1994.

Scott, Gini Graham: *The Power of Fantasy*. New York: Birch Lane 1993.

Shelburne, Walter: *For Play: 150 Sex Games for Couples*. Oakland, CA: Waterfall Press 1993.

Steinberg, David (hrsg.): *The Erotic Impulse: Honoring the Sensual Self*. Los Angeles: Tarcher/Putnam 1992.

Steinberg, David (hrsg.): *Erotic by Nature: A Celebration of Life, of Love and of our Wonderful Bodies*. Santa Cruz, CA: Down There Press/Red Alder Books 1988.

Welwood, John: *Dem Herzen folgen. Durch Liebe und Freundschaft zu sich selbst finden*. Übersetzt von Malte Hein. München: Droemer Knaur 1996.

Winks, Cathy und Anne Semans: *Good Vibrations Sex, Fun and Safe*. Mit Illustrationen von MB Condon. Aus dem Amerikanischen von Malte Heim. München: Goldmann 1996.

Wiseman, Jay: *125 Tipps und mehr, um aus gutem Sex besseren Sex zu machen*. Aus dem Amerikanischen von Bernd Zeun. Gießen: vbz 1998.

Wiseman, Jay: *Sex Toy Tricks: More Than 125 Ways to Accessorize Good Sex*. San Francisco, CA: Greenery Press 1994.

Wiseman, Jay: *S/M 102. A Realistic Introduction*. San Francisco, CA: Greenery Press 1992.

Zilbergeld, Bernie: *Die neue Sexualität der Männer. Was Sie schon immer über Männer, Sex und Lust wissen wollten*. Aus dem Amerikanischen von Anja Belz und Susanne Holl. Tübingen: Dgvt-Verlag 1994.

Danksagung

Viele Menschen haben mich bei der Arbeit an diesem Buch unterstützt, mich auf Ideen gebracht und mir weitergeholfen. Bereits bei der Erarbeitung des Exposés war Dorothy Wall für mich eine unschätzbare Hilfe. Susan Page hat mir Mut gemacht und war so freundlich, mein Vorhaben ihrer Agentin vorzustellen (die mich unter Vertrag nahm). Bob Zelman hat mir bei der Konzeption geholfen.

Zu großem Dank bin ich nicht nur meiner Agentin Sandra Dijkstra verpflichtet, sondern auch ihrem Team: Ri Fournier, Rita Holm, Claudine Murphy und Kathryn Miller, für das Vertrauen, das sie in mich setzten, und die Kompetenz, die sie in den Dienst meiner Arbeit stellten. Besonders verpflichtet bin ich meiner Lektorin Elisa Petrini, die das Manuskript ebenso sorgfältig wie einfühlsam redigiert hat, und ihrer Assistentin Lauren Janis, sowie allen bei Bantam Books, die mit der Produktion, dem Verkauf und der Promotion dieses Buchs zu tun hatten.

Für technische Hilfe gebührt Mark Hendricks Dank, Brenda Besdansky und Stevanne Auerbach für ihre geistreichen Einfälle und ihre moralische Unterstützung. David Steinberg und Isadora Alman waren sehr großzügig, wenn ich Material aus ihren Veröffentlichungen für meine Zwecke verwenden wollte.

Besonders dankbar bin ich all meinen Schülern, Kollegen und Freunden, die sich bereit erklärten, einige ihrer intimsten Liebesbekundungen in diesem Buch zu enthüllen, damit auch andere Menschen als die ursprünglichen Adressaten etwas davon haben. Vielen Dank auch allen Experten in Sachen Sexualität und Erotik: Carol Queen, Robert Lawrence, Sybil Holiday, Bill Henkin, Jay Wiseman, Lady Green und Kathryn Grosz, die mir in ihren überfüllten Terminkalendern Platz für ein Gespräch einräumten. Larry Moss und Frank Wildman haben mir wertvolles Input in Sachen sinnlicher Stimmbildung gegeben.

Schwerlich könnte ich diese Danksagung abschließen, ohne aus tiefstem Herzen Will gedankt zu haben, meinem Liebsten, der mir geholfen hat, beinahe schon verloren geglaubtes Vertrauen wiederzugewinnen sowie Hoffnung und Liebe neu zu entdecken. Dieses Buch wäre nicht fertig geworden, hätte er nicht unermüdlich hinter meiner Arbeit gestanden und wäre er nicht die ganze Zeit über aufopfernd für mich da gewesen.

Bonnie Gabriel
WORTE DER LUST
Die Kunst des erotischen Sprechens
1. Auflage 2006
2. Auflage 2008

Genehmigte Lizenzausgabe

Schwarzkopf & Schwarzkopf Verlag GmbH, Berlin
ISBN 978-3-89602-746-7
Übersetzung aus dem Amerikanischen: Ilja Braun

Die Originalausgabe erschien bei Bantam Books, New York, unter dem Titel: »The Fine Art Of Erotic Talk: How To Entice, Excite, And Enchant Your Lover With Words«.

Titelbild: Christine Fiedler – www.christinefiedler.de